창조주 하나님, 정말로 존재하는가?

- 지성으로 답하는 기독교와 하나님 -

이 창 수 지음

도서
출판 **밀알서원**

밀알서원(Wheat Berry Books)은 CLC가 공동으로 운영하는 복음주의 출판사로서 신앙생활과 기독교문화를 위한 설교, 시, 수필, 간증, 경건서적 등의 도서를 출판하고 있습니다.

Does God of Creation Really Exist?

Written by
ChangSoo Lee

Korean Edition
Copyright © 2015 by Wheat Berry Books
Seoul, Korea

Does God of Creation Really Exist?

창조주 하나님,
정말로 존재하는가?

지성으로 답하는 기독교와 하나님

추천사 1

최 규 남 박사

CEO & EVP of Grace Mission University

그저 책을 내기 위해 쓰여진 책들이 넘쳐나는 요즈음 세상에 하나님의 생명력이 있는 책을 만나기는 그리 쉽지 않습니다. 하지만 머리가 아닌 가슴으로 쓰여 나온 책인『창조주 하나님, 정말로 존재하는가?』는 그리스도의 생명력이 넘쳐납니다. 본서는 분명히 독자들에게 하나님께로 더 가까이 다가가는 체험을 하게 할 것을 확신합니다.

기계공학을 전공하고 항공업계에서 오랜 세월을 보낸 저자가 늦게나마 하나님의 부르심을 받아 목회자가 되고, 선교학 박사로서 신학교에서 후학을 지도하는 주밀한 인생을 살면서 틈틈이 이 세대가 가장 목말라 하는 하나님과 기독교에 대한 변증서를 저술했다는 사실이 큰 감동을 줍니다.

종교다원화로 진행하여 날로 믿음을 상실해 가는 요즈음 시대는 어쩌면 그렇게도 사악한 네로 황제가 통치하던 AD 60년대의 로마와도 비슷한지요? 기독교에 대한 반발이 점점 조직화 및 폭력화되어 가는 이 시점에서 저자는 난해하며 복잡하다고 생각하기 쉬운 기독교 변증학을 대중적인 언어로 쉽고도 생동감 있게 설명하고 있습니다.

저자는 수년에 걸쳐 힘써 습득한 분명한 복음주의적 신학을 토대로 하나님 중심적인 기독교 변증적 논지들을 명료하게 설파하고 있습니다. 본서는 반기독교적인 사회 속에서 전도자로서의 삶을 살아가는 모든 진실된 크리스천들에게 훌륭한 지침서가 될 것을 확신하며 기쁘게 본서를 추천합니다.

추 천 사 2

■ □ ■ □ ■

김 종 옥 목사

홀리랜드 성경연구소 대표

　예수님을 믿지 않는 사람들은 자신이 믿을 수 없는 수많은 합리적인(?) 이유들을 가지고 있습니다. 그 많은 이유 가운데 가장 중요한 것은 창조주 하나님의 존재가 믿어지지 않는다는 것입니다. 그런데 문제는 창조주 하나님의 존재를 논리적으로 설명하는 것이 쉽지 않다는 것입니다.

　많은 복음전파자들이 "믿으면 알게 된다"는 논리와 "성경의 말씀"만으로 하나님을 증거하므로 설득력을 잃는 경우가 너무나 많은 것이 현실입니다. 본서는 분명히 많은 불신자(무신론자)들의 마음을 움직여 창조주 하나님의 존재를 부정할 수 없도록 할 것이라고 확신합니다. 왜냐하면 하나님의 존재를 부정할 수 없도록 논리가 정연해서 많은 사람들, 특히 과학을 진리라고 믿는 많은 지식인들에게 호소력이 있기 때문입니다.

　저자가 추천사를 부탁하며 보내온 본서를 읽으면서 저 스스로 많은 도전을 받았습니다. 저는 많은 사람들에게 복음을 전했지만 그 가운데는 창조주 하나님의 존재를 부정하며 아직도 예수님을 믿지 않는 사랑하는 분들이 있습니다. 저는 그분들께 본서를 선물로 드리려 합니다. 본서를 읽는 독자가 변화할 것을 믿어 의심치 않기 때문입니다.

　또 본서는 많은 기독교인들에게도 하나님의 존재에 대한 확신을 갖게 하여 그들의 믿음생활에 큰 도전을 받을 것도 의심치 않습니다. 저자와 함께 두 차례에 걸쳐 여러 지역으로 성지순례를 할 때 끊임없이 질문을 던지던 저자를 기억합니다. 이 귀한 책을 집필한 저자의 노력이 많은 불신자들을 주님 앞으로 인도하고 또 많은 기독교인들로 하여금 창조주 하나님을 더욱 신뢰케 하여 하나님께 영광을 돌리게 할 것을 확신하며 기쁜 마음으로 본서를 추천합니다.

Contents

창조주 하나님, 정말로 존재하는가?
부제 : 지성으로 답하는 기독교와 하나님

추천사   **최규남** 박사 (CEO & EVP of Grace Mission University) ········· 5
         김종옥 목사 (홀리랜드 성경연구소 대표)

머리말 ········· 14

제1장 하나님의 존재하심을 어떻게 알 수 있는가? ········· 19

    1. 우주론적 논증

       1) 우주의 기원에 의한 논증

       2) 우주의 정밀한 설계에 의한 논증

       3) 열역학 제2법칙에 의한 논증

    2. 지적 설계론적 논증(Intelligent Design)

       1) 지적 설계

       2) 미세세계의 지적 설계

       3) 과학과 공학; 과학 발견의 한계

       4) 과학은 창조주를 향하고 있다

    3. 도덕론적 논증

제2장 총체적 증거에 의한 최종 판단 ········· 75

    1. 창조주 하나님의 존재하심이 나에게 왜 중요한가?

    2. 선택을 하여야만 하는 우리들의 삶

창조주 하나님, 정말로 존재하는가?
부제 : 지성으로 답하는 기독교와 하나님

3. 포스트모더니즘

4. 종교다원주의

제3장 이 세상에 악은 왜 존재하는 것일까? ······ 103

1. 악에 대한 문제들

   1) 악의 본질

   2) 악의 기원

2. 고통 속에서 발견하는 하나님

   1) 하나님은 왜 착한 사람들에게 고통을 허락하시는가?

   2) 고통 속에서도 신뢰하는 하나님

   3) 사랑의 하나님과 공의의 하나님

3. 지옥은 꼭 있어야만 하나?

   1) 지옥이란?

   2) 어린아이도 지옥에 가는가?

   3) 유한한 죄에 영원한 지옥 벌이 꼭 있어야만 하나?

   4) 사후에 한번 더 기회를 줄 수는 없는가?

Contents

제4장 하나님은 왜 우주와 인간을 창조하셨나? ······················ 143

    1. 창조의 개념과 의의

        1) 무로부터의 창조

        2) 하나님의 후속적인 창조 사역

        3) 생명체의 실제적 기원은? 창세기 날들의 길이는?

    2. 창조의 목적

        1) 하나님 영광을 위하여

        2) 하나님의 형상

제5장 예수님은 왜 이 땅에 오셔야만 했나? ························ 161

    1. 인간은 모두 죄인이다

    2. 하나님이 죄인을 구원하러 오시다

        1) 인간의 몸으로 이 땅에 오신 구세주 예수님

        2) 구원의 길 – 복음

        3) 기독교를 접하지 못한 사람들의 운명은?

    3. 예수님은 메시아이신가?

        1) 예수님의 부활의 의미

        2) 예수님의 부활은 믿을 수 있는가?

        3) 예수님은 메시아이신가?

Contents

    4) 예수님의 신성과 인성

  4. 기적, 믿을 수 있나?

제6장 성경, 믿을 수 있는 책인가? ·········· 233

  1. 성경은 어떤 책인가?

  2. 성경은 언제, 어떻게 기록된 책인가?

  3. 성경이 가지고 있는 특별한 의미들

  4. 사복음서는 믿을 만한 기록물인가?

    1) 고대문서의 신뢰성 기준

    2) 사복음서의 신뢰성에 대한 세부적인 확인

    3) 신약 사본 전승의 정확성

제7장 본서를 읽은 독자에게 ·········· 277

참고문헌 ·········· 283

Does God of Creation Really Exist?

창조주 하나님, 정말로 존재하는가?

지성으로 답하는 기독교와 하나님

머리말

현대의 지성인들에게 하나님의 존재하심과 기독교를 설명하기란 쉽지 않습니다. 단순히 "믿음"만 강조하거나 개인적인 믿음으로 밀어붙여서는 오히려 역작용을 불러일으키기 십상입니다. 지성인들에게는 지성적이며 합리적인 논리로 기독교와 하나님을 변증해야 불신자들이나 젊은이들의 마음을 열 수가 있습니다.

원래 기독교 변증학은 내용이 좀 딱딱하고 읽기도 쉽지 않습니다. 그러나 본서는 불신자나 초신자도 쉽게 읽을 수 있도록 이야기 식으로 쉽게 풀어서 썼습니다. 그리고 독자들의 이해와 재미를 위하여 기독교 변증에 도움이 될 수 있는 저의 개인 묵상 내용도 중간에 조금씩 섞어 넣었습니다.

늦게 믿음을 얻어 거듭남을 경험한 저는 성경과 하나님, 그리고 기독교와 믿음 전반에 걸쳐 갈급함이 많았습니다. 한발 늦은 신앙에 대하여 하루빨리 두터운 믿음을 쌓고자 몸부림치던 중, 하나님의 부르심으로 늦게나마 신학공부까지 하게 되었습니다. 본서의 내용은 제가 믿음을 얻기 전이나 후에 기독교에 관하여 평소 궁금했던 점들에 관한 것입니다. 이에 대해 제가 신학공부를 하면서 여러 신학서적과 참고서적들을 읽어가며 생각하고 메모해 두었던 내용을 본서에 정리했습니다. 또 주변의 불신자나 회의주의자들이 기독교와 하나님, 성경과 예수 그리스도에 관한 구체적인 질문을 할 때 지성적인 답변을 할 수 있도록 정리한 내용들이기도 합니다.

우리는 영적인 문제에 대하여 의문을 품는 지성인들이나 젊은이들에게 믿음이 약하기 때문에 그렇다는 회피적인 말을 해서는 곤란합니다. 현대는 기독교에 대하여 지성적으로도 설명을 할 수가 있어야 합니다. 믿음의 당위성만으로는 현대의 삶을 살아가는 지성인들에게 기독교를 안내하고 변증하기란 부족합니다. 성경도 다음과 같이 말씀을 전합니다.

- 여러분이 가진 소망을 설명하여 주기를 바라는 사람에게는, 언제나 답변을 할 수 있게 준비를 해 두십시오. 그러나 온유함과 두려운 마음으로 하십시오(벧전 3:15).

인생의 중요한 질문들에 대해 관심을 다른 데로 돌리는 부모나 교회의 지도자들의 문제가 어제오늘의 일이 아닙니다. 프랜시스 쉐퍼는 다음과 같이 말했습니다.

> 묻지 않고 믿는다고 해서 더 영적인 것도 더 성경적인 것도
> 아니다. 그것은 오히려 덜 성경적이며 덜 영적이다. 왜냐하
> 면 여기에는 전인격이 수반되지 않았기 때문이다.[1]

현대 기독교 변증학의 특징은 과학이 발달하면 할수록 과학과 종교는 어떤 면에서는 점점 더 가까워지고 있다는 사실을 우리에게 알려주고 있습니다. 거시 세계를 다루는 천체물리학은 물론 유전자공학 같은 미시 세계를 취급하는 현대 과학은 모두 결국에는 궁극적으로 창조주 하나님을 가리키고 있기 때문입니다. 참으로 오묘한 하나님의 진리요, 섭리라 하지 않을 수 없습니다.

절대 진리란 없고 모든 것은 상대적이라고 생각하는 현대의 포스트모더니즘적 사조에서 기독교와 하나님을 올바르게 변증하기란 결코 간단한 문제가 아닙니다. 막연히, 절대자 창조주는 있는 것 같은데 그게 꼭 기독교의 하나님이어야만 하는가? 세상의 기독교 신자들도 나와 별 차이가 없지 않은가? 또 우리 주변에서 갑자기 찾아오는 불치병과 같은 질병, 생활에서 오는 고난으로 인한 극심한 고통, 악에 관한 문제들은 이를 직접 겪거나 경험하는 사람들에게는 하나님에 대한 회의주의적 생각을 갖게 할 수도 있습니다. 이러한 사람들에게 하나님과 기독교에 관하여 믿음의 설명을 하기란 쉬운 문제가 아닙니다.

---

1 스콧 버슨, 제리 월즈, 『루이스와 쉐퍼의 대화』(서울: 한국기독학생회출판부, 2009), 398.

본서는 믿음 초기 신자들의 기독교에 대한 지성적인 궁금증 해소와 교회의 성경 공부 부교재로도 쓸 수 있도록 집필하였습니다. 또 자기가 알고 있는 세상의 지식과 상식 때문에 하나님을 믿기 힘든 회의주의적인 지성인들의 질문에 대한 답변서이기도 합니다. 우리가 전도 활동을 할 때 가끔은 불신자들의 고차원적이며 지성적인 질문에 당황해 할 수도 있습니다. 그럴 때 본서가 조금이나마 도움이 되었으면 하고 간절히 소망합니다.

본서를 쓸 수 있도록 길을 열어주시고 은혜를 베풀어주신 하나님께 감사와 영광을 드립니다. 또 본서의 추천사를 써주신 최규남 박사님과 김종옥 목사님께 감사드리고 본서가 이 세상의 빛을 볼 수 있도록 그동안 수고와 노력을 아끼지 않고 도와주신 기독교문서선교회의 박영호 목사님과 관계자 여러분께 심심한 감사의 말씀을 드립니다.

· 본서의 많은 부분에서(일부 각주가 없는 부분도) 참고서적을 요약, 해설 인용하였음을 밝힙니다.
· 본서에 인용된 성경 구절은 주로 "표준새번역" 성경에서 인용하였습니다.

Does God of Creation Really Exist?

창조주 하나님, 정말로 존재하는가?

지성으로 답하는 기독교와 하나님

제 1 장
하나님의 존재하심을 어떻게 알 수 있는가?

우리가 사는 이 세상은 봄이 되면 땅에서는 새싹이 돋고, 여름이 되면 나무는 푸르고 무성해지며, 가을에는 낙엽이 지고 겨울에는 삭막해집니다. 그러나 이듬해 봄이 되면 천지만물은 다시 생기를 되찾습니다. 그래서 우리는 이 세상과 우주는 영원 전부터 그대로 있었고 앞으로도 계속 그런 상태일 것이라고 생각하기 쉽습니다. 우리의 짧은 인생으로 본다면 태어날 때부터 죽을 때까지 이 세상의 자연은 거의 변화가 없이 계속 되풀이되는 듯 느껴지기 때문에 그렇게 생각할 수도 있을 것입니다.

그러나 정교하고도 오묘하며 질서정연하게 움직이는 이 자연의 만물과 광활한 우주는 우연이 아니라, 반드시 그 시작과 존재하는 목적이 있습니다. 그 목적하에 우주는 설계되고 창조되어 조화와 통일을 유지하면서 한 치의 착오도 없이 질서정연하게 움직이고 있는 것입니다. 이 세상 만물에는 원인이 없는 결과, 원인이 없는 존재는 없습니다. 이 우주가 영원 전부터 저절로 생겨나서 스스로 존재하고 있다고 믿는 것은 내가 모르는 것을 그냥 모르고 있다고 믿는 것에 지나지 않습니다. 우주의 변화무쌍함, 살아 있는 이 지구 상의 수많은 생물의 번식과 죽음, 점점 퇴화하고 있는 자연계의 현상과 에너지 등을 볼 때 이 우주는 시초에 그 누군가에 의해서 시작되고 만들어졌음이 틀림없습니다.

예를 들어 어떤 사람이 깊은 산골의 계곡 길을 걸어가다가 숲 속에 떨어진, 정밀하게 만들어진, 손목시계 하나를 발견했다고 합시다. 이럴 때 우리는 그 시계가 저절로 만들어져서 우연히 그 계곡에 놓여 있는 것이 아니라는 것을 압니다. 어떤 지적인 존재가 그 시계를 설계하여 만들었고, 그 시계를 가지고 있던 사람이 그 계곡에 왔다가 떨어뜨린 것이라고 생각하는 것이 당연합니다.

이 오묘하고도 질서 정연한 자연과 우주, 지구 상의 모든 생물과 생태계도 마찬가지입니다. 이 우주만물이 우연히 생겨나서 한 치의 착오도 없이 저절로 조화롭게 움직이고 있고, 살아있는 지구 상의 정교한 모든 생물이 저절로 생겨나서 이렇게 번성하고 있다고 생각하는 것은 마치 정밀한 작품인 손목시계가 산골짜기의 숲 속에서 저절로 생겨나서 놓여 있다고 생각하는 것과 무엇이 다르겠습니까?

우주과학의 아버지 베르너 폰 브라운 박사는 일찍이 이렇게 말했습니다.

우주의 광활한 신비는 창조주의 확실성에 대한 우리의 믿음을 확증해 준다. 나는 과학의 진보를 부인하려는 신학자도 이해하기 어렵지만, 우주의 배후에 놓인 초월적인 존재를 인정치 않는 과학자도 이해하기 어렵다.[1]

우리가 이 거대한 우주와 자연을 촌각의 생명체인 인간으로서는 참으로 그 존재의 원인을 알기가 힘듭니다. 그러나 알기 힘들다고 해서 모르는 채로 덮어 둔다는 것은 나의 인생에 대한 무책임한 처사입니다. 또 이 우주가 저절로 생겨났다거나, 영원 전부터 그대로 존재하고 있었다는 생각은 타당성이 없으며, 이 또한 내가 모르는 것을 모른다고 그냥 덮어 두는 무책임한 생각에 지나지 않습니다. 자연의 섭리와 변화로 미루어 보아 이 우주는 반드시 그 원인과 시작점이 있습니다. 이는 현대 과학이 발달하면 할수록 점점 더 명확해지는 사실입니다. 이 우주만물의 원인과 시작점이 바로 창조주 하나님에 의한 원인이요 시작점이었습니다.

우리는 창조주가 존재하고 계심을 성경이 아니더라도 충분히 깨닫고 알 수 있습니다. 인간은 하나님의 창조물인 천지만물을 보고서도 하나님을 알 수 있도록 하나님은 모든 피조물을 창조하셨습니다. 시편에는 "하늘은 하나님의 영광을 드러내고, 창공은 그의 솜씨를 알려 준다"(시 19:1)라고 하였으며, 로마서에는 "이 세상 창

---

1   리 스트로벨, 『창조설계의 비밀』(서울: 두란노, 2008), 335.

조 때로부터, 하나님의 보이지 않는 속성, 곧 그분의 영원하신 능력과 신성은, 사람이 그 지으신 만물을 보고서 깨닫게 되어 있습니다. 그러므로 사람들은 핑계를 댈 수가 없습니다"(롬 1:20)라고 하고 있습니다. 우리가 만물의 창조주이신 하나님이 계심을 깨닫고 하나님과 함께하시는 삶을 살 때 우리는 진정한 삶의 의미를 발견할 수가 있으며, 또 삶에서 기쁨을 경험하고, 물질에서 얻을 수 없는 만족감을 얻을 수가 있습니다.

창조주는 존재하십니다. 창조주 하나님의 존재하심을 알 수 있는 몇 가지 논증을 분야별로 살펴보도록 하겠습니다.

1. 우주론적 논증

1) 우주의 기원에 의한 논증

현재 우주의 생성 기원으로서 세계 거의 모든 과학자들이 인정하고 있는 이론은 대폭발이론(The Big Bang Theory)입니다. 약 137억 년 전에 한 점으로부터 대폭발이 있었고, 이 대폭발이 우주라는 공간과 시간의 시작이며, 그 이후 이 우주는 계속 팽창하고 있다고 현대의 물리학자들은 증거하고 있습니다. 천문학적으로 볼 때 우주와 시간 자체는 유한한 과거의 어느 한 지점에서 시작의 순간이 있었던 것은 분명하다고 과학자들은 말합니다. 빅뱅에 의한 그 "시작점"은 우주에 존재하는 모든 종류의 물질과 에너지, 자연계의 모든 법칙들, 그리고 시간과 아주 농축적으로 축소된 공간도 포함된 "무한 밀도 상태의 점"이었습니다.

"1915년 아인슈타인은 일반상대성이론을 개발하고 그것을 우주 전체에 적용했을 때, 그는 자신의 이론이 정지상태의 우주를 허용치 않는다는 것을 알고는 깜짝 놀랐습니다. 그의 방정식에 따르면 우주는 바깥쪽으로 혹은 안쪽으로 폭발하듯 움직이고 있어야만 했습니다."[2]

1920년대 러시아의 수학자 알렉산더 프리드만과 벨기에의 천문학자 조지 르메트르는 아인슈타인의 이론에 근거해 우주가 팽창하고 있다고 예측했습니다. 이것은 시간을 거슬러 올라가면 우주는 시작의 기원이 있고, 그 이전에는 우주가 존재하지 않았다는 뜻입니다. 천문학자 프레드 호일은 이 우주는 어느 날 "쾅!" 하면서 폭발하듯이 생겨났다고 해서 이것을 빅뱅(Big Bang), 즉 대폭발이라고 불렀는데, 이게 공식 이름이 되었습니다.[3]

1929년 미국의 천문학자 에드윈 허블은 먼 은하계로부터 우리에게 오는 빛이 실제보다 더 붉어 보인다는 것과 그것이 모든 은하계의 보편적 특성이라는 사실을 발견했습니다. 허블은 이러한 적색이동은 은하계들이 우리로부터 빠른 속도로 멀어지기 때문에 생긴 현상이라고 설명했습니다. 이것은 마치 경적을 울리며 빠른 속

---

[2] 리 스트로벨, 『창조설계의 비밀』, 131.

[3] Ibid, 132.

도로 다가오는 자동차가 나를 지나쳐서 멀어져 갈 때 그 경적 소리가 저음으로 변하는 것과도 같습니다. 그래서 허블은 우주는 엄청난 속도로 팽창하고 있다는 결론을 내렸습니다. 허블의 이 관측 결론은 프리드만과 르메트르의 예측에 대한 최초의 사실적 증명이었습니다. 그 후로 과학자들의 계속된 연구에 의하여 대폭발이론은 과학적으로 입증되었습니다.[4]

우리가 만약 타임머신을 타고 과거로 돌아간다면 우주는 지금보다 수축된 상태가 될 것입니다. 결국에는 모든 것이 한 점으로 모이게 됩니다. 다시 말하면 우리가 몇 십억 년 먼 과거로 거슬러 올라갈수록 우주의 농도는 더 짙어질 것이며, 그 결과 마침내는 우주가 팽창하기 시작한 무한 농도를 가진 한 점에 도달하게 됩니다. 이 최초의 순간(137억 년 전)이 빅뱅인 것입니다. 빅뱅의 특이점 이전에는 아무것도 존재하지 않았습니다. 왜냐하면 빅뱅은 물리적 공간과 시간의 시작이며, 모든 물질과 에너지의 기원이기 때문입니다.[5]

"많은 사람들이 놀랐습니다. 과학계에 이루 말할 수 없는 충격을 안겨주었습니다. 그때까지 우주는 당연히 정지상태에 있고, 영원히 존재하는 것으로 여겨져 왔으니까요"라고 바이올라대학의 탈봇신학교 윌리엄 레인 크레이그(William Lane Craig) 교수는 말

---

4 Ibid, 132.
5 Ibid, 131, 132.

하였습니다.⁶

지구가 속해 있는 태양계는 초속 250km의 속도로 다른 은하계와 멀어지고 있으며, 지금도 우주는 계속 팽창하고 있습니다. 20세기의 우주과학은 빅뱅이론이 증명되고 우주의 기원과 생성이론으로 확증되는 과정의 연속이었습니다.

우리 인간은 불과 400년 전까지만 해도 태양이 우주의 중심이라고 믿었습니다. 2000년 전인 예수님 탄생 당시의 사람들은 이 지구가 우주의 중심이라고 생각했습니다. 그러나 이러한 모든 가설은 불과 80여 년 전인 1920년대에 와서야 아인슈타인과 천문학자 에드윈 허블에 의해서 무너지기 시작했습니다. 1929년, 허블은 이 우주가 계속 팽창하고 있다는 충격적인 사실을 밝혀냈습니다. 지금도 이 우주는 초속 250km 이상으로 풍선처럼 부풀며 커지고 있습니다. 빛의 속도로 137억 년이나 가야 우주의 끝에 다다를 수가 있다는 사실은 우리 인간으로서는 상상도 하기가 어렵습니다.

현재 인류가 관측한 우주를 지구만 한 크기로 줄인다면, 지구는 원자보다 더 작은 크기가 됩니다. 그러면 지구 위 인간의 크기는 어떻습니까? 과연 이 우주의 크기는 인간으로서는 상상도 하기 어렵습니다. 오로지 절대자 신의 영역이라고 할 수밖에는 없습니다. 서울대학교 김수봉 교수는 우주의 기원에 대해 다음과 같이 말하였습니다.

---

6 Ibid, 133.

최근에는 우주가 팽창하는 속도를 아주 정밀하게 측정할 수 있게 되었다. 우주를 거꾸로 거슬러가면 한 점에 모이는 것이 137억 년 전으로 나온다. 우주의 대폭발 직전의 그 "점"이 어떤 것인지에 대해서만은 알 수가 없다. 그 직후 상황부터는 현재의 과학으로 대부분 알아냈다
(2011. 5. 16, 조선일보 대담기사).

빌 브라이슨은 그의 저서 『거의 모든 것의 역사』에서 다음과 같이 주장하고 있습니다.

우리의 우주는 아무것도 없는 그야말로 무에서부터 시작되었다. 특이점(Singularity, "시작점"이라고도 함)은 어떤 말로도 표현할 수 없을 정도로 짧고 광대한 영광의 순간에 단 한 번의 찬란한 진동에 의해서 상상을 넘어서는 거룩한 크기로 팽창한다.[7]

---

7 빌 브라이슨, 『거의 모든 것의 역사』(서울: 까치글방, 2003), 22.

제1장 하나님의 존재하심을 어떻게 알 수 있는가? **27**

태양계가 속한 은하수는 초속 250km의 속도로 팽창하고 있습니다(사진: NASA).

이제 가장 궁금한 질문은 무엇이 한 특이점으로부터 대폭발을 일으켜 우주를 갑자기 생겨나게 했는가에 관한 것입니다. 즉 왜 대폭발이 일어났으며, 대폭발의 원인 제공자는 과연 어떠한 존재인가? 하는 것입니다. 현실은 무에서 우주가 생겨난다는 건 불가능해 보입니다. 그러나 대폭발 이전에는 아무것도 없었고, 대폭발 이후 지금과 같은 우주가 있다는 것은 무에서 물질계가 생겨날 수 있다는 분명한 증거가 아닙니까? 혹시 이 신비한 원인, 무한한 전능의 힘의 원인이 하나님은 아닐까요? 그분의 존재하심이 없는 우리의 생각과 마음은 뭔가 불완전하고 미궁 속에서 헤매는 것만 같습니다.

우주가 빅뱅으로 시작되었고, 빅뱅과 함께 물질계인 시간과 공간이 시작되었다면, 우리는 여기서 몇 가지 특성을 파악할 수가 있습니다. 시공간의 원인, 혹은 그 원인 제공의 궁극적인 실재는, 엄청난 능력을 가진, 시공간의 제약을 받지 않는, 영원히 자존하는, 비물질적이며, 물질계를 지배하는, 인격적인 존재임이 틀림없습니다. 그런데 이것은 바로 하나님의 핵심적인 개념과도 일치합니다. 인격적인 존재라는 말은 이성적으로 생각할 수 있는 존재를 말합니다. 이성과 감정을 가지고 자유의지로 자유롭게 행동하고 판단할 수가 있습니다. 우주의 시작에 대해서는 과학적 설명이 있을 수 없습니다. 과학은 우주 탄생 이후의 일입니다. 그러므로 우주의 시작은 과학적이 아니라 "인격적인 설명"으로 이루어져야 합니다. 왜냐하면 과학은 우주의 탄생으로부터 시작되었기 때문입니다. 인격적인 설명이란 다음과 같은 예로 이해가 가능합니다.

> 내가 부엌에 들어섰는데 가스레인지 위에서 끓고 있는 주전자를 봤다고 해 봅시다. 그래서 아내에게 물어봅니다. "주전자의 물이 왜 끓고 있지?" 아내는 이렇게 대답할 수 있습니다. "글쎄요, 가스에 불을 붙였고, 그 가스의 열기가 주전자의 바닥을 뜨겁게 달구니까, 주전자 속의 물 분자들이 점점 더 빨리 움직이다가 마침내 증기가 되어 튀어나오는 거예요." 이건 "과학적 설명"에 해당합니다. 그러나 아내는 이렇게 말할 수도 있습니다. "차 한잔 하려고 올려놨

어요." 이건 "인격적 설명"에 해당합니다.[8]

　노벨상 수상자 아노 펜지아스의 다음과 같은 말은 많은 것을 함축하고 있습니다. "천문학은 우리를 유일무이한 사건으로 안내한다. 그 사건은 무로부터 창조된 우주, 생명 탄생을 위해 정확한 조건들을 제공하여 정밀하게 균형을 이룬 우주, 근원적이며 초자연적인 계획을 가진 우주이다."[9]

　우주의 원인은 시공간을 초월하기 때문에 물리적 실체일 수가 없으며, 비물리적입니다. 그래서 우주의 시작점은 물리적이나 과학적이 아니라 인격적인 설명이 될 수밖에 없습니다.[10]

　무신론 과학자들은 여기서 중대한 문제에 직면하게 됩니다. 그들도 대부분 빅뱅이론을 믿기 때문에, 빅뱅의 원인으로 궁극적인 실재의 존재를 부인하기 어렵기 때문입니다. 그래서 일부 무신론 물리학자들은 대폭발에 대해 이야기 하는 것을 너무도 껄끄러워합니다. 이 우주가 빅뱅을 통해서 존재하기 시작했다면 그 빅뱅이 저절로 일어난 게 아니라 그 빅뱅을 일으킨 원인, 즉 궁극적 실재가 있어야 하는 것입니다. 이 우주의 생성 기원인 대폭발이론이 발표된 이후 많은 무신론 과학자들 중 일부는 유신론자가 되었으며, 남아 있는 무신론자들도 상당히 곤혹스러운 처지에 놓이게 된 것입

8　리 스트로벨,『창조설계의 비밀』, 138.
9　Ibid, 189.
10　Ibid, 139.

니다. 대폭발의 원인은 창조주의 개입이 없이는 불가능함을 그들도 알기 때문입니다. 그 궁극적인 실재가 창조주 하나님입니다. 라이스대학교의 나노 과학자 제임스 투어는 "과학에 대해 아무것도 모르는 문외한만이 과학이 신앙을 앗아 간다고 말할 것이다. 과학을 제대로 연구하면 그로 인해 하나님께 더욱 가까이 가게 될 것이다"라고 하였습니다.[11]

우주과학이나 천체물리학을 공부하다 보면 신과 종교에 대한 믿음이 더욱 강해지거나 혹은 아예 없어진다고 합니다. 그러나 현대에 와서 천체물리학이 발달하면 할수록 절대자 신의 존재는 점점 더 명확히 드러나고 있습니다. 인간으로서는 어떻게 할 수 없는 한계에 다다르기 때문입니다. 결국 궁극적인 절대자 외에는 그 답이 없기 때문입니다. 모든 예상을 뒤엎고 현대의 첨단 우주 과학이 우주의 기원에 대한 성경의 말씀을 증거하고 있는 것입니다.[12]

- 태초에 하나님이 천지를 창조하셨다(창 1:1).

* 태양계가 속해 있는 은하수 우주의 속성
- 은하수 우주(원반)의 직경: 100,000광년
- 은하수 우주(원반)의 두께: 1,000광년

---

11 Ibid, 350.
12 래비 재커라이어스, 노먼 가이슬러, 『하나님을 누가 만들었을까?』, 박세혁 역 (서울: 사랑플러스, 2008), 68.

- 은하수 우주 내의 별의 수: 2,000-4,000억 개
- 은하별의 나이: 17억 년-88억 년
- 상대적인 비교: 은하수의 직경이 10m라면, 태양계의 폭은 0.1mm 이하이다.[13]

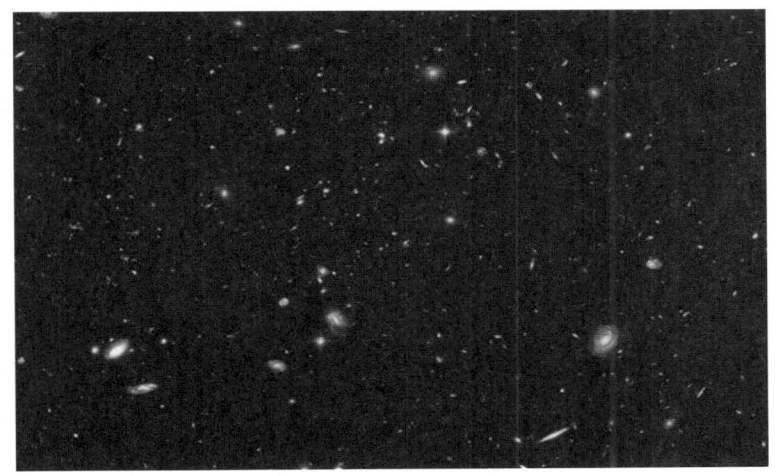

우주의 모습: 이 사진에만 약 10,000개의 은하수가 보입니다(사진: NASA).

2) 우주의 정밀한 설계에 의한 논증

빅뱅이론이 발표된 이후, 지난 40여 년간 과학자들은 빅뱅이 무질서한 단순한 사건이 아니라 거대한 양과 종류의 과학적 정보를

---

13 인터넷 위키백과; "은하수"

담고 있는 고도의 질서정연한 사건임을 깨닫고는 매우 놀랐습니다. 인간의 생각과 능력으로 생각해 본다면 과학적으로 생명의 존재가 가능한 우주보다는 생명의 존재가 불가능한 우주가 존재할 확률이 훨씬 높습니다. 지구 상의 생명체들은 과학적으로 초정밀하게 조정된 환경에서 한 치의 오차도 허락될 수 없는 아슬아슬한 상태로 상호 균형을 이루고 있기 때문입니다. 물리학과 천문학, 양자역학, 생명공학 등 여러 분야에서 이루어진 발견들을 통해서, 지구 상에 생명체가 존재하기 위해서는 물리적 상수(常數; 중력이나 핵력 같은 우주와 자연계에 존재하는 힘의 크기, 지구와 달의 크기와 거리 비례 등)와 수량이 초정밀한 균형을 이루고 있어야만 한다는 사실이 계속 확인된 것입니다.

1980년대 이래 과학자들은 우주 및 지구의 기본 환경과 구조가, 생명체의 존재를 위해 수많은 조건들이 마치 면도날 위에 서 있듯이, 우리 인간의 상상을 초월하는 아슬아슬한 균형을 이루고 있다는 사실을 발견했습니다. 모든 조건들이 생명체의 유지를 위해 너무나 정확하고도 환상적으로 조정되어 있기 때문에 우리는 그것을 결코 우연으로 돌릴 수가 없습니다. 우주에 존재하는 자연의 4가지 힘(중력, 강력, 약력, 전자기력) 중의 하나인 강력(핵력)은 그 크기가 중력보다 1,040배나 강합니다. 원자력이 바로 핵력에서 나옵니다. 그런데 이 강력이 1%만 달라져도 우주는 현 상태로 유지될 수가 없습니다. 또 지구의 중력은, 인간이 상상하기 힘든, 1053분의 1로 미

세조정되어 있습니다.[14]

  중력이 조금만 강했더라면 우주의 밀도와 성분이 달라져서 현재의 우주는 존재할 수가 없고, 조금만 약했더라면 아무것도 뭉치지 못해 우주는 허공의 빈 공간으로 남아 있게 되었을 것입니다.

  여기서 우리의 일상생활과 관련되는 우주의 미세 조정을 한번 생각해 보겠습니다. 태양의 크기는 달의 400배이며, 태양과 달 사이의 거리는 정확히 지구와 달 사이 거리의 400배입니다. 이것이 우리가 개기일식을 볼 수 있는 이유입니다.[15]

  그런데 이 달은 적당한 크기와 거리에서 지구를 공전하면서 우리 지구 지축의 기울기를 23.5도로 안정시킨다는 놀라운 사실이 1993년에야 발견되었습니다. 지구 자전축의 기울기는 지구의 생태계를 유지시켜 주는 지구의 4계절을 정확하게 가져옵니다. 달 궤도에서 오는 중력은 지구 자전축의 기울기에 안전장치가 되는 것입니다. 위성인 달이 자기의 주인이라 할 수 있는 행성인 지구와 비교해 이렇게 큰 경우는 태양계 내에서는 달 뿐입니다. 위성이 없는 수성이나 금성, 위성이 있어도 상대적으로 너무 작은 화성의 자전축은 기울기가 제멋대로 달라집니다. 지구의 자전축이 이렇게 멋대로 변했다면 사계절의 변화는 물론, 생태계가 교란되어 지구상의 생명체는 현재와 같은 존재가 불가능했을 것입니다.[16]

---

14 리 스트로벨, 『창조설계의 비밀』, 163,164, 166, 342.
15 Ibid, 228.
16 Ibid, 220.

달이 바다의 조석에 미치는 영향은 60%, 태양은 40% 입니다. 이 밀물과 썰물이 바다의 생태계를 유지시켜 줍니다.[17]

그러니까 실제로 우리 기후의 안정성은 달 덕분이며, 달이 우리의 생명체를 뒷받침하고 있는 것입니다. 참으로 놀랍고도 오묘한 조정이라 하지 않을 수 없습니다. 지금 이 순간에도 지구는 초속 447m로 자전하고 있으며, 초속 29.8km로 태양의 주위를 공전하고 있습니다. 이 지구 공전의 속도는 총알보다도 약 30배나 빠른 속도입니다. 지구 상에 살고 있는 생물들이 그 속도를 느낀다면, 혹은 지구가 달처럼 자전을 하지 않는다면, 아마 지구 상의 생태계는 지금처럼 생물이 생존하기가 힘들 것입니다.

또 적당한 중력의 크기는 지구가 허공에 떠서 존재하게 만들며, 24시간이라는 지구 자전의 정확한 시간은 밤낮의 기온 차를 생태계에 알맞게 유지해줍니다. 밤낮의 길이가 24시간보다 짧거나 길어지면 현재의 기후 환경 유지는 불가능해집니다. 태양과 지구와 달의 상호 크기와 거리의 정밀한 비율은 지구 생명체 환경의 초정밀한 조정입니다. 이 모든 것이 창조의 이면에는 고도의 지적 존재(설계자)가 있다는 결론을 내기에 충분합니다.

여기서 우리는 우리의 눈에는 보이지 않는 자연의 현상을 한 번 깊이 있게 묵상해 볼 필요가 있습니다. 이 우주에 존재하는 4가지의 힘은 도대체 어떻게 해서 생겨났으며, 그 힘의 원천은 무엇입니

---

[17] Ibid, 221.

까? 원자폭탄의 위력을 가져오는 물질의 핵력은 저절로 생겨났습니까? 또 지구의 생태계를 정확하게 유지시키는 사계절을 가져오는 지구 자전축의 기울기는 어떻게 해서 23.4도로 정확하게 조정되어 있습니까? 이게 저절로 생긴 겁니까? 아니면 보이지 않는 어떤 지적인 손의 작용이요 설계입니까?

- 그분은 북쪽 하늘을 허공에 펼치시고 땅을 공간에 매달아 놓으시며…(욥 26:7).

〈자연에 존재하는 4가지 힘〉
- 중력: 만유인력
- 강력: 우라늄 같은 물질의 질량이 에너지로 변할 때 나오는 핵력
- 전자기력: 전기나 자기에 의한 힘
- 약력: 약한 핵력. 강력의 1/1013 크기임.
  (이 4가지의 힘은 상호 미세 조정되어 우주를 존재케 한다)

가장 위대한 우주과학자의 한 사람으로 우주의 팽창량을 측정해낸 앨런 샌디지는 댈러스에서 열린 한 회의에서 빅뱅에 관해 발언하던 도중 50의 나이에 기독교인이 되기로 결정했다는 폭탄적인 선언을 하였습니다. 샌디지는 넋이 나간 청중들을 향해, 빅뱅은 기존의 물리학 영역 내에서 설명할 수 없는 초자연적인 사건이라고

말했습니다. 그는 "과학은 우리를 제1사건(최초의 사건, 빅뱅)까지 데려다 주었지만, 더 멀리 있는 제1원인(빅뱅의 원인)까지는 데려다 줄 수 없습니다. 물질, 시간, 공간, 에너지의 갑작스러운 출현은 태초에 어떤 초월적 존재가 있었음을 증명하는 것"이라고 하였습니다.

그는 "세상은 과학으로 설명할 수 있는 것보다 훨씬 복잡합니다. 그런데 이런 사실을 알려준 것은 바로 과학이었습니다. 나는 초자연적인 것을 통해서만 존재의 신비를 이해할 수 있습니다"라고 하였습니다. 우연히 그 회의에 들렀던 스티븐 마이어 교수는 그날 청중석에 앉아 있다가 샌디지의 말을 듣고 깜짝 놀랐습니다. 젊은 지구물리학자인 마이어 교수는 인생의 의미를 철학적으로 탐구하던 끝에 기독교인이 되었지만, 과학이 신앙을 뒷받침할 증거를 제공할 수 있다는 것은 생각도하지 못했던 것입니다. 샌디지는 "이제 많은 과학자들이 자신들의 연구 활동으로 인해 (창조주의) 믿음을 갖게 된다"고 말했습니다.[18]

하버드대학교 출신으로 조지워싱턴대학교의 공산사회정책연구소 상임 연구원으로 있는 패트릭 글린은 놀랍도록 정확한 이 우주의 균형을 보고는 무신론을 버리고 그리스도인이 되었습니다. 그는 『하나님 : 궁극적인 증거』(*God : The Evidence*)라는 책에서 다음과 같이 말하였습니다.

---

18 리 스트로벨, 『창조설계의 비밀』, 86-88.

오늘날 구체적인 (과학적) 데이터는 "하나님의 존재" 쪽을 강하게 지지하고 있다. 거기에 반대하고 싶어도 내세울 만하거나 시험 가능한 이론이 전혀 없다. … 한 가지 아이러니는 이것이다. 가장 진보된 20세기 과학이 우리에게 제시하는 우주상은, 코페르니쿠스 이래로 과학이 제시한 그 어떤 것보다 창세기에 나타난 모습과 본질상 더 가깝다는 것이다.[19]

탈봇신학교의 J. P. 모얼랜드 교수는 『이렇게 답하라』는 그의 책에서 다음과 같은 예화를 들고 있습니다.

철학자 피터 크리프트는 두 명의 과학자가 미국 항공우주국(NASA)에서 첫 번째 달 탐사를 수행한 뒤 흥미로운 대화를 나누는 장면을 상상한다. 케이프 케너버럴(Cape Canaveral)에서 첫 번째 달 탐사 로켓을 발사할 때 두 명의 과학자가 이를 지켜보며 나란히 서 있었다. 한 사람은 신자이며 다른 한 사람은 불신자이다. 신자가 "우리의 로켓이 달을 향해 저렇게 우연히 날아갈 수 있다니 놀랍지 않아?"라고 말한다. 불신자가 이의를 제기한다. "우연이라니, 무슨 소리야? 이 로켓을 설계하는 데 수백만 명의 사람들이

---

19 리 스트로벨, 『특종! 믿음 사건』(서울: 두란노, 2009), 91.

기여했는데 말이야." 신자가 말한다. "아, 자네는 '우연'이 로켓에 대한 좋은 설명이 될 수 없다고 생각하는가 보군. 그렇다면 왜 우주에 대해서는 '우연'이 좋은 설명이 되고 있다고 생각하는 건가? 우주에는 로켓보다 설계의 증거가 훨씬 더 많이 존재하지 않은가? 우리가 로켓은 설계할 수 있지만, 이 우주는 설계할 수 없지. 누가 그걸 했겠는가?[20]

우주론자 에드워드 해리슨은 "우주의 미세조정은 신의 설계에 대한 자명한 증거다"라고 했으며, 미항공우주국(NASA)에 있는 하버드 출신의 천체물리학자 존 오키프는 "우주가 엄밀한 정확도로 만들어지지 않았다면, 우리는 존재하지 못했을 것이다. 이런 환경을 고려할 때, 이 우주는 인간을 위해 창조되었다고 볼 수 있다"고 하였습니다.

- 하늘은 하나님의 영광을 드러내고, 창공은 그의 솜씨를 알려 준다.
  낮은 낮에게 그의 말씀을 전해 주고, 밤은 밤에게 그의 지식을 알려 준다.
  그 이야기 그 말소리, 비록 아무 소리가 들리지 않아도
  그 소리 온 누리에 울려 퍼지고 그 말씀 세상 끝까지

---

[20] J. P. 모얼랜드, 팀 뮬호프, 『이렇게 답하라』(서울: 새물결플러스, 2009), 182.

번져 간다.

해에게는, 하나님께서 하늘에 장막을 쳐 주시니,

해는 신방에서 나오는 신랑처럼 기뻐하고, 제 길을 달리는 용사처럼 즐거워한다.

하늘 이 끝에서 나와서 하늘 저 끝으로 돌아가니, 그 뜨거움을 피할 자 없다.

주의 교훈은 완전하여서 사람에게 생기를 북돋우어 주고,

주의 증거는 참되어서 어리석은 자를 깨우쳐 준다.

주의 교훈은 정직하여서 마음에 기쁨을 안겨 주고, 주의 계명은 순수하여서 사람의 눈을 밝혀 준다(시편 19:1-8).

3) 열역학 제2법칙에 의한 논증

자세히 관찰해 보면 이 세상과 우주는 점점 노후화되어가고 있습니다. 사용 가능한 에너지는 사용 불가능한 에너지로 변하고 있으며, 우주와 물질계는 점점 무질서화 되어가고 있습니다. 이것은 하나의 이론이 아니라 만유인력처럼 물리학의 가장 기본적인 경험적 법칙입니다. 이러한 자연계의 무질서도(엔트로피)의 증가 현상을 "열역학 제2법칙"이라고 합니다. 이것은 물질계에서 반드시 일어나는 하나의 법칙입니다. 자동차는 가만두어도 부식이 되어 녹이 슬고 뜨거운 음식은 곧 식듯이, 세상의 천지만물은 질서에서 무질

서 상태로 변하고 있습니다.

　이 우주는 빅뱅 시점에는 100% 유용 가능한 에너지로 채워져 있었으나, 빅뱅 순간 이후부터 지금까지 계속 우주의 에너지는 유용하지 않는, 사용 불가능한 에너지로 변하고 있습니다. 일종의 열적 평형상태로 가고 있습니다. 우리는 이를 우주는 계속 열을 소모하고 있다고 해석할 수도 있습니다. 이런 현상은 먼 미래까지 계속될 것입니다. 최종적으로 우주의 에너지가 고갈되면 언젠가는 우주는 암흑천지가 될 것입니다. 열적 평형상태가 되는 것입니다. 열역학 제2법칙은 우주가 영원하지 않다는 것을 과학적으로 예언하고 있는 것입니다. 이것은 창조론자건 진화론자건 모든 과학자들이 인정하는 우주의 법칙입니다.[21]

　인간의 생각으로는 상상하기 힘든 무한대에 가까운 긴 시간이지만, 이 우주가 무용한 에너지밖에 없는 암흑천지의 끝을 향하고 있다는 것은 유용한 에너지로 가득 찬 시작점도 반드시 있다는 것을 말해 주고 있습니다. 단지 우리 인간들이 거대한 우주의 유구한 역사 속에서, 자연의 그 미미한 변화 때문에, 우리는 이를 잘 느끼지 못해 무시하며 살고 있을 뿐입니다. 혹은 나의 짧은 인생에 직접적인 관계가 없는 이런 자연현상은 의도적으로 회피하고자 하는 심성인지도 모릅니다.

　우리가 이 거대한 우주, 인간의 생명에 비하면 거의 무한대에 가

---

[21] 박명룡, 박담회, 『기독교! 지성으로 이해하라』(서울: 누가, 2006), 63, 64.

까을 정도로 오랜 시간으로 존재해 온 이 우주를 인간으로서는 참으로 그 존재와 원인을 알기가 힘듭니다. 그러나 알기 힘들다고 저절로 생겼다거나, 영원 전부터 그대로 존재하고 있었다는 생각은 타당성이 없습니다. 단지 우리가 그것을 느끼기가 힘들 뿐입니다. 그러나 이성적이며 지적 인격체인 우리 인간은 논리적인 사고가 가능합니다. 계속 에너지를 소모하며 변하고 있는 현재의 정밀한 우주로 미루어 볼 때, 우주는 반드시 시작점이 있으며, 그 시작점의 궁극적인 원인은 인격적인 절대자, 창조주 하나님의 존재임이 틀림없습니다. 성경의 시편에도 천지만물의 창조주이신 하나님을 찬양하고 있습니다.

3. 지적 설계론적 논증(Intelligent Design)

1) 지적 설계

지적 설계 논증은 "정밀하게 설계된 우주"와 같은 선상에서 검토되는 문제입니다. 우주가 거시 설계의 산물이라면, 생명체는 미시 설계의 산물입니다. 20세기 초까지만 하더라도 과학자들은 우주의 모든 것은 물질과 에너지로 구성되어 있다고 생각하였습니다. 그런데 20세기 중반으로 들어서면서 우주는 물질과 에너지에 "정보"(설계)가 더하여져 구성되었다는 새로운 사실들을 발견하였습니다. 거시 세계인 우주 자체가 지적 정보로 구성되었을 뿐만 아니라, 미시 세계인 동물의 세포나 DNA도 아미노산 같은 영양소들이 아무렇게나 뭉쳐져 있는 것이 아닙니다. 세포나 DNA의 구조는 마치 복잡하고도 거대한 도시와도 같은 질서정연한 고도의 지적 설계 정보로 구성되어 있다는 사실을 발견한 것입니다. 그런데 이 세포의 구조는 지렁이나 사람의 세포나, 물고기나 원숭이의 세포나 모두가 거의 동일한 구조의 복잡성을 가지고 있습니다. 여러 생명체의 동일한 복잡성은 진화가 아니라 창조의 증거입니다.

지적 설계 논증은 세 가지의 상식적인 생각에 기반을 둔 것입니다.

> 첫째, 설계가 있는 곳에는 언제나 설계자가 있다.
> 둘째, 우리 몸의 구조와 조직, 생물계와 우주를 볼 때 분명한 설계의 흔적이 있다.
> 셋째, 우리가 자신과 세계와 우주에서 확인할 수 있는 설계는 반드시 인격적이며 고도의 지적인 설계자에게 속해야 한다.[22]

우리 몸의 미세한 세포 조직이나 새로운 생명의 탄생, 식물의 씨앗이 싹터서 번식하는 과정, 지구가 존재하는 우주의 질서 등을 볼 때, 이는 인간의 능력과 상상을 초월하는 질서와 설계의 산물, 즉

---

[22] J. P. 모얼랜드. 팀 뮬호프, 『이렇게 답하라』, 166.

정보의 집합체라고 할 수 있습니다. 생명체는 어디서 왔는가? 진화론자들은 모든 생명체는 비생명체인 물질로부터 우연히 생명체가 생겨 나왔다고 주장합니다. 그러나 생명체와 우주는 절대로 우연히, 혹은 우연의 일치로 존재할 수 없는 굉장히 정교한 설계로 디자인되어 있음을 알 수 있습니다.

인간의 눈은 2만 개가 넘는 각종 부분들로 구성되어 있으며, 정상적인 상태에서 20km가 넘는 거리에서도 촛불이 내는 빛을 볼 수 있습니다. 우리의 귀는 10옥타브 음역의 약 40만 개의 소리를 구별할 수 있으며, 바이올린과 비올라 소리의 섬세한 차이를 구별해 낼 수도 있습니다. 인간의 심장은 평생 약 1억 5천만 리터의 피를 펌프질해서 체내를 순환시킵니다. 이 양은 초대형 유조선 3척을 가득 채우고도 남는 엄청난 양입니다. 이러한 사실을 통해서 우리가 분명히 알 수 있는 하나의 진리는 우리는 무한히 지혜로운 설계자의 작품이라는 것입니다.[23]

---

23 Ibid., 165.

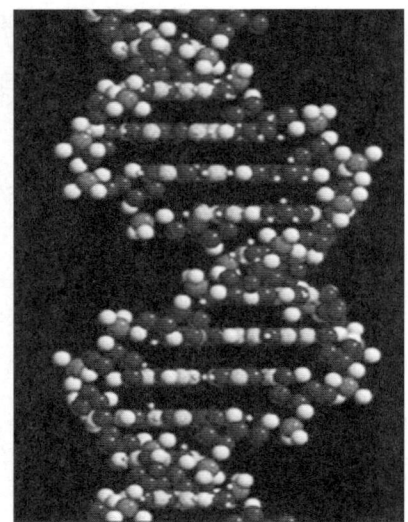

DNA의 2중 나선 구조 모양(사진: NASA)

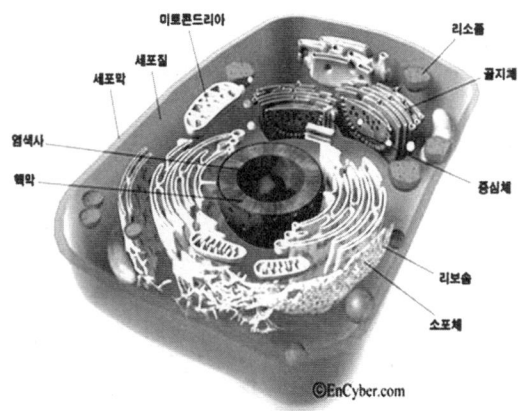

세포는 하나의 거대한 공장과도 같은 구조를 가지고 있습니다(사진: NATE).

영국의 유명한 철학자이자 무신론자였던 안트니 플루(Antony Flew)는 생명체의 이런 지적 설계성(Intelligent Design)을 알고 나서는 2004년, 지난 50년간 하나님의 존재를 부인하고 기독교 교리를 비판해 왔던 자신의 무신론적 견해를 접고, 그의 학문적 견해를 유신론으로 바꾸었습니다. 그는 "하나님의 존재에 관한 가장 인상적인 주장은 최근의 과학적인 발견으로 큰 지지를 받고 있는 "지적 설계"입니다. 지적 설계의 논리는 내가 그것을 처음 들었을 때보다 훨씬 더 설득력 있는 힘을 발휘하고 있습니다"라고 하였습니다.[24]

과학과 역사의 사실들은 그 사실까지만 우리를 안내합니다. 어느 시점이 되면 우리는 진리에 대해 우리 스스로가 반응하여야 합니다. 우리가 천지만물의 설계자라는 추상적인 개념으로 생각하는 데 그치지 않고, 그분을 우리의 설계자로 받아들이기로 결정할 때, 그분을 우리의 진정한 창조자 하나님으로 모실 때, 우리는 그분을 인격적으로 만나고, 그분과 교제하고, 그분의 약속대로 그분과 영원토록 함께 할 것입니다. 그리고 그 순간, 모든 것은 새롭게 달라집니다.

식물의 꽃잎이나 씨앗, 잎의 피보나치 수열(Fibonacci sequence)의 배열은 결코 우연이 아닙니다. 이는 공간 배치를 극대화하고, 햇빛을 가장 효율적으로 많이 받게 하려는 지적 설계입니다.

---

[24] 박명룡. 박담회, 『기독교! 지성으로 이해하라』, 87-88.

식물의 잎도 햇빛을 가장 많이 받는 위치와 순서(Fibonacci sequence)로 배열되어 있습니다(사진: http://matrix.skku.ac.kr.).

피보나치 수열은 해바라기의 씨앗 배치에서도 찾아볼 수 있습니다. 다닥다닥 붙어 있는 해바라기 씨앗은 2개의 나선 모양으로 마치 해를 따라 움직이는 것처럼 배열되어 있습니다. 한쪽은 34개의 씨앗이 시계방향으로 돌고, 다른 한쪽은 55개의 씨앗이 시계 반대방향으로 돌면서 34와 55, 55와 89 그리고 89와 144의 수 쌍으로 피보나치 수열을 이루어가고 있습니다. 해바라기가 이런 방법으로 씨앗을 배치하는 것은 최소한의 공간에 최대로 많은 씨앗을 촘촘하게 넣으려는 뜻이 담겨 있습니다. 과연 누구의 솜씨일까요?(사진: http://matrix.skku.ac.kr.)

2) 미세세계의 지적 설계

아무리 미개한 생물이라도 그 세포 속에는 거대한 도시와도 같은 복잡성과 특정성을 지닌 엄청난 정보를 가지고 있습니다. 우리의 몸 속에 있는 세포 하나하나에는 부모 양쪽으로부터 23개씩 받은 46개의 염색체가 있습니다. 생물학자들은 이 염색체 속에는 DNA가 있다는 것을 발견했으며, 이 DNA에는 생명체를 특정하는 설계 정보가 들어있다는 것을 알아냈습니다.

우리의 몸속에 있는 약 100조 개나 되는 각각의 세포 안에는, 약 1억 2,000만의 분자량을 갖는 거대 분자의 DNA들이 각 세포에 똘똘 뭉쳐 들어있습니다. 하나의 DNA를 일직선으로 연결하면 약 180cm나 됩니다. 이 DNA에는 대략 3만 개의 유전자 코드가 각각의 정보를 간직한 채 함께 기능을 하고 있습니다. 이 정보에 의하여 세포가 분열을 할 때 어떤 것은 코가 되고 어떤 것은 손이나 발 혹은 심장이 되는 것입니다.

한글은 24자모, 영어는 26자모로서 정보를 전달합니다. 컴퓨터는 0과 1의 두 문자만으로도 정보 전달이 가능합니다. 그러나 DNA는 4개의 문자로 정보(우리의 몸을 이루고 있는 단백질 조립에 대한 상세한 지시)를 저장하는데, 가장 과학적인 방법인 디지털 코드로 저장합니다. DNA는 지구 상의 최첨단 슈퍼컴퓨터보다 더 작은 공간에 훨씬 더 많은 정보를 저장합니다. 조지 심 존슨은 "인간의 DNA는 브리태니커 백과사전보다 더 조직적으로 정보를 담고

있다"고 말하였습니다.[25]

　미개하고 단순한 생명체라도 그 세포 속에는 고등생물과 별 차이 없는 유전적 복잡성과 특정성을 지니고 있습니다. 생명체는 처음부터 이런 복잡성을 가지고 시작된 것입니다. 그런데 이 유전적인 복잡성과 특정성은 아무렇게나 유전인자가 뒤섞여 있는 혼합체가 아니라 질서정연한 설계성이 있습니다. 이 설계성은 절대로 우연이라고 할 수가 없는 구체적이고도 지성적인 패턴의 특성을 가지고 있습니다. 세포 속에 있는 이 DNA라는 유전자 설계 정보를 통해서 생명체는 동종의 생명체를 계속 번식시켜 나가는 것입니다. 장미꽃 나무에서 국화꽃이 나오지를 않고, 강아지가 고양이 새끼를 낳지 않습니다. DNA의 유전자정보에 의한 생명체 번식은 이렇게도 정확합니다.

　그리고 이러한 지적 설계는 반드시 동시성이 있습니다. 진화론자들이 주장하는 것처럼 하나의 세포는 세포의 어느 한 부분씩이 진화하여 생겨나서, 어느 시점에 이것이 모여 하나의 세포가 되는 것이 아닙니다. 하나의 세포는 그 세포를 구성하고 있는 수많은 부품들이 동시에 생기고, 동시에 조립되어야 하나의 살아있는 세포가 되는 것입니다. 이것은 마치 현대 첨단과학으로 만들어진 복잡하고도 정밀한 컴퓨터나 항공기가 모든 부속품들이 모두 한꺼번에 조립되어야 그 기능이 작동되는 것과도 같습니다.

25　리 스트로벨, 『창조설계의 비밀』, 269; 298.

세포도 마찬가지입니다. 세포의 모든 DNA는 동시에 만들어져야 세포가 되는 것입니다. 복잡한 세포의 DNA 요소들이 진화의 과정을 통하여 점진적으로 하나씩 만들어져서 나중에 세포로 조립될 수는 없는 것입니다. 또 세포의 모든 구성 요소들이 올바른 방향으로 결합되도록 지시하는 정보가 이미 체계 내에 존재하고 있어야 합니다. 조립 정보가 없이 모든 요소가 무질서하게 뭉쳐만 있어서는 세포가 될 수가 없는 것입니다. 분자생물학과 미생물학의 발달로 밝혀진 세포의 구조와 복잡성에 대해 리하이대학의 마이클 베히 교수는 다음과 같이 언급하였습니다.

> 우리는 세포 하나가 무시무시할 정도로 복잡하다는 것과, 적당한 모양과 힘을 갖고, 적당한 상호 작용을 하는, 마이크로 기계들에 의해 작동된다는 사실을 알게 되었습니다.[26]

우유팩이나 휘발유 탱크의 바닥에 구멍이 생기면 그 내용물은 통이 다 빌 때까지 모두 새어나와 버립니다. 그러나 우리의 피부에 상처가 나면 피가 나오다 곧 응고되어 출혈을 멈춥니다. 응고가 되지 않으면 우리는 출혈과다로 곧 죽게 될 것입니다. 그런데 혈액 응고체계는 대략 스무 가지 정도의 서로 다른 분자성분을 사용하여 대단히 조직적으로 이루어지는 10단계 연쇄반응임이

---

[26] 리 스트로벨, 『창조설계의 비밀』, 241.

밝혀졌습니다.

　이 정밀한 다단계 중 한 체계라도 제자리를 잡지 못하면 혈액 응고는 이루어지지 않습니다. 그런데 혈액 응고의 핵심은 응고 그 자체보다는 응고체계를 어떻게 조절하는가에 달려있습니다. 만약 뇌나 허파 같은 엉뚱한 장소에 응고가 생기면 사람이 죽고 말지요. 혈액 응고가 상처 부위로 제한되지 않으면 혈액 전체가 굳어져 우리는 죽습니다. 완벽하게 균형을 이루는 혈액 응고체계를 만들기 위해서는 단백질 부품 다발이 단번에, 동시에 투입되어야 합니다. 이 혈액 응고체계 하나에도 처음부터 지적 설계의 흔적이 있는 것입니다.[27]

　저절로, 진화로는 도저히 이루어질 수 없는 체계입니다. 보이지 않는 지적인 힘의 작용이요 지적 설계입니다.

　인간의 뇌는 무게가 1.3kg에 불과하지만 그 안에는 10억 개의 신경세포가 있으며, 각 세포가 내보내는 축색돌기는 1,000조 개로 서로 연결되어 있습니다. 이는 백만 평방마일의 빽빽한 숲에 들어찬 나무의 잎의 개수와 같은 숫자입니다. 이러한 정교한 조직과 정보에서 생각과 마음이 나올 수가 있는 것입니다. 정보는 마음의 특징입니다. 유전학과 생물학의 발견과 증거로 우리의 마음보다 훨씬 거대한 마음의 존재를 추리할 수 있습니다. 의식과 목적이 있고, 합리적이고, 지적이며, 놀랍도록 창의적인 설계자의 흔적을 피

---

[27] 마이클 베히, 『다윈의 블랙박스』, 김창환 역 (서울: 풀빛, 2001), 116.

할 도리가 없습니다.[28]

결코 무생물에서 생물이 생겨날 수가 없고, 무의식에서 의식이 생겨날 수가 없습니다. 거시 세계와 미시 세계의 오묘한 지적 설계성을 볼 때, 그 설계를 만들어 낸 궁극적인 실재는, 자존하며, 시간을 초월하고, 비물질적이며, 전능한 능력을 갖춘 인격적인 존재임이 분명합니다. 인간의 능력 밖인 이런 거시와 미시 세계의 정교한 질서와 지적 설계성에서 우리는 창조주 하나님의 존재하심을 인정할 수밖에 없습니다.

- 주께서 내 속 내장을 창조하시고, 내 모태에서 나를 짜 맞추셨습니다. 내가 이렇게 태어났다는 것이 오묘하고 주께서 하신 일이 놀라워, 이 모든 일로, 내가 주님께 감사를 드립니다. 내 영혼은 이 사실을 너무도 잘 압니다. 은밀한 곳에서 나를 지으셨고, 땅속 같은 곳에서 나를 조립하셨으니 내 뼈 하나하나도, 주님 앞에서는 숨길 수 없습니다. 나의 형질이 갖추어지기도 전부터, 주께서는 나를 보고 계셨으며, 나에게 정하여진 날들이 아직 시작되기도 전에 이미 주의 책에 다 기록되었습니다. 하나님, 주의 생각이 어찌 그리도 심오한지요? 그 수가 어찌 그렇게도 많은지요? 내가 세려고 하면 모래보다 더 많습

---

28 리 스트로벨, 『창조설계의 비밀』, 299.

니다. 깨어나 보면, 나는 여전히 주님과 함께 있습니다
(시 139:13-18).

3) 과학과 공학: 과학 발견의 한계

현대의 삶을 살아가는 우리는 "과학이 진리의 유일한 원천"이라는 일종의 "과학 우상화"에 빠지지 않도록 조심하여야 합니다. 과학과 과학을 우상화하는 "과학적 미신"은 상반되는 개념이지만, 현대인은 자기도 모르게 과학적 미신에 빠지는 경우가 많습니다. 우리는 과학이 다른 모든 형태의 지식을 압도한다고 믿는 기술 문화 속에서 살고 있습니다. 이 기술 문화가 공학입니다. 과학과 공학은 구별해서 생각하여야 합니다. 인간이 발견한 과학 지식을 응용하는 분야가 공학입니다.

우리는 일상생활에서 "과학적"이라는 용어를 좋아하고, 무언가 과학적이라고 하면 무조건 그것은 합리적이고, 믿을 만하며, 현대적인 것으로 생각합니다. 현대의 응용과학이 우리들의 일상생활에 갖다 준 여러 가지 문명의 이기, 생활의 편리함 때문입니다. 반면에 과학적이지 않다고 하면 그것은 구식이며, 지적이고 이성적인 사람은 믿을게 못된다고 간주합니다.

그러나 우리는 과학의 한계를 깨달아야 합니다. 살아 있는 생명에 관한 한 과학은 무지에 가깝습니다. 생명의 탄생이나 생성 원리, 생명체의 성장과 노화 작용의 원리에 관해서 인간이 아는 것은

거의 없습니다. 아무리 발달한 현대 과학도 생명체에 관한 한 겨자씨 한 알도 만들 수 없습니다. 하나님의 영역입니다. 생명체가 절대자 하나님의 영역이라면 이 세상에 존재하는 모든 물질의 존재 원인도 마찬가지입니다. 인간은 그저 존재하는 물질을 조금 변형시켜 사용하고, 하나님 창조의 원리를 털끝만큼 알아내서 응용하는데 지나지 않습니다.

인간이 과학으로 모든 것을 할 수 있다는, 과학 만능주의 사상은 우리의 정신적 영역에 장애 요인이 됩니다. 과학의 발견이나 첨단과학을 응용한 신제품에 대한 놀라움이 늘어가면서, 역으로 하나님에 대한 확신과 의존은 약해져 가고 있습니다. 모든 것을 그저 과학적으로 생각하고, 과학으로 해결을 하려고 하는 것입니다. 비과학적인 이야기나 논증은 점점 발붙일 곳을 잃어가고 있습니다. 그러나 아직까지 인간이 이 우주나 생명체에서 발견한 과학 지식은 바닷가의 모래알에 불과합니다.

아이러니컬하게도 최근 들어 첨단과학이 발전하면 할수록 과학과 종교는 가까워지고 있습니다. 빅뱅이론이나 지적 설계, 우주의 미세조정 등과 종교는 상호 대화가 가능해지고 있습니다. 과학은 우리에게 많은 참된 것을 가르쳐 주지만, 그 중 일부는 하나님을 가리키고 있기 때문입니다. 과학이 발전하면 할수록 종교의 힘이 아니고서는 생명체나 궁극적인 우주 생성의 원인을 밝혀내기가 점점 더 어려워져 가고 있습니다.

4) 과학은 창조주를 향하고 있다

과학과 성경은 점점 더 가까워지고 있습니다. 아인슈타인이 1905년에 발표한 특수상대성이론(E=mc2; E:energy, m:mass〈질량〉, c: 30만km/초〈광속도〉)은 질량과 에너지는 동등하다는 의미를 담고 있습니다. 즉 질량과 에너지는 존재의 두 가지 형식으로서, 질량은 에너지로 변할 수가 있고, 에너지는 질량으로 바뀔 수 있는 상호 호환성이 있다는 것입니다(This equation expresses the fact that mass and energy are the same physical entity and can be changed into each other).

이 공식에 의하면 물질 속에 갇혀 있는 에너지의 양은 그야말로 엄청납니다. 우라늄이라는 물질에서 발생하는 원자폭탄이나 원자력 발전소의 에너지의 크기가 바로 이 공식으로 계산이 됩니다. 예를 들어 1945년 일본 히로시마에 떨어졌던 원자폭탄은 한 도시를 완전히 쓸어버렸습니다. 우라늄 1kg이 폭발하여 에너지로 변하는 위력은 TNT 13,000톤이 순간적으로 폭발하는 위력과 맞먹습니다.[29] 실로 엄청난 위력이 아닐 수 없습니다.

반대로 거대한 에너지를 축약시키면 우라늄 같은 물질의 생성이 이론적으로는 가능합니다. 다만 이 경우는 아직 우리 인간의 능력으로는 이를 실체화시킬 수가 없을 뿐입니다. 여기서 우리는 하

---

[29] Hubert Alyea, "원자탄에 대한 고찰", *Theology Today*, 1952. Oct. 1.

나님 말씀의 에너지로 물질계인 우주의 창조가 가능하다는 생각을 갖게도 합니다.

또 아인슈타인의 일반상대성이론의 개념 중 하나는 "시간이 공간의 일부"라는 것입니다. 완전히 우리의 상식이나 생각을 벗어나는 개념입니다. 즉 공간과 시간이 절대적인 것이 아니라 관찰자와 관찰되는 대상 모두에게 상대적인 것이며, 속도가 빨라질수록 그 차이가 더욱 커진다는 것입니다.

예를 들어 길이가 100m인 기차가 빛의 속도의 60%로 움직인다면, 승강장에 서서 그 기차 지나가는 것을 보는 사람에게는 그 기차의 길이가 80m로 작게 보이고, 기차 안의 모든 것도 같은 비율로 압축된 것으로 보이는 왜곡 현상이 일어납니다. 그러나 그 기차에 타고 있는 사람들은 그런 왜곡 현상을 전혀 느끼지 못합니다. 그들에게는 기차 안의 모든 것이 정상으로 보입니다. 오히려 그들에게는 승강장에 서 있는 사람들이 이상하게 압축된 것처럼 느껴지고, 느리게 움직이는 것처럼 보입니다. 움직이는 물체와 상대적인 관찰자의 위치가 문제라는 사실을 이해할 수 있습니다.

실제로 이런 효과는 사물이 움직일 때마다 나타납니다. 미 대륙을 횡단한 비행기에서 내리는 사람은 출발지에 남아 있는 사람들보다 수천억 분의 1초 정도 젊어지게 됩니다. 계산에 의하면 시속 160km로 던진 야구공이 홈 플레이트를 지날 때는 질량이 0.000000000002그램 정도 늘어나게 됩니다. 우리의 실생활에서는 이런 움직임의 효과가 미미하지만, 우주에 존재하는 빠른 빛이나, 중력, 그리고 우주 자체의 경우에는 이런 차이가 심각한 결과를 초래합니다. 이런 모든 것이 상대성을 가지기 때문에 "상대성이론"이라고 하는 것입니다.[30]

우리 하나님께는 "하루가 천년 같고 천년이 하루 같다"(벧후 3:8)는 말씀이 새삼스러운 느낌으로 다가옵니다. 우리가 마음속의 생각으로는 순간적으로 달나라에도 갔다 올 수 있고, 은하수에도 갔다 올 수가 있습니다. 우리가 정말 마음속의 생각과 같은 정도의 속도로 움직인다면(우리의 영혼은 가능하겠지요) 하나님의 말씀과 같은 결과를 초래하지 않을까요?

스티븐 호킹은 "시간"은 "3차원의 공간과 얽혀있는 시공간이라는 기묘한 차원"을 만들어낸다고 하였습니다. 이 개념을 좀 더 쉬운 예를 들어 설명하면, 고무판처럼 쉽게 휘어지는 평면 위에 쇠구슬같이 무겁고 둥근 물체가 올려져 있는 경우를 상상하는 것입니다. 쇠구슬이 놓여 있는 고무 평면은 쇠구슬의 무게 때문에 눌려서 조금 늘어납니다. 그런 현상이 바로 태양과 같은 무거운 물체(쇠구슬)가 시공간(물질)에 미치는 효과와 비슷합니다. 무거운 물체가 시공간을 늘어나고, 휘어지고, 구부러지게 만드는 것입니다.[31]

즉 공간과 시간은 4차원적 시공간에서 통일을 이루고 있으며, 시공간의 뒤틀림은 중력장과 일치하는 것입니다.[32]

---

30 빌 브라이슨, 『거의 모든 것의 역사』, 135, 138, 139.
31 Ibid, 140.
32 래비 재커라이어스, 노먼 가이슬러, 『하나님을 누가 만들었을까?』, 62.

이처럼 과학의 발달로 밝혀진 질량과 에너지, 시간과 공간의 혼합된 개념은 과학과 성경의 거리를 한층 좁혀주고 있습니다. 우리가 살고 있는 세계가 우연히 생겨났을 가능성이 절대적으로 희박한데도, 왜 사람들은 이렇게 희박한 가능성에 계속 매달려 있는 것일까요? 그들은 이 우주의 정밀한 조정이나 지적 설계 논증을 받아들이면 그다음 단계를 두려워하는 것인지도 모릅니다. 만약 그들이 이 논증을 받아들인다면 그다음은 "창조주의 존재를 허용하는 단계"로 접어들기 때문입니다.

이 시점에서 우리에게 필요한 것은 우주의 존재를 논리적으로 설명하는 것보다, 무신론자들의 심리를 이해해야 하는 것인지도 모릅니다. 우리는 서로가 솔직해질 필요가 있습니다. 상대방이 마음의 문을 열고 솔직한 대화를 할 수 있는 장을 만들기 위해서는 내가 먼저 귀를 기울이고 들어주어야 합니다. 잠언 18:13에도 "다 들어 보지도 않고 대답하는 것은, 수모를 받기에 알맞는 어리석은 짓이다"고 하였습니다. 서둘지 말아야 합니다. 내가 먼저 대답을 주려고 덤비지도 말아야 합니다. 조심스럽고 어려운 문제일수록 첫 번째로 할 수 있는 대답은 "해답이 당장은 없다"는 것입니다. 먼저 제대로 들은 다음에야 비로소 제대로 된 해답을 말할 수 있기 때문입니다.

● **잠깐 생각해 보겠습니다** ①
　- 하나님은 보이는 것만 창조하셨나?

* **두 가지의 천지 창조**

　하나님이 태초에 우주만물을 창조하실 때에 두 가지의 창조가 있었습니다. 하나는 우리의 눈에 보이는 천지만물의 창조요, 또 하나는 우리의 눈에 보이지 않는 하나님 "창조의 원리", 즉 하나님의 창조 때 부터 보이지 않는 우주만물의 존재 질서와 법칙(롬 1:20)이 있었습니다. 창세기의 하나님 천지 창조는 사람의 눈에 보이는 피조물의 창조였습니다.

　눈에 보이지 않는 하나님의 창조의 원리, 즉 하나님의 설계와 지혜에 관해서는 별도의 말씀이 없으셨고 기록도 없습니다. 설령 하나님이 계시를 하셨다 해도 지금도 난해한(만유인력 같은) 그 창조의 원리를 아마 성경의 기자는 이해해서 기록하기가 힘들었을 것입니다. 눈에 보이는 천지만물을 창조하신 하나님의 "말씀" 속에는 눈에 보이지 않는 하나님의 이 창조의 원리가 들어가 있고, 물질과 함께 창조된 것입니다. 창조의 원리는 바로 창조의 설계입니다.

　우리가 살고있는 이 지구는 어떻게 하여 허공에 떠 있으며, 해와 달과 별들도 공중에 떠서 존재합니까? 이는 우리의 눈에는 보이지 않는 "만유인력"이라는 하나님 창조의 원리에 의하여 공중에 떠서 존재하는 것입니다. 이것은 마치 우리 육신의 몸이 우리의 눈에 보이지 않는 "영혼"(정신)의 지배로 활동하고 움직이는 이치와도 같다고 할 수 있지 않을까요? 이 우주는 "만유인력"이라는 법칙의 지배를 받아 운행되고 있습니다. 그 법칙에 의하여 우리가 살고있는 이 지구는 태양의 주위를 돌고, 그 속에서 우리는 살고있는 것입니다. 이 만유인력은 어떻게 해서 생겨났는가? 이게 바로 하나님 창조의 설계요, 하나님 창조의 지혜인 것입니다. 아무리 발달한 현대 과학도 이 중력의 생성원리는 알 수가 없고 인간이 만들거나 변경할 수도 없는, 오로지 하나님의 능력, 하나님 지혜의 영역인 것입니다.

인간이 상상하기 힘들 정도로 무한히 큰 우주의 존재와 질서, 그 속의 태양계, 태양의 주위를 도는 지구, 그 지구 위에서 사는 인간, 이는 마치 인간의 몸속에 있는 세포와 염색체, 염색체 속에 있는 DNA, 그 속에 기생하는 바이러스를 연상함은 너무 큰 논리의 비약일까요? 혹은 하나님의 무변광대하심과 인간의 미약함으로 보는 것도 너무 상상을 초월하는 일일까요?

- 이 세상 창조 때로부터, 하나님의 보이지 않는 속성, 곧 그분의 영원하신 능력과 신성은, 사람이 그 지으신 만물을 보고서 깨닫게 되어 있습니다. 그러므로 사람들은 핑계를 댈 수가 없습니다(롬 1:20).

* 생명의 원리

계란에는 우리의 눈에는 보이지 않는 "생명"이 들어 있어 하나님이 정해 놓으신 적당한 온도에서 적당히 굴려 주면 닭이 부화되는 "과정"도 하나님 창조의 원리입니다. 그래서 이 계란이 병아리로, 병아리에서 어미 닭으로 커가는 과정도 그 알을 낳은 어미 닭과 같은 과정을 거치며, 같은 모이를 먹고, 또 그 모이를 쪼아 먹는 방법까지도 어미 닭을 닮아 갑니다. 생명의 원리가 이미 계란 속에 들어있는 것입니다. 땅에 떨어진 씨앗은 왜 일정한 온도와 습도의 조건이 갖추어지면 싹이 트며, 싹이 튼 식물은 같은 열매를 맺습니까? 그 속에는 우리의 눈에 보이지 않는 생명과 유전법칙이라는 하나님 창조의 설계가 이미 들어가 있기 때문입니다. 그러나 이 생명도 열을 가하고 익히면 없어집니다. 우리는 씨앗이나 계란 속의 생명이 어떻게 해서 들어 있는지 알 수가 없고 또 만들어 넣을 수도 없습니다. 그러나 그 원리를 이용하고 응용하여 씨를 뿌려 농사를 짓고 양계를 하고 가축을 기릅니다.

하나님은 사람에게 "생육하고 번성하라"고 "말씀"하셨는데 이 생육하고 번성하라는 "말씀"이 바로 생명체의 유지, 번성의 원리인 것입니다. 사람은 이 하나님 창조의 원리, 즉 하나님 말씀의 원리에 순응하고 순종하며 살아가는 것이 하나님의 뜻에 합한 삶을 살아가는 것입니다.

* **하나님 창조원리의 발견**

이렇듯 사람의 눈에 보이는 하나님의 모든 피조물 속에는 우리의 눈에 보이지 않는 무한한 하나님의 창조의 원리(설계)가 숨어있는 것입니다. 즉 하나님의 지혜는 우주의 구조 속에 내재해 있습니다. 사람의 지혜란 하나님 창조의 원리인 하나님의 지혜를 찾아 알고 거기에 맞추는 것입니다.

모든 물질은 하나님 창조의 원리대로 존재하며, 생명체는 하나님 창조의 원리에 의해서 번성해 나가는 것입니다. 하나님의 이런 창조의 원리를 우리는 우주만물의 존재 현상을 통하여 아주 극히 일부분만 알고 있을 뿐입니다. 이 원리를 찾아 알아가는 과정을 과학이라고 합니다. 우리는 하나님 창조의 원리 중 극히 일부는 이미 과학으로 밝혀내고, 이를 응용하여 잘 활용하고 있습니다. 중력의 원리를 이용한 인공위성이라든지, 양력의 원리를 이용한 비행기, 전파를 이용하는 전화기 등 현대 과학을 응용해서 만든 모든 문명의 이기들입니다. 하나님 창조 원리의 발견이 과학 문명의 발전이고 혜택인 것입니다.

아담과 하와가 하나님의 말씀을 어기고 선악과를 따먹은 후, 에덴동산에서 쫓겨난 인간은 끊임없이 하나님의 이 창조 원리의 영역에 도전하면서 살아가고 있습니다. 낙원에서 쫓겨나 사탄의 세상에서 힘들게 살아가고 있는 인간은 좀 더 편하고 낙원에 가까운 삶을 살기 위하여 끊임없이 이 하나님 창조의 원리를 알아내려고 노력하고 있는 것입니다. 실제로 우리는 하나님 창조의 원리를 하나씩 알아낼 때마다 생활에 많은 편리함을 가져와 낙원에 좀 더 가까이 가는듯한 삶을 살아왔습니다. 그러나 하나님 창조의 원리를 알아가는 과학의 발전은 오직 물질에 관한 상대적인 편리함이라는 일시적인 만족일 뿐입니다. 우리의 마음에 근본적이며 궁극적인 위로나 평안을 가져다 주지는 못합니다. 사람 스스로의 노력만으로는 마음속에 근본적인 평안을 가져 올 수가 없기 때문입니다.

※ 과학의 발전과 생명의 번식

우리는 몸속에 수많은 하나님 창조의 원리를 간직한 채 살아가고 있습니다. 우리 몸의 각 장기와 기관의 세포들은 우리가 의식적으로 일을 시키지 않아도 각 기관의 요소들이 알아서 그들의 역할을 척척 잘 수행함으로써 우리는 생명을 유지하며 살아가고 있습니다. 그러나 우리의 몸이나 생명체와 관련된 하나님 창조의 원리는 우리가 아는 게 아주 미미할 뿐입니다. 극히 일부만 알아내고도 우리는 엄청난 의학의 발전을 가져와 커다란 혜택을 누리며 살고 있습니다.

이 세상의 60억이나 되는 인구는 왜 똑같은 얼굴이 없으며, 그러면서도 왜 그들은 부모를 닮은 얼굴과 성격으로 태어납니까? 이건 인간이 최근에야 알아낸 DNA의 유전법칙에 의해서 일어나는 현상입니다. 이 유전이라는 창조의 원리는 이 세상 모든 생물 번식의 원리입니다. 사람의 생명은 남, 여, 각각 23억 개나 되는 DNA의 조합으로 태어나며, 이 DNA 조합의 수는 103,480,000,000가지나 됩니다. 1 다음에 "0"이 30억 개가 넘는 수의 조합이 되어 거의 무한대의 똑같지 않은 다른 형태의 생명을 만들어 낼 수가 있습니다. 확률상 도저히 부모와 똑같은 얼굴과 성격이 나올 수가 없는 것입니다.

하나님의 능력이 아니고서야 어떻게 이런 유전자 결합이라는 생명 창조의 원리를 만들어 낼 수가 있겠습니까? 그래서 우리 한 사람 한 사람은 각자 하나님의 영광을 입은 하나님의 걸작품인 것입니다. 믿음의 눈으로 보지 않으면 이런 하나님의 원리(설계)나 지혜도 사람들은 그저 신비롭다고만 하고 맙니다. 우리는 신비롭다는 그 말뜻 자체를 잘 헤아려 볼 필요가 있습니다. 그건 바로 하나님의 비밀이라는 말입니다.

과학이 발달하면 할수록 상상하기도 힘든 하나님의 창조 원리에 우리는 더욱 놀라고 감탄하지 않을 수 없습니다. 시편 139:13에는 "주께서 내 속 내장을 창조하시고, 내 모태에서 나를 짜 맞추셨습니다", 또 15절에는 "은밀한 곳에서 나를 지으셨고, 땅속 같은 곳에서 나를 조립하셨으니 내 뼈 하나하나도, 주님 앞에서는 숨길 수 없습니다"라고 하였습니다. 하나님 창조의 지혜가 아니고는 도저히 있을 수 없는 생명의 신비입니다.

빛의 속도로 10만 년을 가도 끝이 없는 이 광대무변한 우주의 존재와 태양계의 질서, 미시 세계 DNA라는 생명 창조의 지적 설계, 이 DNA에 의한 생명 번식의 원리와 질서, 우리 몸속의 세포인 미토콘드리아라는 미시 공장에서 단백질과 산소의 합성으로 일어나는 칼로리(체온)의 발생 현상, 이런 거대한 질서와 미시적인 질서(설계)가 어찌 우연히 생겨났겠습니까? 우리는 이런 눈에 보이지 않는 원리와 질서로부터도 하나님의 존재하심과 하나님의 솜씨를 느끼지 않을 수가 없습니다.

* 우리 모두는 하나님의 걸작품

우리 한 사람 한 사람은 모두 하나님의 걸작품들입니다. 우리는 부모를 닮았고, 부모님들은 또 그 위의 조상들을 닮았고, 이렇게 거슬러 올라가다 보면 필경 우리는 아담과 하와를 닮은 존재들이며, 결국 우리 모두는 하나님의 방법으로, 하나님으로부터 지음을 받은 존재들이라고 할 수 있습니다.

히브리서 7:10에는 "이것은 멜기세덱이 아브라함을 만났을 때 레위는 아직 태어나지 않고 자기 조상(아브라함)의 몸속에 있었기 때문입니다"라고 하였습니다. 우리는 우리가 태어나기 전에는 모두 우리들 조상의 몸속에 있었으니 거슬러 올라가면 결국 우리는 모두 아담의 몸속에 잠재되어 있다가 태어난 존재들인 것입니다. 이는 육체뿐만 아니라 우리의 영혼도 결국 아담으로 분리되어 나왔다는 영분리설이나 영유전설과도 일맥상통하는 것입니다.

이것은 마치 포도씨 한 알 속에는 무한대의 포도가 들어 있는 것과도 같습니다. 봄에 한 알의 포도씨를 땅에 심으면 포도나무의 싹이 나옵니다. 그리고 몇 년 후에는 이 포도나무에서 많은 포도를 얻을 수가 있으며, 그다음부터는 해마다 가을에 많은 포도를 얻게 됩니다. 또 가을에 수확한 그 포도의 씨를 다시 이듬해 봄에 땅에 심으면 계속 수많은 포도를 얻게 되니 결국 포도씨 한 알 속에는 하늘의 별과 같이 바다의 모래알 같이 많은 포도가 들어있는 셈입니다. 이는 마치 아브라함의 몸속에서 수많은 유대민족이 나온다는 하나님의 말씀과도 같습니다.

또 아담과 하와는 하나님과 직접 교제할 수 있는, 하나님의 형상을 닮아 창조되었으니, 우리도 결국 하나님의 형상을 닮아 하나님과 교제할 수 있는 하나님의 특별한 창조물인 것입니다. 우리는 하나님의 방법으로, 하나님을 닮은, 하나님과의 교제의 대상으로 태어났으니 어찌 우리 한 사람 한 사람은 모두 하나님의 걸작품이라 하지 않을 수 있겠습니까?

* 인간과 과학의 도전

아무리 발달한 현대 과학이라고 해도 우리는 생명이 있는 것은 볍씨 한 알도 만들 수 없습니다. 그러나 최근 일부 유전 과학자들은 이 하나님의 영역인 DNA 조합 관계를 인위적으로 조작하여 생명체의 변형이나 생명의 인위적인 번식에 개입하려는 움직임이 있습니다. 동물은 동종끼리의 암, 수 유전자 결합이라는 자연스러운 방법으로 태어나고 번성하는 것이 하나님 창조의 원리에 부합하고, 또 동종끼리도 하나님 창조의 원리에 의한 유전자 결합이라야지, 이를 인위적으로 조작 하거나 다른 종류와 결합시키려는 노력은 하나님 창조의 원리와 질서를 거스르는 일입니다. 개와 고양이, 혹은 개와 늑대의 유전자를 인위적으로 결합시켜 새 생명을 탄생시킨다든지, 같은 종류의 동물이라도 암, 수의 자연적인 유전자 결합이 아닌 암수 한 마리의 동물에서 체세포를 복제해서 생명을 탄생시키는 것은 하나님 창조의 원리와 질서에 정면으로 도전하고 거역하는 일이라 하지 않을 수 없습니다.

이제는 사람까지도 복제 유전자로 탄생시키려는 움직임이 있어 언제 이것이 실현 될지는 시간문제인 것 같습니다. "자유"라는 탈을 쓴 죄악의 도구가 사탄의 활동까지도 합법적으로 허용하는 자유까지 왔다는 생각을 금할 수가 없습니다. 과연 하나님이 이러한 인간의 교만과 불순종 행위를 가만히 보고만 계실까요?

　에덴동산에서 어린아이와 같이 죄를 모르는 사람으로 창조되어 하나님과 직접 교제하며 살아가던 아담과 하와가, 하나님의 명령에 불순종하고 선악과를 따 먹음으로써 순수한 사람이 죄인이라는 전혀 다른 체질의 인간으로 바뀌어, 에덴동산 추방이라는 참혹한 형벌을 받았습니다. 이제 또다시 인간은 하나님 창조의 질서에 정면으로 불순종 하여 복제인간이라는 전혀 다른 생명 탄생 행위를 할 때, 과연 하나님은 이러한 인간의 불순종에 또 어떠한 벌을 내리실지 두렵기만 합니다.

　에덴동산에서 쫓겨 나온 인간은 사탄의 세상에서 얼마나 힘들고 비참하게 살아갑니까? 이제 인간은 또 과학이라는 힘을 빌려 제2의 선악과 사건을 범하고, 제2의 바벨탑을 쌓으려 하고 있습니다. 인간이 과학의 발전을 넘어 하나님의 영역인 생명의 탄생에까지 개입하여 생명의 형태를 변형시키는 것은 분명 아담의 선악과 사건에 버금가는 제2의 선악과 사건, 제2의 바벨탑 사건이라 하지 않을 수 없습니다. 이제는 또 하나님이 어떤 형태로, 어떠한 벌을 인간에게 내리실지 실로 두렵기만 합니다. 제2의 에덴동산 추방 같은 형벌은 과연 어떠한 벌일까요? 우리 주님이 재림하시어 직접 벌하실까요? 하나님을 대적하는 이런 교만한 인간이 두렵기 그지없습니다.

요즘 미국에서는 동성연애, 동성결혼이 유행병처럼 번져 나가고 있습니다. 나아가 성전환 수술까지 하고 있는 판국입니다. 하나님은 미리 이를 엄격히 금하셨습니다. 신명기 22:5에는 "여자는 남자의 옷을 입지 말고, 남자는 여자의 옷을 입지 말아라. 주 너희의 하나님은 이렇게 하는 사람을 싫어하신다"라고 하지 않았습니까? 미국의 일부 주에서는 동성연애나 동성결혼을 합법화하여 이를 비방하는 것조차 금지하고 있으며, 심지어는 군대에서까지 이를 공식적으로 금지시키지를 않고 있습니다.

자유라는 우상이, 법이라는 탈을 쓴 죄악의 도구가, 하나님의 영광을 가리고, 하나님 창조의 질서를 깨뜨리고, 이제는 하나님의 말씀을 거역하는 자유까지도 허용이 되는 끔찍한 세상에서 우리는 살고 있는 것입니다. 머지않아 적그리스도가 나타나 활동하는 자유까지도 허용되는 세상이 눈앞에 다가온 느낌입니다.

마라나타! 주 예수님이시여 어서 오시옵소서!

하와이의 마우나케아 화산에서 흘러나오는 용암이 바다로 떨어지는 모습
(사진: http://damontucker.com)

지구 속은 이런 뜨거운 용암으로 가득 차 있습니다. 과연 이런 뜨거운 에너지는 어디서, 어떻게 해서 생겨났으며, 이 뜨거운 열은 언젠가는 식어버려 지구는 죽은 땅덩어리로 변하겠지요.

3. 도덕론적 논증

우리 인간에게는 도덕적 절대 가치가 존재합니다. 도덕적 절대 가치가 존재한다는 말은, 어떤 사람이나 사회가 그것을 도덕적으로 옳다고 믿거나 믿지 않거나에 관계없이, 모든 사람들에게 옳지 못한 어떤 행위들(폭력, 살인, 성폭행, 어린이 학대 등)이 존재한다는 뜻입니다. 이렇게 정의할 때, 어떤 도덕적 절대 기준이 어떤 사람에게는 적용되지만, 다른 사람에게는 적용되지 않을 수 있다는 개념은 성립할 수 없습니다. 도덕적 절대 가치는 어떤 상황에서 한 사람이 그것에 대해 믿든지 안 믿든지 간에, 그에게 구속력을 가지고 있다는 것입니다. 여기서 우리는 도덕적인 진리를 발견할 수 있습니다.

당신과 다른 어떤 사람이 배가 난파하여 무인도로 가게 되었습니다. 고통스럽게도 날이 지날수록 결코 구조될 수 없다는 사실이 분명해집니다. 어느 날 당신은, 만약 혼자라면 섬 전체의 먹거리나 다른 필요한 것들을 독차지할 수 있을 것이란 생각을 하게 됩니다. 살인이 비도덕적인 것임을 비난할 사람(경찰이나 판사, 종교인)이 아무도 없습니다. 밤늦게 다른 생존자가 잠든 사이 당신은 그를 죽입니다. 아무도 이를 목격하지 못했습니다. 완전범죄였습니다. 그러나 아무도 모른다 하더라도 살인은 여전히 잘못된 일인 것입니다.[33]

죄 없는 사람을 죽이거나 대량학살은 용납할 수 없는 죄악입니다. 그러나 남의 잘못을 용서해 주고 이웃을 사랑하는 것은 좋은 일이며, 물에 빠진 사람을 건져주거나, 어려움에 처한 사람을 도와주는 것은 도덕적으로 선한 일입니다. 이러한 도덕적인 기준은 시대와 장소와 문화를 초월하는 객관적인 도덕적 가치체계들입니다.

---

33 J. P. 모얼랜드, 팀 뮬호프, 『이렇게 답하라』, 137.

명백한 사실은 우리 인간에게는 이런 객관적인 도덕적 가치가 존재한다는 것입니다.

철없는 어린아이를 학대하고 고문하는 것이나, 여성을 성폭행하는 것에 대해 우리는 본능적으로 강한 거부감과 혐오감을 갖습니다. 이러한 행동이 잘못이라는 것을 즉시, 본능적으로 알기 때문입니다. 이것은 생물학적 진화의 산물이 아니고, 객관적인 도덕적 가치 기준이 있다는 증거입니다. 이러한 객관적인 도덕적 가치, 동물과 같은 본능을 뛰어넘는 도덕적 가치들이 존재한다는 것은 이러한 도덕을 부여한 인격적이며 도덕적인 어떤 궁극적인 존재, 절대자 하나님이 존재하신다는 것을 의미합니다. 이러한 도덕적 가치는, 동물과는 다른, 바로 하나님 형상의 일부분인 것입니다.

만약 하나님이 존재하시지 않는다면 이러한 절대적인 도덕적 가치들은 존재하지 않으며, 인간의 도덕적 의무에 대한 근거도 없습니다. 동물처럼 본능에 의한 행동, 즉 자기 욕구대로 성폭행을 하거나 남의 물건을 훔쳐도 그것이 나쁘다고 할 근거가 없습니다. 우리는 동물의 본능적인 행동을 자연스러운 것이라고 생각합니다. 그러나 우리 인간에게는 그런 것이 나쁘다고 생각합니다. 그런 행동은 우리의 객관적인 도덕적 기준에 합당치 않기 때문입니다.

그러면 왜 인간에게는 객관적이며 절대적인 도덕적 가치체계가 있을까요? 진화론으로는 인생의 목적과 의미, 이런 도덕적 가치의 근거를 제시할 수가 없습니다. 진화론은 물질적인 발달에 한정되어 있으며, 정신적 가치체계와는 관계가 없습니다. 그러나 도덕성은 정신적 가치체계이며, 이런 정신적인 가치체계가 물질체인 몸을 지배합니다.

무신론자들은 절대적이며 객관적인 도덕은 없고, 도덕은 상대적인 것이며, 인간이 만들어 낸 사회문화적 산물이라고 합니다. 이러한 주장은 어떤 사회가 인정하는 도덕적 가치는 그 사회에서는 옳다고 하는 도덕적 주관주의에 빠지기 쉽습니다. 만약 도덕이 사회문화적 산물이라면 과연 나치 정권이 옳다고 인정했던 유대인 대학살이나, 일부 국가가 인정하는 테러리즘을 우리가 옳다고 할 수 있겠는지요? 우리 인간들이 만들어 낸 도덕적 기준이나 사회문화적 기준들은 결코 절대적이지 못합니다. 그것은 한 사회나 집단의 일시적 기준이거나 개인의 취향 문제일 뿐입니다.

누가 토마토는 맛이 있다고 말하면 어떤 사람은 "글쎄, 내게는 맛이 없는데"라고 할 수도 있습니다. 거기에는 객관적인 기준이 없기 때문입니다. 제2차 세계대전 중의 유대인 대학살은 나치가 그것을 옳게 여겼음에도 불구하고 그것은 잘못된 일입니다. 설사 나치가 제2차 세계대전의 승자가 되어 자기들에게 반대하는 사람들을 없애버리거나 모두 세뇌해서 동조하게 하였다 하도 그것은 여전히 잘못된 일입니다. 인간이 만들어 낸 도덕이나 사회문화적 가치, 예를 들어 유대인 대학살뿐만 아니라 남존여비(男尊女卑)나 칠거지악(七去之惡), 일부다처제(一夫多妻制) 같은 기준들은 시대나 사회에 따라 변합니다. 절대적인 도덕 가치가 될 수 없습니다.

1995년 5월 7일 영국 런던의 성 바울대성당에서는 제2차 세계대전 종전 50주년을 기념하는 예배가 열렸습니다. 이 자리에는 전 세계 50여 개국을 대표하는 국가 원수급 지도자들이 참석하였습니다. 이 기념예배에 모인 지도자들은 제2차 세계대전을 하나님과 악령들 사이의 전쟁(war between God and the spirit of evil)이라고 규정하였으며, 전쟁의 승리는 대단히 큰 악에 대한 승리(victory over very great evil)라고 선언하였습니다. 그 자리에는 물론 독일의 헬무트 콜 수상도 앉아 있었습니다. 그들은 세계대전 중 있었던 악을 그렇게 정의하고, 또 그렇게 처리함으로써 하나님의 정의를 확립하고 새로운 미래를 열어가는 지혜를 온 세계에 보여 주었던 것입니다.[34]

그 후 2004년 6월 6일, 프랑스 노르망디에 있는 미군묘지에서 거행된 2차대전 연합군의 노르망디 상륙작전 60주년 기념식에서 독일의 게르하르트 슈뢰더 수상은 "연합군은 독일에 승리한 것이 아닙니다. 독일을 구한 것입니다"라고 하였습니다. 하나님을 믿든 안 믿든 하나님의 보편적 진리와 도덕적 가치가 서구 사회에 깊숙이 뿌리 내리고 있음을 우리는 확인할 수가 있습니다.

인간은 하나님의 형상대로 지음 받았기 때문에 이런 도덕적 절대 가치들이 우리 인간에게 존재하는 것입니다. 그래서 우리는 도덕적인 삶을 살아 하나님의 거룩함을 본받도록 노력해야 하는 것입니다(레 11:45). 무신론이나 진화론으로는 결코 이런 도덕적 가치들의 근거를 설명할 수 없습니다. 도덕적 가치는 결코 저절로, 우

---

[34] 전성용, 『성령론적 조직신학』(서울: 세복, 2008), 297.

연히 생겨 날 수가 없는 것입니다. 하나님의 형상이 바로 이런 도덕적 가치들의 근거가 되는 것입니다. 우리의 도덕은 선하신 하나님에 의해 결정됩니다. 하나님의 불변하시는 성품에 도덕적 근거를 두는 것입니다. 하나님이 무엇이 옳고 그른지를 결정하십니다. 그리고 하나님의 명령은 그분의 선하심과 거룩하심을 반영합니다.

이사야 45:19에서 하나님은 "나 여호와는 의를 말하고, 정직한 것을 알리느니라"라고 말씀십니다. "하나님은 지혜로우시며(사 28:29), 거룩하시고"(시 77:13; 사 6:3), "사랑이 많으시며"(요일 4:8), "선하시다고"(시 100:5; 119:68) 말씀하십니다. 그러므로 하나님의 모든 명령은 지혜롭고, 거룩하시며, 사랑이 많고 선하십니다. 하나님은 자신이 선하시므로 모든 사람이 선을 행해야 한다고 명령하십니다(갈 6:10). 사실 도덕적인 삶을 사는 열쇠는 하나님이 선하다고 하신 것에 긍정하고, 나쁘거나 악하다고 하신 것에 반대하는 데에 있습니다.

그리스도인들은 사람이 하나님의 도덕법에 일치하는 양심을 가지고 있다는 것은 하나님의 형상으로 지음을 받았다는 가장 중요한 근거가 된다고 믿습니다. 양심은 옳고 그름을 가려내는 우리 내면의 목소리이며, 우리로 하여금 정의를 추구하고 악에 반대하도록 우리를 인도합니다. 하나님이 인간들에게 주신 도덕적 계명은 그분의 속성의 표현입니다. 하나님의 형상을 닮은 인간들은 하나님의 본질을 기반으로 선택에 의해 살아가는 것입니다. 도덕의 기준들은 하나님의 속성에 부합하는가의 여부에 따

라 결정됩니다. 그러므로 하나님의 속성에 부합하지 않는 사실들은 비도덕적입니다.[35]

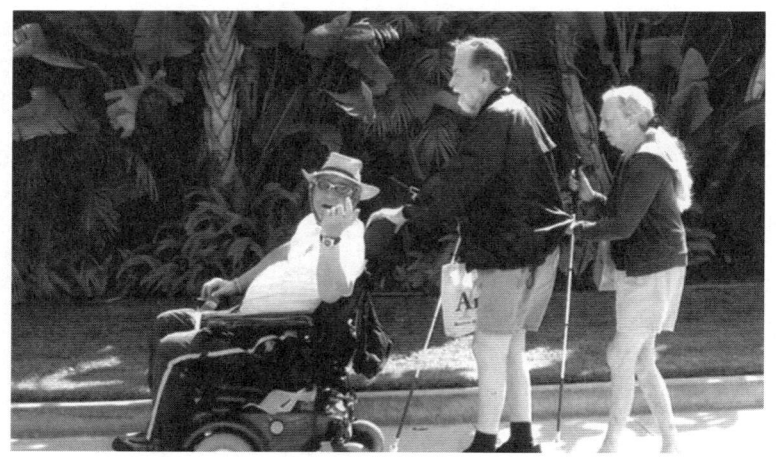

휠체어를 타고 가던 노인이 길 가던 시각장애인 부부를 만나 그들을 인도해서 함께 가고 있습니다. 인간의 도덕은 어디에서 왔을까요? (사진: LA 중앙일보)

- 나는 너희 하나님이 되려고, 너희를 이집트 땅에서 데리고 나온 주다. 내가 거룩하니 너희도 거룩하게 되어야 한다(레 1:45).

- 사랑하지 않는 사람은 하나님을 알지 못합니다. 하나님은 사랑이시기 때문입니다(요일 4:8).

---

[35] 프란시스 쉐퍼, 『기독교 문화관』, 문석호 역 (서울: 크리스챤다이제스트, 2007), 139.

제 2 장 총체적 증거에 의한 최종 판단

1. 창조주 하나님의 존재하심이 나에게 왜 중요한가?

우리가 느끼는 행복감은 큰 물질이나 뭔가 거창한 데 있지 않습니다. 지속적인 만족감이나 행복은 오히려 주변의 사소한 것들에서 느껴집니다. 멀지 않은 곳에 사는 사랑하는 딸 아이가 가끔 저녁 초대를 해서 느긋하게 가족들이 함께 앉아서 이런저런 이야기를 하며 하는 저녁식사 자리에서, 사랑하는 손자 손녀를 학교에 데려다 주고 데려 오거나 하면서 다정한 얘기를 나눌 때, 또 옛날 어릴 적 고향 친구들을 오랜만에 만나 추억의 이야기를 나눌 때, 이런 데서 우리는 행복감을 느낄 수가 있습니다.

그러나 우리의 궁극적인 만족이나 행복은 영적인 데서 옵니다. 하나님이 존재하지 않는다고 믿는 삶, 하나님을 도외시하고 세상과 자기중심으로 살아가는 삶에는 궁극적인 만족이나 마지막 인생의 의미를 찾을 수가 없습니다. 그러한 삶에는 나이가 들수록 뭔가 허전하고 불안해지며 마지막 순간에는 절망으로 끝나는 삶입니다. 영적인 삶보다 육적인 삶을 사는 그들에게는 끊임없는 욕망에 사로잡힌 삶, 순간적인 만족은 있을지 몰라도 결코 지속적인 만족감이 없는 삶이 있을 뿐입니다. 그들에게는 궁극적인 소망이 없는 삶, 허무한 삶만이 있을 뿐이며, 죽는 순간에는 불안과 비탄으로 마지막을 맞이하게 될 것입니다. 인간은 언제 닥칠지 모르는 자기의 죽음에 대해서는 지극히 무심한 편입니다. 아니 자기의 죽음에 대해서는 가급적 그 생각을 회피하려는 경향이 있습니다. 이 우주가 영원히 존재하는 것처럼 보이듯이 자기도 그렇게 이 세상에 존재할 것 같은 착각에 빠져 사는 게 우리 인간입니다.

이 세상에는 눈에 보이는 것만 존재하는 것이 아니라, 눈에 보이지 않는 것도 존재합니다. 자연계에는 눈에 보이는 만물 외에도 눈에 보이지 않는 공기나 전파, 만유인력 같은 힘이 존재합니다. 우리 인간에게는 마음이나 이성, 생각이나 사상이 존재하고, 우리의 관념에는 논리의 법칙이나 가치체계들이 눈에는 보이지 않지만 분명히 존재하고 있습니다. 우리의 의식이나 생각의 기원은 과학적으로는 도저히 밝힐 수가 없습니다. 하나님을 보여주면 믿겠다고 하는 것은 만유인력을 보여주면 믿겠다고 하는 것과 같고, 당신이 나를 사랑하고 있다는 것을 보여달라고 하는 것과도 같습니다.

우리는 먼저 나의 능력과 한계를 알아야 합니다. 창조주는 분명히 존재하십니다. 우리는 그분의 피조물인 천지만물과 자연의 섭리를 통해서 창조주 하나님의 존재를 알 수 있습니다. 그분은 전지

전능하신 분이며, 최고 선의 인격자이시며, 또한 우리의 죄와 고통의 문제를 해결해 줄 수 있는, 사랑이 많고 자비로운 분이십니다. 우리가 일단 창조주 하나님이 계시다는 것을 믿기만 하면 모든 문제가 일거에 해결이 되고 마음에 평안을 얻을 수가 있습니다. 우리는 굳이 이를 외면하거나 모른 채 덮어두고 불안하게 살아갈 필요가 없습니다.

육체적으로 인간은 다른 동물에 비해 연약한 편입니다. 병치레도 많아 병약할 때가 많습니다. 그러나 인간은 다른 동물에게는 없는 생각할 줄 아는 사고의 능력을 가지고 있습니다. 이 사고의 능력도 하나님의 존재를 부인하고, 혼자만의 생각이나 사고로는 우리 인생의 문제를 해결할 수가 없습니다. 우리의 모든 문제를 하나님께 의탁하고, 마음으로 하나님과 대화하며, 하나님을 의지할 때, 우리의 궁극적인 문제가 해결될 수 있습니다. 우리는 하나님의 형상을 닮은 존재로 지음을 받아 하나님과 영적인 교제가 가능하기 때문입니다(창 1:26-27). 이 하나님의 형상은 아담의 죄로 인하여 손상되었으나 우리가 하나님을 의지하고 믿을 때 이 형상은 다시 회복이 되고 하나님과의 교제가 가능해집니다.

영혼을 가진 인간은 사고의 능력으로 하나님을 알 수가 있고, 우리는 이런 하나님의 존재하심을 믿을 때, 우리의 삶의 목적과 의미를 발견할 수 있습니다. 그래서 하나님이 원하시는 삶의 목적에 따라 우리의 인생을 의미있게 살아갈 수 있습니다. 우리는 하나님과 함께하는 삶, 하나님을 중심으로 하는 삶, 하나님과 친밀한 교재를 나누는 삶이 가장 걱정 없는 삶, 든든한 삶, 행복한 삶입니다. 내가 인생의 주인이 아니라 하나님을 내 인생의 주인으로 모실 때, 나의 이기적인 만족보다는 하나님이 원하시는 선한 목적을 발견하고 그 목적을 이루어 나갈 때, 우리는 일시적이 아니라 지속적인 만족과 평강을 경험할 수 있습니다. 이 세상에서는 물론 다가오는 미래의 세상에 대한 희망도 품을 수가 있습니다. 하나님은 선과 사랑과 기쁨의 근원이시기 때문입니다.

인간은 스스로는 결코 궁극적인 만족을 얻을 수 없습니다. 그러나 우리가 하나님의 사랑을 받아 들이기만 하면, 이 세상에서의 삶에서 희망과 보람을 찾을 수가 있음은 물론, 영원한 생명도 얻을 수 있습니다. 하나님은 예수 그리스도를 통하여 우리를 향한 그분의 사랑을 확증하셨습니다(롬 5:8). 우리의 모든 허물을 예수 그리스도께 맡기고 그분을 의지할 때, 우리는 예수 그리스도의 능력을 힘입어 이 세상에서의 평강을 얻을 수 있음은 물론 저 세상에서의 영원한 안식도 얻을 수 있습니다.

인간은 혼자서는 절대로 영원한 하늘나라의 구원을 얻을 수 없습니다. 인간은 자기의 능력으로 모든 문제를 해결하려고 할 때 번번이 한계에 부닥치고 능력이 부족함을 실감합니다. 우리가 하나님의 존재하심을 알고 또 하나님과 함께하는 삶을 살 때 우리는 삶에서 기쁨을 경험하고, 삶의 진정한 의미를 발견할 수 있으며 또한 마음에 평화를 얻어 만족스러운 삶을 살 수가 있습니다.

하나님은 독생자 예수 그리스도를 이 땅에 보내셔서 그분을 통하여 우리에게 천국 영생의 길을 열어 주셨습니다. 하나님은 부자나 가난한 사람이나, 왕이나 거지나, 누구에게나 차별 없이 동등한 하나님이십니다. 만인에게 평등하며 무한하신 하나님은 우리의 모든 삶을, 우리의 최후를, 우리에게 주어진 능력과 우리에게 주어진 모든 환경과 여건을 감안하여 한 치의 착오도 없는 "공의"[1]로써 심판하실 것입니다. 이 모든 것은 하나님과 나 사이의 문제입니다. 남과 비교할, 상대적인 문제가 아닙니다.

- 우리가 아직 죄인으로 있을 때에, 그리스도께서는 우리를 위하여 죽으심으로써, 하나님께서 우리에게 주시는 사랑을 나타내셨습니다(롬 5:8).

하나님은 우리에게 말씀하고 계십니다.

자연을 통해서
생명의 신비를 통해서
부모 자식간의 사랑을 통해서
그리운 고향 친구들과의 우정을 통해서
그리고 어떻게 할 수 없는 우리의 양심을 통해서…
하나님의 자비로우신 사랑을 받아들이기만 하면 우리는

---

1 공의(公義): 선악의 제재를 공평하게 하시는 하나님의 품성

인생의 의미와 목적을 발견하고 우리의 삶을 누릴 수 있습니다.
이 세상의 삶에 희망이 있으며 궁극적인 영원한 생명도 얻을 수 있습니다.
하나님의 사랑을 받으며 하나님과 친밀한 교제를 나누는 능력의 삶을 살 수 있습니다.

2. 선택을 하여야만 하는 우리들의 삶

인간은 생각하지만 그것은 불완전합니다. 인간은 사랑하지만 증오도 합니다. 인간은 창조적이지만 또한 파괴적이기도 합니다. 인간은 현명하지만 종종 어리석습니다. 진리나 개인적 성취에 대해 인간은 한없이 갈망합니다. 우리가 충분하다고 느끼는 만족이나 쾌락은 왜 그리도 드뭅니까? 왜 사람들은 더 많은 돈, 더 많은 사랑, 더 많은 즐거움을 끊임없이 추구합니까? 우리가 성폭력이나 순진한 어린아이를 폭행하는 것 같은 비도덕적인 행동 양태를 거부하는 우리 마음속의 도덕의 출처에 대해서는 어떻게 설명할 수가 있습니까? 이 모든 해답은 오로지 기독교 세계관에서만 찾을 수가 있습니다. 우리가 기독교 유신론자가 된다는 것은 기독교 세계관을 갖는 것뿐만 아니라, 우주의 주재자이시며 무한하시고 선하신 사랑의 하나님께 인격적으로 의탁하는 것입니다.

재판장은 하나의 증거만 가지고 사건을 판결하지 않습니다. 재판 중에 제시된 모든 증거를 수집, 종합적으로 검토하여 최종 판결을 합니다. 우리가 이 세상을 살아가는 삶의 과정은 선택과 결단의 연속입니다. 그런데 중요한 결정을 할 때마다 발생 가능한 모든 경우의 수를 종합 검토하여 결정을 할 때 우리의 인생에는 실수나 시행착오가 적고, 우리를 보다 나은 삶으로, 보다 훌륭한 사람으로 만들어 줄 것입니다.

예를 들어 나의 아내가 마켓의 후미진 주차장에서 어떤 남자와 손을 잡고 있는 것을 누가 보고 나에게 일러주었습니다. 이 사실 하나만 가지고 내가 아내를 의심하고, 귀가한 아내에게 화를 내며 따진다면 과연 나의 이 태도가 바른 선택의 행동일까요? 삶의 과정에서 결정한 나의 모든 선택은 내 스스로 책임을 져야 합니다. 그런 결정과 선택들이 모여 나의 삶을 만들고 나의 인생을 결정합니다. 내가 성공한 사람이 되느냐 아니면 실패한 사람이 되느냐, 이 모든 경우는 일상생활에서의 나의 선택과 결정이 모여서 이루어지는 것입니다. 내가 아내를 의심부터 하는 행동은 발생 가능한 모든 경우의 증거를 고려하지 않고 단편적인 증거 하나만 가지고 판단하는 것입니다. 다양한 단서들이나 발생 가능한 여러 상황들을 무시하는 것입니다. 아내에게 화를 낸 행동의 결과 다가오는 다음 상황에 대한 책임은 내가 져야 합니다.

아내의 어릴 적 동네 친구가 미국에 여행 왔다가 호텔 가까이에 있는 마켓에 와서 몇 가지 필요한 물품을 사게 되었습니다. 그 친구는 어릴 적 아내를 교회로 인도해 준 믿음의 은인이었고, 그런 친구를 아내가 마켓의 주차장에서 우연히 만났던 것입니다. 그 친구가 한국으로 돌아가면 다시는 못 볼지도 모릅니다. 그래서 아내는 반가움에 어릴적 친구의 손을 잡고 인사를 나누었던 것입니다. 아내가 이런 경우였다면 나는 아내에게 일어날 수 있는 모든 경우의 종합적인 상황을 무시해 버리고 화를 낸 것입니다. 또한 나는 10년 이상을 함께 살아온 아내에 대한 나의 정당한 신뢰나 믿음을 확실한 근거도 없이 저버린 것입니다. 단지 어떤 남자의 손을 잡고 있었다고 누가 얘기해 준 한 가지 상황만으로 아내를 의심하고 화를 내는 실수를 한 것입니다. 나는 종합적인 상황 판단을 잘못한 것입니다.

눈에 보이지 않는 믿음도 마찬가지입니다. 고통이나 악, 지옥에 관한 문제도 개별적인 한 가지 문제만 가지고 씨름하면 해결하기 어려울 수도 있습니다. 본서에서 언급하고 열거한 모든 증거와 자료를 함께 고려할 때 우리는 믿음에 대해 좀 더 합리적인 판단을 내릴 수 있습니다. 믿음에 대한 정당한 증거는 많습니다.

빅뱅에 의한 우주 탄생 이론, 정밀하게 설계되고 조정된 우주, 미시 세계의 지적 설계의 흔적, 생명과 도덕의 기원 등등 열거할 수 있는 자료들이 많이 있습니다. 지금 당장은 왜 우리에게 고통이 있고 지옥이 있어야만 하는가에 대해 충분히 이해하지 못해도 믿음의 과정에서, 여러 가지 증거와 자료들을 통해서, 우리가 언젠가는 더 깊이 이해할 날이 반드시 올 것입니다. 하나님은 선하시고 사랑이 많으시며, 신실하시고 공의로우시기 때문입니다.

문제는 우리가 진심으로 하나님을 원하느냐 하는 것입니다. 성경은 우리가 전심으로 하나님을 원하기만 하면 우리는 반드시 그분을 찾을 수 있다고 말합니다. 하나님이 당신을 계시해 주시는 대상은 바로 하나님을 알기를 원하는 자들입니다. 하나님을 알고자 하는 마음이 없는 사람에게 하나님은 굳이 자신을 계시하시지 않습니다. 그분은 세상과 인간의 마음을 그렇게 지으셨습니다.

우리의 믿음을 방해하는 최대의 요인은 교만입니다. 우리의 삶의 주변에서 하나님이 계시고 역사하신다는 수많은 증거도 교만이 가리고 있는 것입니다. 교만은 당장 우리에게 필요한 것만 보이게 합니다. 인간은 스스로 원하는 것을 결정할 수 있는 의지, 즉 자유의지를 가진 존재로 지음 받았습니다. 우리는 믿음으로 보고자 하는 의지로 이 자유의지의 방향을 잡아야 합니다.

이제 우리에게는 하나님에 관한 증거가 충분히 있습니다. 자연을 보고 스스로 하나님을 깨닫는 것 외에도, 본서에서 언급한 내용을 요약하면 다음과 같습니다.

첫째, 과학적 사실을 근거로 할 때, 우주가 영원하지 않다는 것을 알 수 있습니다. 우주는 어떤 시점에 생겨났습니다. 또 이 우주에는 중력과 같은 보이지 않는 힘과 열에너지, 원자 에너지 등으로 가득 차 있기 때문에, 어떤 강력한 존재가 만들어 낸 게 분명합니다. 빅뱅이 우주의 시작이었다는 것은 현대 과학이 증거하고 있습니다.

둘째, 우주의 구조와 유지되고 있는 현상, 인체의 세포에 이르기까지 그 안에 담긴 명백하고도 정밀한 지적 설계의 흔적으로 보아, 우주를 만든 존재는 초월적이며 지성적인 존재임이 분명합니다. 만유인력의 크기, 달과 지구의 거리, 지구축의 기울기 등 거시적인 것 뿐만 아니라, 세포와 유전자 등 미세 세계의 구조는 그것이 지적 설계임이 분명함을 현대의 과학은 밝혀내고 있습니다.

셋째, 인간의 능력에는 한계가 있습니다. 인간은 불완전한 존재임이 분명합니다. 인간의 이성과 지성이 대단하기는 하지만 우리의 지식과 능력, 사랑과 긍휼, 이해와 공감 등으로 미루어 볼 때, 인간보다 더 고차원적인 능력의 존재가 있음이 분명합니다. 그 궁극적인 존재는 피조물보다 더 큰 존재임이 분명하므로, 그분은 이러한 특성들을 더 고차원적으로 갖추고 있음이 분명합니다.

우리는 합리적인 과학적, 상식적 추론만으로도 위의 세 가지는 모두 창조주 하나님을 가리키고 있음을 알 수 있습니다. 이 세상은 하나님의 위대하심과 장엄하심으로 충만해 있습니다. 매일의 생활 속에서 하나님의 그림자를 찾을 수가 있습니다. 하나님은 하늘에만 계시지 않고 바로 우리와 함께 계십니다. 기독교 세계관은 이런 하나님께 의지하고 순종하며 사랑과 찬양을 드리는 것입니다.

이 부분을 확실히 한 후, 그다음에 성경에는 하나님이 우리 인간에게 무엇을 말씀하시는지를 살펴보면 우리는 전혀 새로운 사실들을 깨달을 수 있습니다. 우리는 이제까지와는 완전히 달라진 삶을 살 수가 있습니다. 마음속에서, 영적으로, 풍요한 평강의 삶을 살 수가 있습니다. 세계 제일의 베스트 셀러인 성경을 한 번 제대로 읽어 보지도 않고 우리의 인생을 마감하기에는 너무나도 억울하지 않습니까?

인생은 짧고 예술은 길다고 합니다. 그러나 우리 인간의 영혼은 영원합니다. 국가, 문화, 예술, 문명과 같은 것들은 언젠가는 사라질 것이며, 그것들의 수명은 우리 개개인의 영원한 삶에 비유하면 모기의 수명과 다를 바 없습니다. 우리가 서로 농담을 주고받고, 같이 일하고, 결혼하고 혹은 무시하고 서로 이용해 먹는 사람들은 그러나 불멸의 존재들입니다. 우리 각자는 언젠가 "불멸의 소름 끼치는 존재가 되거나, 아니면 영원한 광채가 될 사람들"[2]입니다.

- **잠깐 생각해 보겠습니다** ②
  - 인간의 사고(思考)의 능력은?

* **가장 연약한 갈대, 가장 강한 갈대, 가장 위대한 갈대**

파스칼은 사람은 "생각하는 갈대"라고 하였습니다. 인간은 시간과 공간 속의 존재로서 생각하며 살아가고, 또 생각하고 연구함으로써 창의력을 발휘하여 자연을 이용하면서 살아간다는 뜻이 아닐까요?

---

2   C. S. 루이스, 『영광의 무게』(서울: 홍성사, 2010), 34.

그러나 인간에겐 어쩔 수 없는 불가항력이 있습니다. 사람은 자기가 태어난 때(시대)와 장소(나라)와 혈연(부모, 인종)을 선택할 수가 없고, 또 사람은 동물과는 달리 지적능력(IQ, 소질)을 가지고 태어나는데 자기가 이를 선택할 수가 없어 어쩔 수 없이 주어진 조건으로 가지고 태어납니다. 우리는 우리들의 생명의 신비나 존재현상을 창조주와 연계시켜 생각하려는 노력을 하지 않거나 외면하려고 하는 경향이 있습니다.

무게가 400톤이 넘는 B-747 점보기(Jumbo기)가 이륙하기 위해서는 속도가 시속 300km 이상이 되어야 합니다. 또 미국의 유명한 Indiana-500 자동차 경주장에서 매년 5월 말에 4km(2.5mile)의 타원형 경기장을 200바퀴(500mile)나 도는 경기의 자동차 속도 또한 시속 300km나 되며, 그 속도를 느끼고 즐기기 위해 엄청난 사람들이 모여듭니다. 그런데 사람은 자기가 총알보다 30배나 빠른 시속 107,460km의 속도로 움직이면서도 왜 속도 감각이나 움직임을 전혀 못 느낄까요? 우리 눈에 보이지 않는 지구의 이 공전 속도에 더하여, 지구 적도 상의 자전 속도 또한 시속 1,600Km나 됩니다.

우리가 살아가면서 가장 쉽게 느끼며 보고 있는 시간과 공간, 또 보이지 않는 속도에 대한 근본적인 개념이나 그것의 한계에 대해서는 도저히 알 수가 없고, 그 기본적인 현상의 일부분만 겨우 느끼며 알고 있을 뿐입니다. 인간의 머리로 생각하기에는 하나님의 창조 세계는 너무나 광대무변하고도 섬세합니다. 인간의 "생각"에도 영역과 한계가 있습니다. 우리가 이 우주를 보는 것은 오로지 장님 코끼리 다리 만지기식일 뿐입니다. 결국 시간과 공간에 대한 근본적인 원리는 인간 사고의 한계를 넘어서는 하나님의 영역이라고 할 수밖에 없습니다. 우리가 시간과 공간을 만드신 하나님에 대해서 깊은 생각을 안 해보고 그저 무감각하게 삶을 살아가며, 자기 인생의 종점을 향해서 그날그날의 삶을 이어가지는 않는지요? 인간의 약점은 한번 지나간 시간은 되돌릴 수가 없고, 또 오직 한 번밖에 살 수가 없는 외줄 타기 같은 삶을 살아가고 있는 것입니다.

우리는 생활 속에서 조금의 여유를 일부러 만들어 내서라도 자기 자신의 근본적인 문제, 사후 세계와 하나님에 대한 생각도 좀 해보며 살아가는 것이 진정한 의미의 "생각하는 갈대"가 아닐까요? 지금도 우리는 생각을 제대로 하지 못하고 그저 본능적인 욕망만 좇아 그날그날의 삶을 살고 있지는 않은지요?

마태복음 25:14-30과 누가복음 19:11-27에 있는 예수님의 달란트의 비유나, 마태복음 20:1-16의 포도원 일군의 품삯에 대한 비유는 우리에게 많은 것을 시사해 주고 있습니다. 공의의 하나님은 우리에게 불가항력적으로 주어진 모든 조건과 환경을 감안해서 우리를 평가하고 심판하시겠다는 것입니다. 하나님의 공의는 우리가 상상도 못 하는 영역까지, 상상하기도 힘든 우리 개개인의 모든 조건까지도 고려하시겠다는 뜻입니다. 이것이 하나님의 공의입니다. 하나님은 모든 것을 알고 계시기 때문에 가능한 일입니다. 마가복음 12:42에서 예수님이 과부의 두 렙돈 헌금을 보시고 그 과부가 가장 많은 헌금을 하였다고 평가하신 말씀에서도 우리는 하나님의 공의를 봅니다.

우리에게 자유의지로 주어진 사고의 능력을 적당히 내가 편리한 대로만, 나의 욕구를 위해서만 생각하고 넘길 일이 아닙니다. 좀 더 사고의 차원을 달리하는 생각이 절실합니다. 우리가 "생각을 제대로 하며 사는 갈대"가 될 때, 가장 연약한 갈대는 가장 강한 갈대, 가장 위대한 갈대가 될 것입니다.

우리가 죽는 순간에는 과연 어떠한 생각을 하게 될까요? 많은 사람들은 살아온 삶에 대한 여러 가지 후회스러운 생각을 하며 죽음을 맞이할 것입니다. 좀 더 선한 일을 많이 하지 못한 후회, 이웃을 사랑하고 잘 해주지 못한 후회, 누구와 원수진 후회, 용서하지 못한 후회 등 여러 후회가 머릿속에 가득 떠오를지도 모릅니다. 그때에도 물질이나 명예에 대한 집착이나 욕구가 있을까요?

죽음학 연구자인 퀴블러 로스(Kübler Ross)는 죽음을 앞둔 환자 5백여 명을 인터뷰한 결과 사람들이 죽음이 닥쳤을 때 다음과 같은 5단계의 심리적 변화를 겪는다고 하였습니다. "부정 → 분노 → 타협 → 우울 → 수용." 죽음이 닥친 것에 대해 처음에는 부정하고 분노하지만, 일정 시간이 지난 후엔 자신의 운명과 타협하고 우울해하다가 결국은 죽음을 수용하는 과정을 밟는다는 것입니다. 인간의 삶이 언젠가는 자기 자신의 의지와는 상관없이 반드시 다가올 죽음에 대해 순응할 수밖에 없는 존재라면, 우리는 좀 더 적극적인 자세로 우리의 삶을 살아야 하지 않을까요? 우리의 삶을 좀 더 의미 있는 삶으로 살아야 하지 않을까요? 우리의 사후를 평소에도 가끔 깊이 있게 생각해 보는 삶을 살아야 하지 않을까요?

우리가 그 흔한 랩탑 컴퓨터 한 대, 휴대 전화기 하나를 사는데도 이런저런 기능을 따져보고 사는데 하물며 나의 인생을 계획성 없이 그날그날을 요행만 바라보며 살 수는 없습니다. 인생을 살아가는 데 있어 착각은 금물입니다. 사람은 죽음에 대한 막연한 두려움 때문에 자기의 죽음에 대해서는 생각을 회피하려는 속성이 있습니다. 그래서 스스로의 죽음에 대한 대비는 지극히 소홀한 편입니다. 영적인 삶뿐만이 아니라 육적인 삶에서의 대비도 소홀함은 마찬가지입니다. 자기가 평생을 노력해서 모아 놓은 재물을 제대로 한번 써 보지도 못한 채 두고 가느냐, 아니면 쓰고 가느냐, 쓰되 어떻게 쓰고 가느냐가 중요하지 않을까요?

우리의 인생에 있어서 가장 확실한 투자는 영적인 투자, 믿음에 대한 투자입니다. 진정한 삶, 진정한 안식과 평안은 하나님에게만 있다는, 이 확실하고도 엄연한 사실을 깨달아야만 진정 생각하는 사람이 아닐까요? 하나님에 대한 믿음 속에서, 하나님의 공의만이 우리가 태어나면서 우리에게 주어진 불가항력적인 여러 조건들도 해결이 가능할 것입니다.

우리가 하나님을 믿는 "믿음의 갈대"가 될 때, 우리는 이 세상에서 가장 강한 갈대, 하나님 자녀 된 권세의 갈대로서 이 세상에서 가장 귀한 갈대가 될 것입니다. 결국 생각을 제대로 하지 않고 살아가는 삶은 연약한 갈대요, 생각을 하는 사람은 강한 갈대요, 믿음의 사람은 위대한 갈대가 되는 것입니다. 인생을 착각 속에서 살다가 끝낼 수만은 없습니다. 사후에는 구원이 없습니다. 구원은 예수님이 이 땅에 오셔서 우리에게 주신 이 세상에서만의 특권입니다. 영원한 천국에서의 새 삶을 보장하는 이 특권을 이 세상에서의 짧은 삶 동안에 놓치지 않도록 우리는 제대로 생각하는 갈대의 삶을 살아야 하겠다고 묵상해 봅니다.

> 구주를 생각만 해도 내 맘이 좋거든
> 주 얼굴 뵈올 때에야 얼마나 좋으랴
> 참 회개하는 자에게 소망이 되시고
> 구하고 찾는 자에게 기쁨이 되신다
> 예수의 넓은 사랑을 어찌 다 말하랴
> 그 사랑 받은 사람만 그 사랑 알도다

〈찬송가 85장: Bernard of Clairvaux 작시〉

3. 포스트모더니즘

"포스트모더니즘"(postmodernism)이나 "관용의 정신"은 현대의 정신사상과 문화적 흐름을 지배하고 있습니다. 포스트모더니즘은 시간과 장소, 문화와 사람을 초월하여 만국 공통의 진리가 되는 존재를 인정치 않는 것입니다. 포스트모던 주의자들은 무언가 확실하다고 주장하는 것은 오만하고 편협한 것으로 간주하며, 명료한 의미는 편협하고 제한된 것에 불과하다고 봅니다. 모든 것을 옳거나 그름, 참이나 거짓으로 보기보다는, 그런 것들을 모두 생산적이거나 사려 깊은 고려의 대상으로 보아야 한다는 것입니다. 왜냐하면 인간은 매우 작은 존재이기 때문에 인간의 지식도 소우주적이며 사회적인 틀도 매우 제한적이라서, 우리가 추정하는 지식은 기껏해야 잠정적인 것에 불과하다고 보기 때문입니다. 그래서 모든 인간적인 지식은 하나의 사회적인 개념이며, 객관적인 지식을 제공하지 못한다고 봄으로, 서로 양립할 수 없는 개념일지라도 수용하려 합니다.³

따라서 이런 극도의 개인 인본주의적인 사상이 지배하고 있는 현대는 절대 진리란 존재하지 않고, 이 사람에게는 이것이 진리요, 저 사람에게는 저것이 진리라는 주장입니다. 포스트모더니즘은 개방적이며 자유주의적인 태도로 모든 것을 상대주의적으로 생각합니다. 이들은 객관성을 가진 주장보다는 주관적인 주장을 더 중요시하며, 이성적인 사고나 논리보다는 마음으로부터의 느낌이나 감정을 중요시합니다. 그러므로 진리의 상대성을 주장하는 이들에게는 이 사람에게는 불교가, 저 사람에게는 힌두교가, 또 어떤 사람에게는 이슬람교가 진리일 수 있다는 것입니다. 모든 개인적인 의견이나 사상을 존중해야 한다고 믿는 이들에게 오직 기독교만이

---

3 D. A. 카슨, 더글라스 J. 무, 『신약개론』(서울: 은성, 2006), 63-64.

진리라고 주장하는 것은 편협한 사고방식을 가진 배타적인 이기주의자로 보일 뿐입니다. 모든 것을 수용해야 한다고 주장하는 이들은 이것을 관용의 정신이라고도 합니다. 극단적인 개인주의 혹은 개인 자유주의 사상의 경향이 현대인을 지배하고 있는 것입니다.

> 무엇이 옳고 그른지에 관해서 우리의 의견이 일치하지 않으면 어떻게 될까?
> 누가 당신에게 당신의 견해를 나에게 강요할 권리를 주었단 말인가?
> 서로 다른 문화들은 옳고 그름에 대해 서로 다른 생각을 가지고 있지 않은가?
> 하나님 없이도 선하게 살 수 있지 않은가?

관용의 정신이 지배하고 있는 현대 사상의 흐름에서는 참으로 간단치 않은 문제들입니다.[4] 그래서 앨리스터 맥그래스 같은 교수는 "포스프모더니즘은 확고한 토대 없이 어떤 문화적 감각으로 간주되고 있는데 다원성과 다양성을 선호하며 모든 인간적 사유의 근원적인 '상황성'을 통해 사고하려고 한다"[5]고 하였습니다.

몇 년 전, 이스트코스트대학에서 있었던 단어 연상 실험에서 "그리스도인"이라는 말과 가장 연상이 잘되는 말은 바로 "편협"이

---

[4] J. P. 모얼랜드, 팀 뮬호프, 『이렇게 답하라』, 134.
[5] 앨리스터 맥그래스, 『신학의 역사』(서울: 지(知)와 사랑, 2010), 366.

라는 단어였습니다.[6] 현대의 포스트모더니즘 사상을 그대로 반영하고 있습니다. 진리의 개념 자체를 상황에 따라 다르게 해석하고, 역사는 극단적인 회의의 대상이 되며, 기독교가 하나님께로 가는 유일한 길이란 주장이 종교적 편협함의 극치로 폄하되어 열렬한 성토의 대상이 되어버렸습니다.

포스트모더니즘 시대를 살아가는 많은 사람들에게 "진짜 예수님"은 각 개인이 원하는 모습으로 변해버리고 말았습니다.[7] 한마디로 많은 미국인들의 태도는 "내가 알아서 믿고, 내가 원하는 예수는 좋지만 교회는 싫다"는 것입니다. 교회는 배타적이며 사람을 정죄하고, 편협하고 엄격한 교리로 구속하려고 든다고 보기 때문입니다. "당신에겐 당신의 진리가, 나에겐 나의 진리가 있다"는 것입니다. 말하자면 우리는 상대주의가 만연한 요지경 같은 문화 속에서 살고있는 것입니다.

그러나 바이올라대학교의 탈봇신학교 모얼랜드(James P. Moreland) 교수는 진정한 관용의 정신은 상대방에게 자기의 의견을 말하고 주장할 기회를 주며 상대방의 특성을 이해한다는 것이지, 모든 사람의 생각이 옳다고 인정하는 것이 아니라고 말합니다. 비록 내가 상대방의 의견이 잘못되었다는 확신이 들더라도, 상대방에게 자신의 의견을 개진할 권리를 보장해 주겠다는 것이 관용

---

6   리 스트로벨, 『예수는 역사다』(서울: 두란노, 2007), 247.
7   리 스트로벨, 『리 스트로벨의 예수 그리스도』(서울: 두란노, 2009), 21.

의 정신이라는 것입니다.[8] 즉 우리는 대등한 인격자로서 상대방의 의견을 청취하고 받아들이는 것이지, 상대방의 모든 신념을 받아들여야 하는 것은 아닙니다.

참이나 거짓이 다 옳을 수가 있다고 하는 것은 궁극적으로 선과 악을 구분할 수 없다는 오류의 함정에 빠지게 됩니다. 이 세상에는 절대진리가 있으며, 선과 악은 반드시 구분이 됩니다. 너와 나의 의견 중에 절대진리를 인정하지 않으면 자칫 힘이 진리가 되는 폭력적인 사회가 초래될 수 있음을 우리는 과거의 역사에서, 또 지금도 세계의 곳곳에서 이를 목격할 수가 있습니다. 그러므로 진리를 주장하는 것과 편협하다는 말은 구별되어야 합니다. 진리 그 자체는 배타성을 내포하고 있습니다. 예를 들어 2 더하기 3은 5가 진리입니다. 5 외에는 다른 정답이 있을 수 없습니다. 마찬가지로 기독교를 믿어야만 영생의 구원을 얻을 수 있다고 주장을 할 때, 논리적으로 타당하며 정당한 이유를 제시하면서 기독교의 유일성을 주장한다면, 이것은 진리를 주장하는 것이지 이것을 오만함이나 편협함으로 보아서는 안 되는 것입니다.

"당신이 옳다고 생각하는 것은 틀린 게 아니다. 하지만 당신이 다른 이들이 틀렸다고 생각하는 것은 옳지 않다." 그럴듯한 말입니다. 하지만 이런 포스트모더니즘식 생각은 뭔가 도덕적으로 앞뒤가 맞지 않은 느낌입니다. 다음의 예화를 한 번 생각해 봅시다.

---

8 박명룡. 박담회, 『기독교! 지성으로 이해하라』, 311.

내가 꿈꾸던 직업을 얻을 기회가 왔다. 면접하기 전날 밤 나는 컴퓨터 앞에 앉아서 이력서를 다듬는다. 이력서를 과장하거나 거짓말을 하기도 한다는 이야기를 인터넷상에서 본 적이 있다. 그러나 예수님이 옆에 계셨더라면 정직한 것이 좋은 직장을 얻는 것보다 중요하다고 강하게 충고하셨을 것이다. 어느 쪽이든 내가 꿈꾸던 직업을 얻을 수 있도록 해주는 길을 택하고 싶은 마음이 굴뚝같다. 다른 사람들은 세상의 편리한 잣대에 따라 터무니없지만 인상적인 거짓말로 가득한 이력서를 쓸 수도 있는데, 나는 정도를 걸어서 진실한 이력서를 쓴다면 어떻게 될까?

결국 나는 정직하게 이력서를 썼지만 이 직업을 얻지 못하게 되었다. 후에 나는 거짓말로 이력서를 써서 나 대신 직장을 얻은 사람과 마주치게 된다. 그가 거짓말하기로 결정한 것에 대한 나의 비평에 대해, 그가 동의하지 않는다면 나는 어떻게 할 것인가? "목적이 수단을 정당화시켜준다"는 마키아벨리식 사고와 행동은 현대의 사상고- 도덕적 가치로 어떻게 평가를 하여야 하는가?

조시 맥도웰(Josh McDowell)과 토머스 윌리엄스(Thomas Williams)는 "누군가와 무언가에 관해 의견을 달리해서 두 사람이 옳고 그름을 판단할 때는, 먼저 판단하는 그 기준에 관해서 동의해야만 한다"라고 말했다. 그리스도인들은 오직 하나님만이 모든 이들에게 적용될 수 있는 옳고 그름의 기준을 제공하실 수 있다고 믿는다. 만약 하나님이 존재하시지 않는다면, 누가 더 윤리적이라고 판단하기가 어려울 것이다.[9]

4. 종교다원주의

미국인의 영성을 분석한 뉴스위크의 여론조사에 따르면 "다른 신앙을 가진 사람들도 구원을 얻거나 천국에 갈 수 있는가?"라는 질문에 대해 79%의 응답자가 그렇다고 대답했습니다.[10] 자유주의 신학자인 존 쉘비 스퐁은 그의 도발적인 책 "기독교 변하지 않으면 죽는다"에서 "다른 신앙을 가진 사람들을 개종시키려는 모든 노력은 자기와 다른 사람에 대한 교만과 적대감의 표현일 뿐이다"라고 주장했습니다. (관용의 정신이 지배하는) 오늘날 전도라는 말은 광신, 교만, 불관용이라는 말과 동의어가 되어버렸습니다.[11]

포스트모더니즘 사상에서 발로된 종교다원주의는 이 세상의 어느 종교에나 다 구원의 길이 있다는 것입니다. 한마디로 시간과 공간을 초월하는 절대 구원의 길이란 없다는 것입니다. 즉 세계의 모든 종교는 동일한 근원적, 영적 실재를 똑같이 유효하게 현시하거

---

[9] J. P. 모얼랜드, 팀 뮬호프, 『이렇게 답하라』, 136.
[10] Ibid., 79.
[11] Ibid., 94.

나 대변한다는 주장입니다.[12]

2001년 미국의 종교적 정체성 조사에 의하면 1990년 당시 미국에는 30개의 모스크가 있었습니다. 20년이 지난 오늘날에는 3,000개가 넘는 이슬람 사원이 존재합니다. 미국에서는 평균 한 주에 하나씩 새로운 모스크가 문을 엽니다. 지금 뉴욕에서는 세계 최악의 종교적 테러 현장인 그라운드 제로 옆에 무슬림 사원의 건축 허가 문제로 여론이 들끓고 있습니다. 1990년부터 2001년까지 미국에서 불교는 170%의 성장을 이루었고, 현재 미국에서 네 번째로 많은 사람들이 믿는 종교가 되었습니다. 스스로 그리스도인이 아니라고 하는 사람들이 전 세계 인구의 67%에 달합니다. 다섯 사람 중 한 사람은 이슬람교도입니다.[13]

우리는 그리스도인으로서 이런 정보를 접할 때 마음이 아픕니다. 그리스도의 가르침을 따르지 않는 사람들이 40억 명이 넘는 이 시점에서 어떻게 우리만이 "진리"를 가지고 있다고 주장할 수 있을까요? 세상 대부분의 사람들인 비기독교인들이 틀렸다고 말하는 것은 오만한 인상처럼 느껴지지 않을 수 있을까요? 세상 사람들은 그리스도인들은 무슨 권리로 다른 이들의 신앙을 판단하느냐고 생각할 수도 있지 않을까요? 이것이 관용의 정신이 지배하고 있는 오늘날 지식 사회의 현주소입니다.

그러나 따지고 보면 모든 종교는 배타성을 가지고 있습니다. 그

---

[12] 앨리스 맥그래스, 『신학의 역사』, 522.
[13] J. P. 모얼랜드, 팀 뮬호프, 『이렇게 답하라』, 59.

들만이 바른 진리라고 주장합니다. 문제는 모든 종교가 주장하는 구원의 방법이 판이하다는 데 있는 것입니다. "나는 곧 길이요, 진리요, 생명이다. '나를 거치지 않고서는' 아무도 아버지께로 갈 사람이 없다"(요 14:6)는 말이라든지, "이 '예수밖에는' 다른 아무에게도 구원은 없습니다. 사람들에게 주신 이름 가운데 우리가 의지하여 구원을 얻어야 할 이름은, '하늘 아래에 이 이름밖에' 다른 이름이 없습니다"(행 4:12)와 같은 성경의 말씀은 혐오스럽고도 배타적이며, 오만한 편견으로 간주되는 것이 오늘의 현실입니다.

그런데 기독교는 하나님이 스스로 자신을 계시하셨고, 구원의 길을 예수 그리스도를 통해서 보여주셨기 때문에 인간의 구원은 하나님의 은혜 때문이라고 합니다. 그러나 기독교를 제외한 다른 종교들은 인간의 종교적 행위를 통해서 구원을 얻는 자력 구원을 주장합니다.

불교는 자아의 부인으로 자기 자신으로부터 해방되어 무아적 존재가 되는 것이 구원이라고 봅니다. 창조주의 존재는 부인되며, 이 삼라만상은 창조주 없이 원래부터 스스로 존재하고 있는 것이라고 믿습니다.

힌두교는 범신론 종교로서 너와 내가 다 신이며, 모든 것을 업보의 법칙으로 봅니다. 이 세상의 출생은 전생에 대한 상벌의 환생이요, 인과응보의 법칙이며, 모든 것은 윤회라고 믿습니다. 그래서 모든 자아의 욕망과 감정으로부터 초연해짐으로써 자아를 벗어나 브라만(절대자)과의 합일을 이루는 것을 구원이라고 합니다.

이슬람은 유일신 알라를 믿고 인간의 외적 행위를 중요시하며, 알라의 계명을 지켜야 구원을 받는 철저히 율법준수 중심의 종교입니다.

타종교들은 인간이 신을 찾으려고 노력하는 과정에서 그들의 철학과 신앙(혹은 미신)이 생겼고, 창시자에 의해서 종교가 탄생하였습니다. 그러나 기독교는 하나님이 인간을 찾아오시어 스스로를 나타내 보여 주시고, 계시해 주심으로써 "하나님은 누구신가? 인간에 대한 하나님의 요구는 무엇인가?"를 알게 되었고, 따라서 인간이 하나님과의 종교적 관계에 들어가게 된 것입니다. 즉 타종교는 인간 스스로가 생각하고 고안해 낸 것들이지만, 기독교는 하나님이 먼저 인간들에게 당신을 알게 하시고 섬기는 방법을 가르쳐 주심으로써 시작된 종교입니다.[14]

모든 종교는 다 똑같은 구원론을 갖고 있지 않으며, 인간의 구원이라는 핵심교리에 있어 상반되는 주장을 하고 있는 것입니다. 만약 모든 종교가 기본 구원 방법론에서 상반되는 주장을 하고 있다면, 거기에 대한 해석은 모두가 다 틀리거나 혹은 그 중 한 가지 종교만 옳다는 논리적 귀결에 이르게 됩니다. 종고다원주의의 논리대로라면 참과 거짓, 진리와 오류를 다 옳다고 포용을 하여야 합니다.

그들은 산의 정상에 올라가는 방법과 길은 틀려도 정상에 도달

---

14 박재호, 『쉽게 풀어쓴 기독교 신학』(서울: 비전북, 2001), 105.

하기는 마찬가지라고 비유합니다. 정상에서 모두가 다 만난다는 것입니다. 그러나 정작 문제는 어느 산에 올라 가느냐, 목표로 삼는 그 산이 어떤 산이냐가 문제인 것입니다. 각 종교가 주장하는 구원의 핵심이 서로 다르기 때문에, 종교가 다르면 올라가는 산 자체도 틀린 산이라고 보아야 합니다. 모두가 같은 산일 수가 없습니다. 모든 종교는 핵심 교리에서 분명히 상반되는 주장을 하고 있습니다. 그렇다면 모든 종교가 다 틀렸거나, 혹은 그중에 한 종교만이 옳은 종교일 것입니다. 그러므로 상반되는 주장을 하는 모든 종교를 옳다고 하는 것은 모순입니다.

진리의 문제는 어느 아이스크림이 더 맛있느냐의 문제가 아닙니다. 진리의 문제는 어느 답이 정답이냐의 문제입니다. 3 더하기 5는 8입니다. 8이 정답이지 7이나 9는 정답에 가깝기는 하지만 정답은 아닙니다. 진리의 정답은 오직 하나뿐인 것입니다.[15]

● 잠깐 생각해 보겠습니다 ③
  – 어떻게 해야 믿음이 생길까?

* 긍정의 결단으로
믿음은 결단입니다. 믿음은 행동입니다. 결코 지적인 이해나 동

---

[15] 박명룡. 박담회, 『기독교! 지성으로 이해하라』, 329.

의만이 아닙니다. 믿음은 본인의 의지에 의한 선택입니다. 그래서 믿음은 삶의 방향입니다. 그렇게 우리가 믿음을 실천할 때, 하나님은 그 믿음을 확정해 주십니다. 믿음의 여정이 계속될수록, 믿음의 여정이 길어질수록, 그 믿음의 길이 진리임을 더욱 깊이 알게 됩니다. 믿음의 핵심은 의지적 결단이며, 그 결단은 지속적이어야 합니다. 그 믿음의 길이 우리에게 허락된 것은 하나님의 은혜이며, 지속적인 결단의 능력은 성령님이 주십니다. 지식이 믿음의 전부가 아닙니다. 믿음은 보지 못하는 것들의 증거라고 하였습니다(히 11:1). "믿음"이란 뭔가 사실이라는 것을 일체의 의심이나 회의도 없이 확실히 인정하고, 그것을 믿는 것입니다. 그래서 믿음을 증거로 입증하려고 하는 것은 잘못된 접근입니다. 하나님은 그런 식으로 믿음이 생기고, 입증되는 것을 원치 않으십니다.

   믿음에 관한 실제적인 문제는 정작 믿을 마음도 없으면서 믿고 싶다고 말하는 사람들입니다. 그들은 믿지 않으려는 진짜 이유를 숨기고 시선을 딴 데로 돌리기 위해 여러 가지 문제나 핑계를 열거합니다. 그들의 마음 내면에는 믿음 때문에 생기는 성가신 일이나 책임이 싫어서, 자신의 개인적인 쾌락을 포기하고 싶지 않아서, 혹은 자신의 구제 불능 상태에 대한 절망감을 드러내기가 두려워서 등 여러 가지 이유가 존재합니다. 즉 믿음으로 인해 당장의 생활에서, 친구들이나 세상의 조직에서, 손해 보는 것이나 잃는 것이 있다는 유혹의 생각이나 세상적인 자존심이 문제인 것입니다. 본인의 내면은 개인적인 생활에 대한 복합적인 이유가 앞서 있는 것입니다. 믿음은 의지의 선택입니다. "믿을 의지를 택하느냐? 안 믿을 의지를 택하느냐?"입니다.

흔히 우리는 아브라함을 "믿음의 조상"이라고 합니다. 하지만 그것이 그가 의심하지 않았다는 뜻은 아닙니다. 항상 옳은 일만 했다는 뜻도 아닙니다. 그의 동기가 언제나 순결했다는 뜻도 아닙니다. 세 가지 모두에서 그는 실패했습니다. 그러나 아브라함은 하나님을 따르겠다는 의지만은 결코 포기하지 않았습니다. 그는 절대 하나님을 포기하지 않았습니다. 믿음이란 곧 믿겠다는 의지요, 선택입니다.

지적인 의심이 있는 것은 좋습니다. 하지만 거기서 멈춰서는 안 됩니다. 좀 더 깊이 들어가 믿음을 피하게 하고, 하나님을 피하게 만드는, 자신의 진짜 이유를 파악할 필요가 있습니다. 믿음이 있는 곳으로 가야 합니다. 해바라기 씨를 심으러 북극으로 가지는 말아야 합니다. 믿음을 심고 키우기 위해서 무신론자들과 상담할 필요가 없습니다. 생활과 행동이, 생각과 성품이 바른 믿음의 사람들 주변으로 가서, 그들과 어울리고, 그들과 대화하며, 그들의 삶에서 믿음을 싹 틔워야 합니다. 믿음은 크기나 양이 문제가 아닙니다. 우리의 믿음은 겨자씨 한 알처럼 작을 수 있습니다. 믿음은 믿음의 기울기가 문제입니다. 우리는 하나님에 관한 백 가지 질문에 모두 속 시원한 대답을 말로써 듣기는 어렵지만, 예수님의 가르침을 실천하는 노력에서, 믿음의 연륜이 쌓이면서, 충분히 느끼고 깨달을 수 있습니다.

제 3 장 이 세상에 악은 왜 존재하는 것일까?

1. 악에 대한 문제들

이 세상에는 왜 악이 존재하는 것일까?

하나님은 그분의 권능으로 창조하신 세계를 그분이 선택하신 목적에 따라 조절하시고, 유지하시며, 인도하십니다. 악의 존재는 하나님의 권능과 하나님의 선하심, 즉 하나님의 사랑과 자비와 인내라는 속성과는 어떻게 함께 존재하게 되었는가? 선하신 하나님으로 부터는 악이 나올 수가 없는데 분명히 이 세상에는 악이 존재하고 있습니다. 그 악은 어디서부터 유래되었는가?

왜 악한 사람들은 번성하고 착한 사람들이 고통당하는 일이 일어나는가? 우리 주변에는 우리를 곤혹스럽게 하는 이런 일들이 일어나곤 합니다.

1) 악의 본질

악은 일반적으로 두 가지 유형이 있습니다.

첫째, 도덕적 악입니다. 이것은 인간의 자유로운 행위의 선택에 의해서 일어납니다. 전쟁이나 테러리즘, 여러 가지 크고 작은 개인적 혹은 집단적인 수많은 범죄들입니다. 이런 악은 그 행위자의 죄로 연결됩니다.

둘째, 인간의 의지와는 상관없이 일어나는 자연적인 악이 있습니다. 이것은 인간의 행복과는 반대로 작용하는 자연재해적인 것으로 태풍이나 토네이도(회오리바람), 지진이나 화산폭발과 같은 것입니다. 또 인간에게 많은 고통과 인명 단축을 가져오는 에이즈나 감기 같은 감염성 질병, 암이나 당뇨 같은 비감염성 질병 등 많은 질병도 인간의 의지와는 상관없이 일어나는 자연적인 악이라고 볼 수 있습니다.[1]

악은 그 자체로 존재하는 실체가 아닙니다. 악은 이미 존재하고 있는 것의 타락한 상태입니다. 즉 악은 존재하는 실체는 아니지만, 실제로 존재하는 선한 실체에 포함되어 있습니다. 마치 팔에 난 상처나 나무의 썩은 부분이 존재하듯이, 또 사람이 범죄할 때, 그때에 비로소 악은 존재하는 것입니다. 즉 실체 안에 있는 현실적 타락입니다.[2]

---

[1] 밀라드 에릭슨, 『복음주의 조직신학』, (고양시: 크리스챤 다이제스트, 2007), 467.
[2] 래비 재커라이어스, 노먼 가이슬러, 『하나님을 누가 만들었을까?』, 33.

이 세상에 악이 존재한다면 그러면 "어떤 것이 악하다고 판단할 수 있는 기준은 무엇인가?"라는 문제에 봉착하게 됩니다. 우리는 절대적인 선이 되는 하나의 기준점이 없다면 선과 악을 구별할 수가 없습니다. 선과 악을 구별하는 도덕적인 기준점은 바로 하나님입니다. 오직 하나님의 인격 속에서만이 "절대적인 선"을 발견할 수가 있기 때문입니다. 만약 하나님이 존재하시지 않는다면 심지어 히틀러의 범죄조차 판단할 궁극적 기준이 없습니다.

2) 악의 기원

인간이 하나님의 형상대로 선하게 지음 받았으며, 지으신 하나님이 "보시기에 심히 좋았더라"(창 1:31)고 하셨는데, 어떻게 죄가 일어날 수가 있었을까요?

피조 세계는 원래 어떤 고통도, 악도, 죽음도 없이 선하게 창조되었습니다. 그러나 오늘날 이 세상에는 이런 것들이 만연해 있습니다. 성경은 아담과 하와가 하나님이 주신 자유의지를 사용하여 하나님께 불순종한 그 순간 타락하여 죄가 들어으게 되었다고 말하고 있습니다(창 3장). 하나님은 인간이 로봇처럼 기계적인 순종이나 사랑이 아니라, 인간 스스로의 의지로 순종하여 사랑을 보여주기를 원하셨습니다. 이 자유의지 속에는 그 시초부터 좋은 선택과 잘못된 선택 모두를 할 수 있는 가능성이 함께 존재하고 있었습니다. 자유의지 속에는 악보다는 선, 미움보다는 사랑을 선택할 자유도 있는 것입니다.

　하나님이 인간을 자유의지를 가진 존재로 창조하신 이상 죄나 악이 있고 없고는 하나님에게 달린 문제가 아니라 인간에게 달린 문제입니다. 하나님은 악을 창조하신 것이 아니라 악이 존재할 가능성(자유의지)을 창조하신 것이며, 그 가능성을 현실화한 것은 인간입니다. 그러므로 악의 근원은 하나님이 아니라 인간의 자유의지입니다. 존 필립스는 "악은 자유의지라는 모험적인 은총 속에 내재되어 있다"라고 하였습니다.[3]

　즉 하나님이 인간에게 자유의지를 부여하실 때 그분의 계획 속에 악의 가능성이 잠재해 있었습니다. 그러나 그 악의 실재적 기원은 자신의 의지로 하나님을 떠나 자신의 욕망대로 행동한 인간의 행위에 있습니다. 인간의 자유의지에 의한 잘못된 선택에 의하여 악은 존재하게 된 것입니다. 노먼 가이슬러와 제프 에머뉴는 "하나님은 자유라는 사실을 창조하셨지만, 인간은 자유라는 행위를 하였다. 하나님은 악이 가능하게 하셨지만, 피조물들은 그것을 실제적인 것으로 만들어 버렸다"라고 하였습니다.

　수많은 악은 인간의 자유의 오용으로 인한 결과입니다. 악은 특별한 사회, 특별한 조직에 있는 것이 아니라, 타락한 인간의 마음속에 있는 것입니다. 그러나 한편에서는 인간의 자유의지는 악의 대가를 치를 만한 가치도 있다는 것이 C.S. 루이스의 주장입니다.

---

[3] 래비 재커라이어스, 노먼 가이슬러, 『하나님을 누가 만들었을까?』, 37.

왜냐하면 인간의 진정한 자유의지론적 자유는 우리의 참된 사랑, 참된 신뢰, 참된 헌신, 참된 관계의 근원도 되기 때문입니다. 증오를 가능케 한 자유는 사랑도 가능케 합니다. 폭군 네로나 히틀러를 가능케 한 자유는 세종대왕이나 이순신 장군도 있게 합니다. 한 그루의 나무는 우리의 집을 짓는 선한 목재로도 쓰일 수 있지만, 몽둥이가 되어 강도의 무기로도 사용되어 질 수도 있습니다.[4]

이처럼 인간의 자유의지도 정반대의 용도로 나타날 수가 있는 것입니다. 이것이 바로 많은 신학자들이 오용의 가능성에도 불구하고 하나님이 우리에게 자유를 주셨다고 믿는 이유입니다. 전능하신 하나님도 인간에게 진정한 자유의지를 주시면서 악의 가능성은 전혀 없는 세상을 만드실 수는 없는 것입니다. 하나님이 피조물에게 자유의지를 주시는 동시에 (악을 없애기 위하여) 안 주실 수 있다고 말하는 것은 논리적으로 불가능한, 모순된 주장입니다. 이것은 마치 하나님이 전능하시기 때문에 절대 진리에 어긋나는, 2 더하기 3을 6으로 하실 수가 없고, 동그란 삼각형을 만드실 수가 없는 것과도 같습니다. 자유의지는 있되 죄가 존자할 가능성이 없는 세상은 모순입니다. 잘못을 저지를 수 없는 제한된 세상에서 자유의지를 행사한다는 것은 모순입니다. 상호 모순되는 일은 하나님도 하실 수 없습니다.[5]

에덴동산에서 아담과 하와의 범죄 후, 그 죄의 본성이 모든 인류

---

4 스콧 버슨, 제리 월즈, 『루이스와 쉐퍼의 대화』, 315, 318, 319
5 C. S. 루이스, 『고통의 문제』(서울: 홍성사, 2011), 42.

에게 전해져 내려온 것입니다(롬 5:12; 고전 15:22; 막 7:20-23). 아담은 에덴동산에서 쫓겨나고 땅은 저주를 받았습니다(창 3:17). 아담의 타락은 에덴동산을 파괴하는, 완벽한 세상에 고난과 악을 끌어들인, 대격변의 사건이었습니다. 아담의 타락으로 하나님은 세상을 저주하셨습니다. 그러므로 모든 악은 자유의 오용으로 인한 직접적, 혹은 간접적 결과로 볼 수 있습니다. 그래서 태풍이나 지진 같은 자연악의 근원 역시 인간이 자유의지를 잘못 사용한 결과입니다(롬 8:20-22). 아담과 하와가 하나님을 떠났을 때 하나님은 우리를 비롯한 모든 피조물도 심판하셨습니다.

성경에는 우리가 살고 있는 이 세상이 허무에 굴복했고, 해방되기를 기다린다고 말합니다(롬 8:20-22).[6] 그리고 우리가 이 지구를 돌보는 책임을 소홀히 할수록 지구의 상태는 인간들의 여러 가지 잘못된 행위로 인해 더욱 악화됩니다. 즉 우리의 행위가 우리가 살고 있는 이 지구에 직접적인 영향을 미치고 있는 것입니다. 우리는 저주받은 땅과 타락한 세상에서 살고 있으며, 시초에 에덴동산에는 그 어떤 자연의 재앙도 죽음도 없었습니다.[7]

- 하나님이 손수 만드신 모든 것을 보시니, 보시기에 참 좋았다(창 1:31).
- 그러므로 한 사람을 통하여 죄가 세상에 들어오고, 또

---

[6] J. P. 모얼랜드, 팀 뮬호프, 『이렇게 답하라』, 44.
[7] 래비 재커라이어스, 노먼 가이슬러, 『하나님을 누가 만들었을까?』, 37-38.

그 죄를 통하여 죽음이 들어온 것과 같이, 모든 사람이 죄를 지었으므로, 죽음이 모든 사람에게 이르게 되었습니다(롬 5:12).

- 남자에게는 이렇게 말씀하셨다. "네가 아내의 말을 듣고서 내가 너에게 먹지 말라고 한 그 나무의 열매를 먹었으니 이제, 땅이 너 때문에 저주를 받을 것이다. 너는 죽는 날까지 수고를 하여야만 땅에서 나는 것을 먹을 수 있을 것이다(창 3:17).
- 피조물이 허무에 굴복했지만, 그것은 자의로 그렇게 된 것이 아니라, 굴복하게 하신 그분이 그렇게 하신 것입니다. 그러나 소망은 남아 있습니다. 그것은 곧 피조물도 사멸의 종살이에서 해방되어서 하나님의 자녀가 누릴 영광된 자유를 얻는다는 것입니다. 우리는 모든 피조물이 이제까지 함께 신음하며, 해산의 고통을 함께 겪고 있다는 것을 압니다(롬 8:20-22).

● 잠깐 생각해 보겠습니다 ④
  - 선악과는 왜 만드셨나?

* **순종의 법으로 만든 선악과**
선악과 사건은 예수 그리스도의 오심과 바로 연결되어 있습니다. 하나님 천지 창조의 백미는 인간의 창조입니다. 하나님은 인간을 창조하시기 전에 인간이 생육하고 번성할 수 있는 최적의 환경인 천지만물을 먼저 만들어 놓으시고 난 후, 인간을 만드셨습니다. 하나님은 천지 창조의 다섯째 날까지는 창조물을 보시고 "좋았더라"(it was good)고 하셨으나, 인간을 창조하신 후에는 하나님이 "심히 좋았더라"(it was very good)고 하셨습니다. 하나님은 인간에게 모든 동물들을 지배하며 생육하고 번성하라고 축복하셨습니다. 그러시면서 아담에게 동산의 모든 열매를 먹되 동산 가운데에 있는 제일 보기 좋고 먹음직스러운 선악과나무의 열매만은 먹지 말라고 하셨습니다. 하나님은 왜 선악과나무를 만들어 놓으시고 아담에게 선악과를 먹으면 죽으니 먹지 말라고 하셨을까요?

선악과를 통하여 하나님은 자유의지가 있는 아담과 인격적인 교제를 하기 원하셨던 것입니다. 한마디로 선악과는 창조주 하나님과 피조물 아담 사이의 관계를 설정하는 약속의 열매였습니다. 즉 하나님과 아담 사이의 주종과 순종의 관계를 설정하는 법으로 선악과를 만들어 놓으신 것이었습니다. 선악과가 없었더라면 하나님이 안 보이는 동산에서 아담은 자기가 동산의 주인이요, 왕 노릇을 하였을 것입니다. 그러나 눈에 보이시지는 않지만 동산의 절대 주권자는 엄연히 이를 창조하신 하나님이십니다. 하나님은 아담이 동산을 마음대로 다스리되 동산 가운데서 제일 보기 좋고 먹음스러운 선악과만은 이를 볼 때마다 먹지 말라고 하신 하나님을 기억하고, 하나님이 동산의 참 주인이시요 주권자되심을 늘 깨닫고 알게 하시기를 원하셨던 것입니다. 성문법으로 할 수가 없고, 매일같이 눈에 잘 보이는 선악과 하나로 하나님은 아담과의 사이에 오직 하나의 법을 세우신 것입니다.

하나님은 인간에게 자유의지를 주시면서 인간이 로봇처럼 기계적이 아니라 자기 스스로의 의지로 최고의 순종을 하는 영광을 원하셨던 것입니다. 즉 하나님은 자연의 법칙에 따른 동물의 본능과 같은 타율적인 순종이 아니라, 인간의 자율적 순종을 최고의 순종, 최고의 영광으로 여기시는 것입니다. 이 자유의지는 인간이 하나님으로부터 받은 최고의 선물로써 잘 사용하면 나에게 유용한 도구가 되지만, 잘못 쓰면 나를 죽게 만들 수도 있습니다. 내가 자유의지로 하나님께 영광을 돌리면 면류관의 상급이요, 그 자유의지로 내가 스스로 왕 노릇 하면 사망의 길로 가는 것입니다.

선악과법은 그렇게 어려운 법이 아닙니다. 그저 하나님이 나의 주인이시요, 주권자 되심을 인정하고 기억하는 것입니다. 나는 어디까지나 피조물이며 나를 지으신 하나님께 순종하며 살겠다는 의지를 표현함으로써 하나님께 최고의 영광을 돌리는 것입니다. 그러니까 선악과법은 좀 더 학문적인 용어로 표현하면 창조주이신 하나님과 피조물인 인간과의 관계, 즉 인간의 정치성과 존재 목적을 나타내는 법이기도 한 것입니다.

우리는 지금도 선악과법의 세상을 살아가고 있습니다. 아담은, 나는 누구이며, 무엇을 하며 살아야 하는가? 하나님을 내 마음속에 주인으로 모시고, 하나님께 순종하며 살아야 하는 것은, 아담의 때나 지금이나, 아담이나 나나 마찬가지입니다. 하나님이 왜 선악과를 만드셔서 인간을 죄에 빠지게 만들었냐고 원망 어린 생각을 할 게 아니라, 피조물인 내가 스스로 주인이요 왕 노릇을 하고 있는 교만한 현실을 자각하고, 하루빨리 겸손과 순종의 바른길로 나와야 한다는 것을 깨닫는 것이 훨씬 더 중요한 일입니다. 에덴동산의 선악과는 결코 덫이나 함정이 아닙니다. 선악과법은 지금도 우리가 기본적으로 지켜야 하는 하나님과 나 사이의 법으로 엄연히 존재하고 있습니다. 순종은 하나님과 나 사이를 연결해 주는 연결고리이며, 선악과는 바로 순종의 법인 것입니다.

그러나 아담은 선악과를 먹음으로써 하나님의 법을 어기고 불순종하는 죄인이 되고 말았습니다. 불순종이라는 죄성을 가진 사람이 된 아담으로 말미암아 인류는 죄성을 가진 죄인이 되고 말았습니다. 이 인류의 죄를 해결해 주시기 위하여 성자 하나님이신 예수 그리스도께서 인간의 몸으로 이 세상에 오셔서, 우리의 죄를 대신하여 십자가를 지신 것입니다.

2. 고통 속에서 발견하는 하나님

1) 하나님은 왜 착한 사람들에게 고통을 허락하시는가?

이 세상에는 왜 제2차 세계대전 때의 유대인 대학살이나 스탈린의 대숙청으로 인한 무고한 사람들의 살해와 유배, 캄보디아의 킬링필드 같은 일이 생길까요? 북한에서는 왜 수많은 사람들이 수용소에서 신음하고 있으며 또 하나님을 믿는다는 이유로 그렇게 고통을 당해야만 할까요? 왜 우리들의 이웃에는 돈이 없어 끼니를 거르고 굶주리는 결식 아동들이 있으며, 암이나 당뇨 합병증 등 심각한 질병에도 불구하고 제대로 의료혜택을 못 받고 신음하는 사람들이 있을까요? 착하고 순진한 어린아이가 백혈병이나 뇌종양으로 죽는가 하면, 잘 운전하고 가던 남편이 음주 운전자의 차량에 받쳐 옆에 있던 자식과 함께 죽어가는 것을 뒷자리에서 지켜봐야 하는 젊은 아내도 있습니다.

인간은 다른 동물들과는 달리 웃고 울 수 있는 존재입니다. 그래서 인간에게는 고통이 커다란 문제로 존재하는 것입니다. 또 인간은 현재 상태보다는 더 나은 상태를 상상하고 기대하는 존재입니다. 그래서 인간은 고통에 괴로워하는 것입니다. 여론조사 전문가인 조지 바나(Geaorge Barna)가 리 스트로벨 목사의 의뢰로 성인 남녀를 대상으로 여론조사를 실시한 적이 있습니다. 여론조사 내용은 "하나님께 딱 한 가지 질문을 던질 수 있고, 반드시 대답해 주시겠다면 당신은 무슨 질문을 하겠습니까?"였습니다. 가장 많이 나온 질문은 "세상에는 왜 아픔과 고난이 있습니까?"였습니다.[8] 그만큼 이 세상에서의 질병과 고통, 악이 일어나는 것에 대한 우리의

---

8 리 스트로벨, 『특종! 믿음 사건』, 35.

관심은 큽니다.

  악한 사람들만 교통사고를 당하거나 암에 걸리고, 사기꾼과 같은 나쁜 사람들만 치매 같은 병에 걸린다면 그나마 우리는 하나님의 정의가 살아있다고 위안을 받을까요? 그것으로 우리는 하나님이 의로운 분이라고 생각할 수가 있을까요? 고통과 고난의 존재는 하나님이 안 계시다는 것을 말하는 것일까요? 만약 하나님이 안 계시다면 이 세상에 왜 이렇게 선은 많습니까? 우리는 스스로 선과 악에 차이가 있다는 것을 인정하는 것입니다.

  그러면 우리는 악한 사람이라거나, 악한 사람의 정도를 무슨 기준으로 판단하는 것입니까? 그것은 선의 기준을 사용하여 악을 판단하는 것 아닙니까? 내가 학과목 시험에서 80점을 받았고 친구는 나보다 더 나은 점수인 90점을 받았다고 하는 것은 100점이라는 최우수 점수의 실체적 기준이 있기 때문입니다. 선과 악이 있고, 선악에 대한 구별과 기준이 있다는 것은 절대선의 기준인 존재, 하나님이 계신다는 방증이기도 합니다. 능력에 있어 인간과 하나님의 차이는 무한할 정도의 큰 차이가 납니다. 한낱 유한한 인간인 우리는 무한한 지혜의 하나님을 완전히 알 수는 없습니다. 하나님이 우리가 내다보지 못하는 보다 장기적인 선을 위해 단기적인 고통을 허용하실 수가 없다고 단정할 근거는 없습니다.

  예를 들어 덫에 걸린 곰 한 마리와 안타까운 마음으로 그 곰을 덫에서 풀어주려는 사냥꾼을 한번 생각해 보겠습니다. 사냥꾼이 덫을 풀어주려고 곰에게 가까이 가면 곰은 사냥꾼의 마음을 모르기 때문에 사냥꾼을 적으로 생각하고 반항을 합니다. 그래서 할 수 없이 사냥꾼은 곰에게 마치 약물이 든 주사기를 찌르려 합니다. 하지만 곰은 그것을 공격으로 받아들이고 사냥꾼이 자기를 죽이려 한다고 생각합니다. 그 일이 자신의 처지에 대한 동정심에서 일어난 일임을 모릅니다. 곰의 생각이 틀린 것입니다. 곰은 사냥꾼의 마음을 모르기 때문에 잘못된 결론에 이른 것입니다.[9]

우리는 정말 무엇이 우리에게 더 좋은 것인지를 하나님보다 더 잘 알 수는 없는 것입니다. 우리는 집에서 아이들의 힘든 일을 덜어주기 위해서 숙제를 대신해 주지 않습니다. 겨우 걸음을 걷는 아이가 넘어져도 아이에게는 힘들고 고통스럽지만 혼자 일어서기를 기다립니다. 상한 이빨을 고치기 위하여 치과에 가서 아이에게 치아 치료의 고통을 견디게도 합니다. 사랑은 그 대상에게 고통을 줄 수도 있습니다. 아이를 온실 속에서 키우기보다 고생이 되더라도 여행을 보내서 세상을 알게 합니다. 이렇듯 현실 속의 고통은 더 나은 선의 밑거름이 되기도 합니다.

현재의 국제 환경을 한번 생각해 보겠습니다. 바다를 메우고 국토를 넓히는 등 모든 국민이 단합하여 주어진 환경과 여건을 극복해서 잘 사는 네덜란드 같은 나라가 있는가 하면, 우물을 파는 기계가 없고 양수기가 없어서 애타게 목이 타는 아프리카 국가의 난민들도 있습니다. 우리는 현재의 고통이나 악을 무조건 하나님의

---

[9] 리 스트로벨, 『특종! 믿음 사건』, 39.

탓이라고만 하기 전에 그 연유를 한번 생각해 볼 필요가 있습니다. 우리들의 지나온 과거의 전후 사정들을 되돌아보면 거기에는 반드시 정치적이거나 탐욕적인 인간의 선행되는 잘못이나 악이 개입되어 있는 경우가 있습니다. 그 선행되는 역사의 결과가 오늘의 현상으로 나타나는 것입니다. 물론 나에게 닥친 현재의 고통이 나와는 상관없이 일어나지만 그렇다고 세상의 모든 악을 하나님의 탓으로 돌리는 건 하나님의 입장에선 억울한 일이기도 합니다.

그런데 왜 착한 사람들에게도 나쁜 일이 일어나는 것일까요? 음주 운전자가 난폭하게 모는 차량이 어딘가에 부딪힌다면 왜 하필 내 차여야만 하는가? 그런 고통을 완전히 없애려면 이 세상에 있는 모든 자동차와 술을 없애든지, 아니면 인간이 자유가 없는 로보트 같은 기계가 되든지 둘 중의 하나가 되어야 할 것입니다. 인간에게 자유의지가 있는 한 근본적으로 이 세상에 선만 있는 선한 사람이란 없습니다. 우리 모두는 악을 행할 잠재력을 가지고 살아가고 있습니다. 정도의 차이는 있을지 몰라도 우리 모두가 죄인인 것만은 틀림없는 사실입니다. 그러므로 인간의 자유의지는 악의 근원이 되기도 합니다. 남의 자유의지는 내게 고통으로 다가올 수도 있습니다. 그게 왜 나여야만 하는가는 하나님의 의지와 상관없이 다가올 수도 있습니다.

유대인 대학살을 한 것도 히로시마에 떨어진 원자폭탄을 만든 것도 인간이지 하나님이 아닙니다. 인간은 미켈란젤로나 다빈치처럼 명작을 남길 수도 있고, 스트라디바리우스처럼 명품의 바이올린을 남길 수도 있으며, 소크라테스나 루터처럼 유명한 사상가나 개혁자가 될 수도 있습니다. 인류의 역사는 선과 악, 선행과 악행, 사고와 고통으로 점철된 역사입니다. 이처럼 자유를 가지고 있는 인간의 본성은 엄청난 예술적·문화적 업적을 남길 수도 있지만, 한편으로는 소름 끼치는 일을 저지르거나 사고를 칠 수도 있습니다.

하나님은 전능하십니다. 그 전능이란 능력에 관한 것이지 도덕적으로 아무것이나 하실 수 있는 전능이 아닙니다. 아무리 전능하신 하나님도 "네모난 원"을 만드실 수는 없으며, 누군가에게 악행을 저지르게 하거나 다른 사람을 미워하라고 하실 수는 없습니다. 이런 면에서는 하나님의 전능하심은 제한적입니다.

이처럼 인간에게 주어진 "자유"는 우리 인간이 선한 일을 하게 할 수도 있고 나쁜 일을 하게 할 수도 있으며, 엄청나게 큰 사고를 치게도 할 수 있습니다. 내가 자유롭다는 것은 나도 다른 사람들에게 상처를 줄 수 있다는 의미입니다. 우리는 우리 모두의 자유의 결과와 살아가는 인생들입니다. 그러므로 모든 사람들이 자유를 가지고 살아가는 이 세상에서 우리는 크고 작건 간에 고통과 고난을 겪으면서 살아가게 마련입니다. 이 세상에서의 삶이란 게 바로 그런 것입니다. 단지 큰 고통을 겪느냐 작은 고통을 겪느냐, 고통을 많이 겪느냐 적게 겪느냐의 차이일 뿐입니다. 고난과 고통은 우리가 살아가기 위해 지불해야 하는 대가와도 같습니다.

한편 우리의 삶이나 생활의 구조로 본다면 나의 행복은 다른 사람들의 고난이나 고통을 통해 얻는 경우가 많습니다. 싼 물건의 구입이나 싼 농작물의 혜택 이면에는 저임금으로 고통받는 근로자나 농부가 있을 수 있습니다. 나의 세상적인 욕망과 야망을 달성하는 것만이 행복이라면 그 행복은 남의 고통을 전제로 하는 경우가 많습니다. 우리는 세속적이며 피상적인 사랑이나 행복보다는 기독교적인 차원의 사랑과 행복을 추구해야만 합니다. 사랑에는 나의 희생이 따르고, 그 사랑을 통한 행복을 추구해야 하는 것입니다.

그러면 우리에게 고통의 의미는 과연 무엇입니까? 고통은 우리가 인간 능력의 한계를 깨닫게 합니다. 가까운 사람의 죽음을 통하여 우리는 죽음을 새롭게 깨닫게 되며, 가까운 사람의 고통을 통하여 나에게도 고통이 올 수 있음을 느끼게 됩니다. 고통은 우리가 영원 불멸하다거나 전지전능한 것 같은 환상에서 깨어나게 하며, 우리의 미래에 대해 막연한 환상을 갖지 않도록 합니다. 고통이 주는 중요한 영적 기능 중 하나는 우리를 전능하신 하나님께 더욱 가까이 가게 하는 것입니다. 우리에게 혹은 우리의 주변에 고난과 고통이 없다면 우리는 미래에 대한 두려움이 없어지고 한없이 교만해질 것입니다. 우리가 만약 바늘에 찔렸을 때 아픈 통증을 느끼지 못한다면 우리의 몸은 더 많은 상처를 입을 것입니다.

우리에게 고통이 주는 중요한 목적 중의 다른 하나는 깨우침과 회개에 있습니다. 구약의 이스라엘은 하나님의 거듭된 경고에도 움직이지 않고 있다가 고통이나 재난을 당한 후에야 하나님을 찾고 돌아옵니다. 지금의 나라나 개인도 마찬가지입니다. 회개는 우리를 복된 삶, 하나님께로 이끌어 줍니다. 하나님이 모든 기쁨과 모든 생명의 근원이시기 때문입니다. 우리는 어린아이들처럼 고생하며 힘들게 하나님을 깨달아 갑니다. C. S. 루이스는 "하나님은 우리에게 기쁨을 통해 속삭이시고, 양심을 통해 말씀하시며, 고통을 통해 소리치십니다. 고통은 귀먹은 세상을 깨우는 그분의 확성기입니다"라고 하였습니다. 우리가 회개를 통해 하나님과의 관계를 회복만 한다면 고통은 그만한 값어치가 충분히 있을 것입니다. 많은 사람들이 고통을 통해서 배우고, 신앙도 깊어집니다.[10]

우리에게 고통이 주는 또 하나의 중요한 이득은 고통을 통하여 우리는 성장하며 세상의 풍파를 이겨나가는 용기를 얻게 됩니다. 이는 지나온 인류의 역사가 증명하고, 성경이 증거하며, 우리의 현실이 말하고 있습니다. 미국의 링컨 대통령이나 인도의 성웅 간디, 우리나라의 정계나 재계의 지도자들도 고난을 통하여 크게 된 인물들이 많이 있습니다. 모세나 요셉, 다윗과 같은 인물도 그들의 고통과 고난을 하나님을 의지함으로써 그들의 삶을 승리의 삶으로 이끈 사람들입니다. 우리는 자라나는 사랑스러운 아이들도 세상의 어려움이나 고통을 겪어 보게 합니다. 인생을 살아가면서 고난과 깊은 회오의 감정을 느껴보지 못한 사람은 인생의 깊이와 참 의미를 깨닫기 어렵습니다. 자기가 고통을 겪어 봐야 남의 고통도 이해할 수 있고, 진정한 위로와 도움의 손길을 내밀 수가 있습니다.

---

10 C. S. 루이스, 『고통의 문제』, 141.

우리는 고난을 통해서 성장합니다. 앨리스터 맥그래스 교수는 고난은 우리에게 식물의 가지치기와 같다고 하였습니다. 우리는 과일나무가 더 많은 열매를 맺게 하기 위하여 가지를 치며, 정원의 관상수가 더 아름답고 잘 자라게 하기 위하여 가지를 칩니다. 포도나무의 가지치기는 포도나무 주인의 총애의 표시이며, 주인의 기대와 바람을 나타내는 것입니다. 더 크면 포도나무에 해로울 싹을 미리 잘라내 버리는 것입니다. 최소한의 상처로 최대한의 수확을 위한 것입니다.

또한 고난은 우리를 겸손하게 합니다. 고난은 우리가 자기만족이라는 정체된 감정을 하나님께로 돌리게 하며, 우리의 약함과 하나님의 강함이 만나게 하는 도구의 역할을 합니다. 시행착오라는 고난은 우리의 재능을 다시 생각하게 하고 이를 활용하게 합니다. 재능이나 은사는 주인에게 돌려주기 전에 가능한 한 최대한 잘 활용해야 합니다(마 25:14-30).[11]

아이러니컬하게도 고난이나 고통의 문제를 제기하며 하나님의 존재를 부인하려는 사람들은 고통을 당하는 당사자가 아니라 편안하게 살고 있는 주변의 관찰자들입니다. 스코틀랜드의 신학자 스튜어트(James S. Stewart)는 "회의론은 구경꾼 즉 바깥에서 비극을 쳐다보는 자들 속에서 나오는 법이다. 불굴의 믿음으로 가장 빛나는 모범이 되어준 사람들은 세상에서 가장 큰 고통을 당한 이들이

---

11 앨리스터 맥그래스, 『고난이 묻다, 신학이 답하다』(서울: 국제제자훈련원, 2010), 159, 162.

다"라고 하였습니다.[12] 고통의 존재는 기독교 신앙에 대한 최대의 도전이자 기회입니다. 고통은 하나님을 부인하는 강력한 고발이 되기도 합니다.

그러나 극심한 고통 속에서 그 고통이 나에게 주는 진정한 의미를 되새길 때 우리는 하나님의 궁극적인 존재와 임재를 체험하며, 또 하나님은 그렇게 허락하십니다. 견디기 힘든 정도의 고통을 경험한 사람들의 간증이 그렇습니다. 바로 필자 자신도 그러한 사람입니다. 저는 세상적이며 교만한 초신자 시절 극심한 고통 속에서 하나님을 새롭게 체험하였습니다. 하나님 역시 은갖 고통의 눈물로 얼룩진 세상으로 들어오셔서 우리를 위해 십자가에서 가장 힘든 고통을 당하셨기 때문입니다.

하나님은 당신의 궁극적인 뜻을 이루시기 위해 우리 삶의 부정적인 것까지도 사용하실 수 있는 분입니다. 고통 속에서도 선이 나올 수 있습니다. 모든 것은 하나님의 주권 안에 있습니다. 하나님의 공의는 선과 악, 고통 속에서도 정확하게 역사하십니다. 그리스도인들은 죽음이 끝이 아니라고 확신하기에, 닥치는 고통에 절규하면서도 이를 견뎌 낼 수 있습니다. 그리스도인들은 언젠가는 모두 다시 만나게 될 것입니다. 그날에 우리는 하나님으로부터 직접 위로를 받을 것입니다.

---

[12] 리 스트로벨, 『특종! 믿음 사건』, 58.

- 그들의 눈에서 모든 눈물을 닦아 주실 것이니, 다시는 죽음이 없고, 슬픔도 울부짖음도 고통도 없을 것이다. 이전 것들이 다 사라져 버렸기 때문이다(계 21:4).

2) 고통 속에서도 신뢰하는 하나님

이 세상의 변화무쌍한 역사는 자유의지가 있는 인간에 의하여 만들어져 갑니다. 인간에게 동물과 같은 본능만 있고 자유의지가 없다면 이 세상은 그저 기계처럼 굴러가는 로보트 같은 세상일 뿐입니다. 자유의지가 있는 인간이 만들어가는 역사에는 선도 있고 악도 있을 수가 있습니다. 이 세상의 악의 존재는 완전히 선하시고 전능하신 하나님의 존재하심과 양립할 수 있습니다.

하나님은 전능하시고 온전히 선하시기 때문에 악을 정복하실 수가 있고, 또 언젠가는 악을 정복하실 것입니다. 그러나 아직 악은 정복되지 않고 있습니다. 그러므로 하나님은 언젠가는 악을 정복하실 것입니다. 예수님은 언젠가는 다시 오셔서 악한 자들의 권세를 빼앗고 악을 소멸하실 것입니다. 그리고 각 사람이 세상에 사는 동안 행했던 모든 일들에 대한 공정한 심판을 하실 것입니다(마 25:31-46; 계 20:11-15). 결국에는 이 세상에 하나님의 공의가 완전히 실현될 것입니다. 그때 예수 그리스도를 구주로 영접하지 않은 자들은 하나님과 영원히 분리된 세계로 들어갈 것입니다.

우리는 이 세상에서 누구나 크고 작은 악에 시달리면서 살아가고 있습니다. 그때마다 우리는 전능하신 하나님을 신뢰하는 마음이 필요합니다. 나는 부모로서 어린 딸에게 고통을 겪을 수밖에 없는 결정을 내려야 할 때도 있습니다. 병원에 가서 치료를 받게 하는 것도 그러한 예 중의 하나입니다. 어린 딸은 내가 왜 고통스러운 주사를 맞게 하는지 잘 이해할 수 없을 수도 있습니다. 그러나 그 진료의 고통이 결국은 아주 유익한 것이었음을 언젠가는 알게 될 것입니다. 고통을 당하는 사람은 고통의 의미를 당장은 이해하기가 어렵습니다. 그러나 그 고통의 의미를 나중에야 깨닫고 수긍을 할 수도 있습니다. 다음의 예화는 우리에게 많은 것을 시사해 주고 있습니다.

> 해 질 녘 한 나그네가 당나귀를 몰고 어둑한 길을 가고 있었습니다. 그런데 당나귀가 그만 잘못하여 깊은 구덩이에 빠지고 말았습니다. 나그네는 도저히 당나귀를 들어 올릴 힘이 없었습니다. 나그네는 구덩이 속에서 발버둥 치는 당나귀를 포기하고 가던 길을 그냥 갔습니다. 그러나 멀리서 들리는 당나귀의 울음소리가 너무 불쌍하게 들려왔습니다. 그래서 평소에 당나귀를 소중히 여기며 잘 돌봐주던 나그네는 당나귀를 흙으로 덮어나 주려고 구덩이로 되돌아가서 주위의 흙을 구덩이 속으로 밀어 넣었습니다. 흙을 밀어 넣을 때마다 당나귀는 몸을 흔들어 흙을 털면서 다시 일어서곤 하였습니다. 밤새도록 그렇게 하다 보니 구덩이는

얕아지고, 당나귀는 점점 위로 올라와, 드디어는 당나귀가 제 발로 밖으로 기어 나올 수가 있게 되었습니다. 당나귀를 사랑하는 나그네의 마음이, 어려운 환경에도 포기하지 않은 나그네의 마음이, 나그네로 하여금 당나귀를 다시 얻게 만들었습니다.

때로 우리는 왜 하나님이 나에게 고통을 허락하시는지 원망스러운 불평이나 하소연이 앞서기도 합니다. 나에게 닥친 고통의 의미는 인내로써 그 고통을 나의 유익으로 만드는 데 있습니다. 인생에 의미 없는 일이 있을 수 없고, 의미 없는 고통이 있을 수 없습니다. 나에게 닥친 고통의 의미를 깊이 묵상할 때, 하나님은 그분의 존재하심과 임재를 느낄 수 있도록 허락해 주십니다.

고통이 우리에게 가져오는 선한 목적 중의 또 하나는 현재의 고통은 더 큰 악이나 더 큰 고통에 대한 경고입니다. 마치 어린아이가 뜨거운 냄비에 한번 손을 데면 다시는 뜨거운 냄비를 함부로 만져서는 안 된다는 것을 깨닫게 되는 것과도 같습니다. 유한한 인간들도 악이나 고통으로부터 선한 목적을 발견해 낼 수 있다면, 무한히 지혜로우신 하나님은 틀림없이 우리의 모든 고통에 대한 선한 목적을 가지고 계실 것입니다. 우리에게 나쁜 일이 일어나는 이유를 시간 속에 갇혀있는 우리가 다 알 수 없다고 해서 하나님이 자비하시지 않다고 부정할 수는 없는 것입니다.

고통 뒤에 찾아오는 평안과 영광은 그런 고통을 겪어보지 못하고 맛보는 평안과 영광과는 그 차원이 다를 것입니다. 고통을 겪은 후에는 그 값진 평안과 영광에 진심으로 감사하며 또 그것들을 잘 보전하려고 더욱 세심한 노력을 기울이게 될 것입니다. 고통이 우리를 깨우쳐 가는 것입니다. 고통이 우리를 성숙하게 만들어 가는 것입니다. 과연 고통이 없이 우리에게 진정한 깨우침, 진정한 성숙, 진정한 감사가 가능할까요? 인류의 역사는 개인이건 집단이건 고통을 통한 발전의 과정이었습니다. 모든 제도나 물질과 문화의 과정이 그러합니다. 자유민주주의 국가들은 인류 최고의 집단 생존 제도인 민주주의 제도를 지키기 위하여 지금도 도처에서 피나는 노력을 계속하고 있습니다. 민주주의는 인류가 피나는 고통을 통하여 만들어 낸 최선의 생존 제도이기 때문입니다.

요셉의 형들은 그를 시기하고 미워하여 노예로 팔아넘겼습니다. 그러나 나중에 요셉은 형들에게 "하나님이 형님들보다 먼저 나를 여기 보내셔서 우리의 목숨을 살려 주시려고 그렇게 하신 것입니다"(창 45:5), "형님들은 나를 해치려고 하였지만 하나님은 오히려 그것을 선하게 바꾸셔서 오늘과 같이 수많은 생명을 구원하셨습니다"(창 50:20, 현대인의 성경)라고 고백하였습니다. 고통 속의 삶을 살면서도 굳건히 믿음을 찾고 지켜야 함을 잘 말해주고 있습니다.

또 우리는 나도 모르게 남에게 고통을 주고 있지는 않은지 반성해 보아야 합니다. 나의 쾌락을 위하여 작은 권력을 휘두르거나 쉽사리 남의 험담을 즐기는 것, 나의 잘못을 남에게 뒤집어씌우는 것 등은 나의 쾌락을 위하여 남에게 고통을 주는 행위입니다. 쾌락이라는 것은 갈수록 더 자극적이며 새로운 쾌락을 위하여 우리를 끊임없이 유혹합니다. 왜냐하면 어떤 쾌락이든 그것이 습관화될 때는 시시해지기 때문입니다.[13]

그러나 우리의 완벽한 만족과 자유함은 바로 예수 그리스도 안에서 찾아야 합니다. 우리는 사탄이 유혹하는 악마적 자아와 날마다 싸워 이겨야 합니다. 교회에 꼬박꼬박 출석하는 위선이 가득한 도덕가, 악마적 자아에 사로잡힌 교만한 신사는 거리의 매춘부보다 훨씬 더 지옥에 가까울 수도 있습니다.[14]

J. P. 모얼랜드 교수와 게리 하버마스 교수는 그들이 쓴 책『영원: 죽음의 저편』(*Immortality: The other Side of Death*)에서 다음과 같이 말하고 있습니다.

> 하나님은 우리에게 그분의 영원한 관점에서 삶과 죽음을 바라보기를 원하시는 것입니다. 우리가 만약 그렇게만 한다면, 그런 관점이 고통 속에 있는 우리의 삶 전체를 얼마나 혁명적으로 바꾸어 놓는지를 알게 될 것입니다. 신약성경에서는 그리스도인들이 이 모든 문제를 "위로부터 아래로 향하는" 관점에서 바라보아야 한다는 것을 반복적으로 증언하고 있습니다. 이 관점은 하나님과 그분의 나라를 맨 처음에 놓고, 지상에서 우리에게 일어나는 여러 고통의 문

---

13 C. S. 루이스,『스크루테이프의 편지』(서울: 홍성사, 2011), 75.
14 C. S. 루이스,『순전한 기독교』(서울: 홍성사, 2011), 166.

제들을 그다음에 두는 관점입니다.[15]

3) 사랑의 하나님과 공의의 하나님

만약 하나님이 의로우시다면 죄를 벌하셔야만 합니다. 그러나 하나님이 인간을 사랑하신다면 죄를 용서하실 것입니다. 어떻게 사랑의 하나님이 동시에 심판도 하시는 공의의 하나님이실 수 있습니까?

하나님은 공의롭게 거룩하시며, 동시에 거룩하게 공의로우십니다. 하나님의 이 사랑과 공의의 완벽한 조화가 십자가 사건입니다. 하나님은 자신의 공의를 충족시키시면서 동시에 사랑을 베푸시기 위해, 그분의 사랑으로 독생자를 보내시어 우리의 죄값을 치르게 하셨습니다. "죄의 삯은 사망"(롬 6:23)이기 때문에, 영원하시며 무한하신 하나님에 대한 죄의 결과는 영원한 죽음일 수밖에 없습니다(계 20:14-15). 죄 없으신 예수 그리스도께서 십자가에서 돌아가신 것은(롬 5:8), 바로 예수 그리스도께서 우리의 죄를 대속하시기 위해 돌아가신 것입니다(벧전 3:18). 예수 그리스도의 이 십자가 대속을 통하여, 예수 그리스도를 힘입어, 우리 죄인들은 하나님께 나아갈 수가 있는 것입니다.

하나님이 죄 없으신 분에게 죄를 씌우신 것은 우리가 그리스도

---

15 래비 재커라이어스, 노먼 가이슬러, 『하나님을 누가 만들었을까?』, 53.

안에서 하나님의 의가 되게 하시려는 것입니다(고후5:21). 예수 그리스도의 십자가 죽음은 그를 믿는 모든 인류를 구원하는 능력의 단 한 번의 제사였습니다. 그러므로 예수 그리스도의 십자가 대속은 바로 율법의 완성입니다(마 5:17). 하나님의 공의는 죄에 대한 처벌을 요구하지만, 그분의 사랑은 하나님으로 하여금 죄인들을 구원하시게 만든 것입니다. 그래서 그리스도의 죽음을 통하여 그분의 공의가 만족되었고, 그분의 사랑이 우리에게 베풀어진 것입니다.[16] 그러므로 하나님의 공의와 하나님의 사랑 사이에는 아무런 모순이 없습니다. 하나님의 공의와 사랑이 갈보리 언덕의 십자가에서 손을 맞잡으신 것입니다.

- 죄의 삯은 죽음이요, 하나님의 선물은 우리 주 예수 그리스도 안에서 누리는 영원한 생명입니다(롬 6:23).
- 그리고 사망과 지옥이 불바다에 던져졌습니다. 이 불바다가 둘째 사망입니다. 이 생명책에 기록되어 있지 않은 사람은 누구나 다 이 불바다에 던져졌습니다(계 20:14-15).
- 그러나 우리가 아직 죄인으로 있을 때에, 그리스도께서는 우리를 위하여 죽으심으로써, 하나님께서 우리에게 주시는 사랑을 나타내셨습니다(롬 5:8).
- 그리스도께서도 죄를 사하시려고 단 한 번 결정적으로

---

16 래비 재커라이스, 노만 가이슬러, 『하나님을 누가 만들었을까?』, 29.

고난을 당하셨습니다. 곧 의인이 불의한 사람들을 위해서 죽으신 것입니다. 그것은 그가 육으로는 죽임을 당하시고 영으로는 살리심을 받으셔서, 여러분을 하나님 앞으로 인도하시려는 것입니다(벧전 3:18).

- 하나님께서는 죄를 모르신 분에게, 우리 대신에 죄를 씌우셨습니다. 그것은 우리가 그리스도 안에서 하나님의 의가 되게 하려 하심입니다(고후 5:21).

3. 지옥은 꼭 있어야만 하나?

1) 지옥이란?

우리에게 왜 영원한 지옥이 필요한가에 대해 상당한 거부 반응을 가진 사람들이 많이 있습니다. 그러나 지옥의 유무 문제는 인간의 삶의 결과 지옥이 도덕적으로 정당한가의 여부이지 내가 그 개념을 좋아하느냐 싫어하느냐가 되어서는 안 됩니다. 즉 지옥의 정당성은 우리의 감정과는 별개로 인식되어야 합니다.

지옥의 본질은 관계입니다. 성경에 따르면 지옥이란 가장 거룩하고 복의 근원이신 하나님으로부터 분리 또는 추방되는 것을 의미합니다. 하나님과의 영원한 분리가 바로 지옥입니다. 하나님뿐만 아니라 이 세상 가까이에서 알고 사랑하던 모든 사람들로부터 분리되는 것입니다.

지옥은 지옥의 관점에서 볼 때 지옥이 아니라, 천국의 관점에서 볼 때 지옥이라는 말입니다.[17] 지옥은 누가 일부러 가하는 처벌이나 고문실이 아니라 지옥 그 자체가 벌입니다. 지옥이 벌이라는 것은 영광의 하나님과 분리되어 수치와 고뇌와 후회 속에서 살아가기 때문입니다. 거기서 겪을 아픔은 하나님과 그분의 나라로부터 궁극적으로 영원히 추방되었다는 슬픔에서 비롯된 것입니다. 지옥은 최종선고의 결과입니다. 인간이 이 세상에서 하나님과 또 다른 사람들과 더불어 진정한 사랑의 관계를 나누는 창조의 목적대로 살기를 죽을 때까지 거부한 데 대한 영원한 추방 심판입니다. 자기 방식대로만 살아온 삶의 선택에 대한 벌입니다. 지옥은 하나님이 강제로 보내는 곳이 아니라 자기 의지로, 하나님과 상관없이, 자기 마음대로 살고자 하는 사람들이 스스로 선택한 곳입니다.

우리가 가장 참기 힘든 상태는 버려진 존재가 아니라 아예 잊힌 존재가 될 때입니다. 하나님으로부터 영원히 분리되어 잊힌 존재가 될 때, 우리는 가장 비참한 존재가 될 것입니다. 하나님이 계시지 않는, 영원히 추방된 그곳이 바로 지옥입니다.

하나님은 천지만물과 인간을 창조하신 뒤 "심히 좋다"라고 하셨는데, 그럼 그때 지옥도 함께 창조하셨을까요?

지옥은 최초 창조된 피조세계의 일부가 아닙니다. 인간이 하나

---

17 C. S. 루이스, 『고통의 문제』, 191.

님의 명령에 불복종하여 본연의 창조 목적에 등을 돌렸기 때문에 불가피하게 만들어야 했던, 하나님의 어쩔 수 없는 선택입니다. 청교도들이 신천지인 미국 땅에 왔을 때 그들은 처음부터 감옥을 짓지는 않았습니다. 감옥이 없는 사회를 원했지만, 범죄하는 사람들이 있으니 할 수 없이 감옥을 지을 수밖에 없었던 것과 같은 이치입니다.

지옥은 하나님이 불신자들에게 내리시는 형벌이라기보다 구원을 베푸는 그리스도를 거절한 사람들이 선택한 죄악된 삶의 자연스러운 결과로서 하나님으로부터 총체적이고 최종적으로 분리된 무시무시한 고독입니다.[18] 성경에서 지옥을 불, 구더기, 이를 가는 곳 등으로 표현한 것은 비유적 표현입니다. 즉 그 단어를 문자적으로 받아들이면 안 됩니다. 지옥은 칠흑 같이 어두운 곳으로도 묘사되어 있고 불로도 묘사되어 있습니다. 비유적인 표현입니다. 그만큼 힘들고, 비참하고, 고통스럽다는 뜻입니다.

성경은 그리스도가 구름 타고 혹은 불꽃에 싸여 다시 오시고 그 입에서 커다란 검이 나온다고 합니다. 검이란 하나님의 심판의 말씀에 대한 비유적 표현이며, 불꽃은 심판하러 오시는 그리스도를 나타냅니다. 또 예수님 당시에 수많은 동물이 성전에서 제물로 죽어갔습니다. 성 밖에는 동물의 피와 기름을 바깥으로 흘려보내는 하수 시설과 오물이 모이는 웅덩이가 있었는데, 그곳은 구더기들

---

18 밀라드 에릭슨, 『복음주의 조직신학(하)』, 452.

이 살고 있는 아주 역겨운 장소였습니다. 예수님은 지옥이 구더기들이 살을 파먹는 곳이 아니라 성 밖의 그 역겨운 장소보다도 더 비참한 곳이라고 말씀하신 것입니다. 이를 간다는 말은 자신의 실수로 하나님과 분리된 지옥의 상태에 대한 격분이나 분노의 표시입니다. 또 지옥은 어두움과 불 못으로 묘사되기도 합니다. 불과 어두움은 공존할 수가 없습니다. 모두 비유적인 표현들입니다. 이 비유들은 모든 것을 상실한 인간에게 닥칠 수 있는 최악의 비참한 상황을 나타내는 것입니다.

우리는 이 세상에서의 삶의 방식에서 둘 중 하나를 선택하는 삶을 살게 됩니다. 하나님의 임재 안에 있으면서 영원히 그분을 기뻐하는 쪽이거나, 반대로 하나님이나 하나님을 사랑하는 이들에게 일말의 관심도 없이 자기가 세상 중심으로, 자기 마음대로 사는 쪽입니다. 지옥은 하나님이 자신들의 창조자이시며 우주의 중심이 되신다는 사실을 인정하지 않고, 자기가 세상의 주인 노릇 하며 살던 사람들이 가는 곳입니다. 그러므로 지옥은 단순히 사후의 선고만이 아니라, 지금 바로 여기서, 날마다 자신의 삶에서 선택한 길의 종착점이기도 합니다.[19]

---

19   리 스트로벨, 『특종! 믿음 사건』, 198-199.

2) 어린아이도 지옥에 가는가?

바이올라대학의 탈봇신학교 모얼랜드(James P. Moreland) 교수는 "사후 세계에서 인간의 성품은 어디까지나 성인의 상황을 나타냅니다. 따라서 지옥에는 어린아이들이 없다고 분명히 말할 수 있습니다. 더 자라나 어른이 될 기회가 있었다면 천국에 가는 것을 택했을 그런 사람들은 지옥에는 분명 없습니다. 게다가 성경에서 아이들은 구원의 비유적 표현으로서 사후 세계와 연관된 본문들을 하나같이 아이들을 구원의 이미지로 그립니다"[20]라고 하였습니다.

그는 또 다윗이 밧세바와 간음하여 낳은 아이가 죽자 "나는 저에게로 가려니와 저는 내게로 돌아오지 아니하리라"(삼하 12:23)라는 구절을 인용하여 다윗은 자기의 죽은 아이가 천국에 있을 것이며, 자기도 언젠가는 그와 함께 있게 되리라는 것을 표현한다고 하였습니다. 그러므로 이 구절은 아이들은 지옥에 가지 않는다는 증거가 된다고 하였습니다.

로마서 5:12-21에는 아담의 죄와 그리스도의 칭의의 은혜가 우리에게 적용되는 병행구조를 언급하고 있습니다. 아담이 지게 된 저주와 죄책이 우리가 태어나면서 즉시 우리에게 전가된다면, 그리스도 은혜의 의로우심도 마찬가지로 전가되어야 한다고 말할 수 있을 것입니다. 하지만 그렇지 않다는 것을 우리는 잘 알고 있습니

---

[20] 리 스트로벨, 『특종! 믿음 사건』, 200.

다. 하나님이 그리스도를 통해서 주시는 "은혜의 선물"은 우리가 자유의지로 그것을 받겠다고 결단한 후에야 그리스도의 의로우심이 우리 개개인에게 적용된다고 바울은 말합니다(롬 5:17).

밀러드 에릭슨 교수는 그리스도의 의로우심과 마찬가지로 아담의 죄 역시 "우리의 의식적이며 자발적인 결정" 후에야 적용되는 것이라고 말합니다.[21] 그러므로 어린아이의 경우에는 어린아이가 죄를 범하려는 성향과 의지가 있음을 깨달을 때에 비로소 아담의 죄 역시 어린아이에게 적용된다고 보는 것입니다. 즉 우리는 우리의 타락한 본성을 우리가 받아들이거나 이를 용납할 때에 그에 대한 책임을 져야 하는 죄인이 되는 것입니다. 같은 원리로 사무엘하 12:23에서 다윗은 죽은 아이가 천국에 있을 거라고 생각하는 것입니다.

이와 관련하여 노스캐롤라이나 샬럿의 남부 복음주의 신학대학원의 유명한 변증가 노먼 가이슬러(Norman Geisler) 교수도 같은 구절인 사무엘하 12:23의 예를 들어 모얼랜드 교수와 동일한 주장을 하고 있습니다.[22]

또 이 세상에서 우리의 기준으로 꽤 선한 삶을 살았지만 단지 하나님을 따르지 않았다는 사람과 아돌프 히틀러 같은 사람이 지옥에서 동등한 형벌을 받는다는 것은 공평하지 않다는 생각도 듭니다. 그러나 마태복음 11:20-24에 보면 분명히 사람마다 자기

---

21 J. P. 모얼랜드, 팀 뮬호프, 『이렇게 답하라』, 48.
22 리 스트로벨, 『특종! 믿음 사건』, 137, 200.

행위에 따라 형벌을 받는다고 되어 있습니다. 지옥의 고통과 분리, 슬픔에도 비례적이며 각기 정도의 차이가 있다는 것입니다. 성품이 악할수록 지옥에서 당하는 고통도 더 클 것입니다. 이와 같은 성경의 가르침은 누가복음 12:47-48, 로마서 2:12, 고린도전서 3:13-15에서도 찾아볼 수가 있습니다. 공의의 하나님은 우리가 처한 상상하기 힘든 여러 조건과 환경을 모두 다 감안하여 심판하실 것입니다.

- 그러나 이제는, 그 아이가 죽었는데, 무엇 때문에 내가 계속 금식하겠소? 내가 그를 다시 돌아오게 할 수가 있겠소? 나는 그에게로 갈 수 있지만, 그는 나에게로 올 수가 없소(삼하 12:23).
- 아담 한 사람이 범죄함으로 그 한 사람으로 말미암아 죽음이 지배하게 되었다면, 넘치는 은혜와 의의 선물을 받은 사람들은, 예수 그리스도 한 분으로, 생명으로 지배할 것이 아닙니까(롬 5:17)?
- 예수께서는 그 때에, 자기가 기적을 많이 행하신 고을들이 회개하지 않으므로, 꾸짖기 시작하셨다. "고라신아, 너에게 화가 있다. 벳새다야, 너에게 화가 있다. 너희에게서 행한 기적들을 두로와 시돈에서 행하였더라면, 그들은 벌써 베옷을 입고, 재를 뒤집어쓰고, 회개하였을 것이다. 내가 너희에게 말한다. 심판 날에 두로와 시돈

이 너희보다 더 견디기 쉬울 것이다. 가버나움아, 네가 하늘에까지 치솟을 셈이냐? 지옥에까지 떨어질 것이다. 너 가버나움에서 행한 기적들을 소돔에서 행하였더라면, 그 도시는 오늘까지 남아 있을 것이다. 내가 너희에게 말한다. 심판 날에는 소돔 땅이 너보다 견디기 쉬울 것이다"(마 11:20-24).

- 주인의 뜻을 알고도 준비하지도 않고, 그 뜻대로 행하지도 않은 종은, 많이 맞을 것이다. 그러나 알지 못하고 매 맞을 일을 한 종은, 적게 맞을 것이다. 많이 받은 사람에게는 많은 것을 요구하고, 많이 맡긴 사람에게는 많은 것을 요청한다(눅 12:47-48).

- 율법을 모르고 범죄한 사람은 율법과 상관없이 망할 것이요, 율법을 알고 범죄한 사람은 율법을 따라 심판을 받을 것입니다(롬 2:12).

- 각 사람의 업적이 드러날 것입니다. 그 날이 그것을 밝히 보여 줄 것입니다. 그 날은 불로 나타나기 때문입니다. 그래서 그 불이 각 사람의 업적이 어떤 것인가를 검증하여 줄 것입니다. 어떤 사람이 지은 작품이 그대로 남으면, 그는 삯을 받을 것이요, 어떤 사람의 작품이 타 버리면 그는 손해를 볼 것입니다. 그 사람은 구원을 받을 것이지만, 마치 불 속을 거쳐서 살아나오듯 할 것입니다(고전 3:13-15).

3) 유한한 죄에 영원한 지옥 벌이 꼭 있어야만 하나?

사랑의 하나님이시라면 이 세상에서의 유한한 삶에서 지은 죄값으로 영원한 지옥의 형벌을 받는다는 건 형평의 원리로 생각해 볼 때 좀 지나친 형벌이 아닐까요?

우리는 이 세상에서의 시간의 개념을 하나님의 영원한 시간에 적용하는 데는 생각의 차원을 좀 달리해야 합니다. 이 세상에서 우리가 느끼는 시간은 수평적이지만, 하나님의 시간은 수직적 즉 영원한 현재입니다. 이 세상에서 우리가 짓는 죄의 경중은 죄를 짓는데 소요되는 시간에 비례하지 않으며, 처벌의 기준도 죄를 짓는데 소요되는 시간과는 별 관계가 없습니다. 강도가 살인을 저지르는 데는 단 몇 분도 안 걸릴 수가 있으며, 빈집에 들어온 도둑은 사소한 물건을 훔치는 데도 여러 시간이 걸릴 수도 있습니다. 처벌의 형평성이나 정당성은 범죄 행위에 걸린 시간이 아니라 범죄 행위 자체의 엄중함에 달려 있습니다.

또 우리가 이 땅에 사는 동안 가장 심각한 범죄는 우리가 모든 것을 빚지고 있는 분, 우리의 창조주이신 하나님을 우롱하고 그분의 명예를 더럽히고 그분을 인정하거나 사랑하지 않고, 또 그분의 존재 자체를 아예 무시하며 모든 것을 자기의 명예로 돌리는 것입니다. 이 세상에 살고 있는 우리 사람도 물심양면으로 혜택을 입고, 빚진 것에 대한 은혜와 감사를 모를 때, 우리는 이를 인간의 도리와 인륜을 등진 배은망덕한 처사라고 정죄합니다.

재벌이 돈을 벌 수 있는 건 자기만의 능력이 아니라 국가와 사회 시스템과 국민의 덕입니다. 내가 편안하게 잘 살 수 있는 것도 마찬가지입니다. 조금만 더 깊이 생각해 보면 자기가 어떻게 이 세상에 태어나 살고 있는지를 깨닫고, 이 세상을 만드신 창조주 하나님께 먼저 제일 큰 감사와 영광을 돌리는 게 당연한 도리입니다. 사람이 이 세상을 살아가면서 모든 것을 자기중심의 이기주의적으로만 생각하며 감사할 줄 모른다는 것은, 자기의 능력과 한계를 깨닫지 못하고, 하나님을 자기와는 전혀 관계없는 존재로 무시하며, 교만하게도 자기가 하나님 노릇 하는 것과 무엇이 다릅니까? 그런 행동과 사고는 자기가 잘한 일뿐만 아니라 자기가 지은 모든 죄도 자기 스스로 책임지겠다는 뜻이 아닙니까?

심지어 자식이 부모의 은혜를 모르기만 해도 우리는 천하에 배은망덕한 불효자라고 단죄를 하지 않습니까? 하물며 부모나 은혜를 베푼 사람과는 비교가 안 되는 무한히 크고 위대하신 하나님의 존재를 부인하고 하나님의 은혜에 감사할 줄을 모를 때, 그 잘못은 인간에게 한 잘못과는 비교할 수가 없이 큰 것입니다.

우리가 죄의 경중을 판별할 때는 죄의 본질 자체만이 아니라 그 죄가 어떤 대상에게 저질러졌는지도 중요합니다. 우리가 이웃이나 친구에게 잘못한 것보다는 임금이나 대통령에게 잘못한 것은 차원이 다릅니다. 하물며 무한히 위대하신 창조주 하나님을 평생 동안 무시하고, 우롱하고, 그분의 자비와 은혜와 오래 참으심에 배반하며, 자기가 하나님 노릇을 한 죄는 하나님과 영원히 분리를 할 수밖에 없는 죄입니다. 하나님을 의지하지 않고 자기 멋대로, 자기중심적인 인생을 사는 사람은 자기의 잘못도 스스로 책임을 져야 하지 않겠습니까? 국가에서도 가장 흉악한 범죄자는 이 사회와 영원히 격리시키는 형벌밖에는 없습니다. 예수님의 가르치심이 다시 한 번 진리의 말씀으로 새롭게 떠오릅니다.

- 네 마음을 다하고 네 목숨을 다하고, 네 뜻을 다하여, 주 너의 하나님을 사랑하여라 하셨으니, 이것이 가장 중요하고, 으뜸가는 계명이다. 둘째 계명도 이것과 같은데 네 이웃을 네 몸 같이 사랑하여라 한 것이다(마 22:37-39).

4) 사후에 한 번 더 기회를 줄 수는 없는가?

성경은 사람이 한 번 죽는 것은 정해진 일이요, 그다음에는 심판이 있다고 말합니다(히 9:27). 그러나 정말 사랑과 자비의 하나님이시라면 사후에 한 번 더 선택의 기회를 주실 수는 없는가? 사람들이 지옥의 실체를 맛본다면 그때는 마음을 바꿀 수가 있지 않을까?

그렇게 되면 그건 하나님이 사람들이 죽기 전에 그들의 구원을 위하여 아무것도 하시지 않았다는 뜻이므로 하나님의 섭리에 어긋나는 일이 됩니다. 하나님은 모든 사람들에게 기회를 주시기 위해 최선을 다하시며, 사람들이 그분께 돌아올 수 있도록 최대한 시간을 주시기 위해 그리스도의 지상 재림까지 연기하고 있다고 말합니다(벧후 3:9). 하나님은 공평하십니다. 사람들의 선택을 일부러 어렵게 만드시지 않습니다. 일상의 삶에서 부딪치는 일반계시(자연계의 현상과 질서)에 반응하는 사람들은 둘 중 하나의 선택을 하게 됩니다. 하나님은 그들에게 복음의 메시지를 보내십니다. 혹은 하나님은 그들에게 복음을 들을 기회가 주어지면 그들이 어떻게 반응할지 아시기에 그것을 근거로 심판하실 수 있습니다.[23] 다시 말해서 하나님은 그분을 믿고 찾는 자들에게 상 주십니다(히 11:6).

사후에 일단 지옥의 참상을 보고 하나님을 선택하게 하는 건 일종의 강제적 선택 행위에 지나지 않습니다. 진정한 자유의지의 선택이라고 할 수 없습니다. 게다가 그것은 죽음 이전 이 세상에서의 삶을 완전히 무의미하게 만드는 일입니다. 사람들이 사후에 하나님의 심판석 앞에 선다면 그분의 위대하심과 전능하심의 위력 앞에 더는 선택의 능력을 잃고 말 것입니다. 그때의 선택은 진정한 자유의지에 의한 선택이 아니라 강요된 선택일 뿐입니다. 그런 사람은 진정한 하나님의 길을 선택하는 것이 나니라 오직 심판을 피하기 위한 타산적인 선택일 뿐이며, 그런 사람은 하나님 나라의 삶에 적합한 자가 될 수 없습니다.

하나님은 이 세상에서 사람들이 그분의 존재하심을 충분히 알 수 있을 만큼 드러내시는 동시에, 하나님을 무시하고 자기중심으로 살고 싶은 사람들에게는 충분히 그럴 수도 있는 절묘한 균형의

---

23 리 스트로벨, 『특종! 믿음 사건』, 137, 210.

환경을 유지하십니다. 그런 환경에서의 선택이 진정한 자유의지에 의한 하나님 나라 선택이 되는 것입니다.

일부 신학자들은 의식 상태에서의 영원한 형벌을 부인하는 사람들도 있습니다. 그들은 영혼소멸설(annihilationism)을 주장합니다. 이는 악인들이 어느 정도 하나님의 진노의 형벌을 받은 후에, 하나님이 그들을 무존재 상태로 만들기 때문에 더 이상 존재치 않게 된다는 것입니다. 그들은 죄에 대한 심판과 형벌은 인정하고, 그 형벌이 의식적이기는 하지만 영원하지는 않다는 것입니다. 왜냐하면 하나님의 사랑과 영원한 형벌은 상반되고, 현세에서 행한 죄와 영원한 형벌은 형평성에 어긋나며, 하나님의 우주에 악도 영원히 존재한다는 것은 하나님의 영광과 합치하지 않는다는 것입니다.

그러나 성경은 이러한 주장을 받아들이기 힘들게 합니다. 많은 성경 구절들이 불신자들이 멸망할 것과 심판이 영원할 것을 가리키고 있기 때문입니다(빌 3:19; 살전 5:3; 살후 1:9; 벧후 3:7). 또 잠깐 동안의 형벌이 하나님의 공의를 충족시킬 수는 없습니다. 성경은 의식이 있는 부활과 영원한 심판을 강조하고 있으며, 무존재 상태란 성경적이지도 않고 필연적이거나 옳은 것이라고 할 근거가 없습니다.[24]

- 저희의 마침은 멸망이요 저희의 신은 배요 그 영광은 저

---

24 웨인 그루뎀, 『웨인 그루뎀의 조직신학(하)』(서울: 은성, 2009), 473-475.

희의 부끄러움에 있고 땅의 일을 생각하는 자라(빌 3:19).

- 저희가 평안하다, 안전하다 할 그 때에 잉태된 여자에게 해산 고통이 이름과 같이 멸망이 홀연히 저희에게 이르리니 결단코 피하지 못하리라(살전 5:3).
- 이런 자들이 주의 얼굴과 그의 힘의 영광을 떠나 영원한 멸망의 형벌을 받으리로다(살후 1:9).
- 이제 하늘과 땅은 그 동일한 말씀으로 불사르기 위하여 간수하신 바 되어 경건치 아니한 사람들의 심판과 멸망의 날까지 보존하여 두신 것이니라(벧후 3:7).

제 4 장 하나님은 왜 우주와 인간을 창조하셨나?

1. 창조의 개념과 의의

1) 무로부터의 창조

창조란 무에서 유를 만들어 내는 것을 말합니다. 즉 어떤 선재하는 물질을 사용하지 않고 존재하는 모든 것을 존재케 하시는 하나님의 사역을 의미합니다. 인간의 생각은 이미 존재하고 있는 물질을 이용하여, 이를 변형하거나 새로운 물건을 만들어 내어 생활의 도구로 사용합니다. 그러나 하나님의 마음, 하나님의 말씀은 우주의 만물을 무에서 유로 존재케 하는 원인, 즉 빅뱅의 원인입니다. 이 창조는 삼위일체 하나님의 공동 사역입니다. 성경에는 피조된 우주를 존재케 하신 분이 성부이신 것으로 나타납니다. 그러나 그 설계의 세부 사항들을 실행하고 유지하시는 분은 성자와 성령 하나님이십니다. 창조는 비록 성부로부터 계획되고 시작하지만 그것은 성자를 통하여, 그리고 성령으로 말미암아 유지되고 존재케 됩니다. 이것은 마치 우리가 집을 짓는 것과도 같습니다. 건축가나 집주인이 집 지을 것을 구상해서 계획을 수립하고 시작하지만, 그 건축 계획을 실행하는 것은 건축업자입니다. 하지만 그 집을 실제로 짓는 작업은 노동자들이 합니다.

현대의 삶을 살아가는 우리는 과학을 맹신하는, 일종의 "과학적 미신 사상"에 빠져있을 때가 많습니다. 과학의 한계를 못 느끼고 있는 경우가 많은 것입니다. 인간은 아직도 생명의 신비에 대해서는 아는 게 거의 전무하다시피 합니다. 생명이 있는 것은 깨알 같은 씨앗 하나도 만들 수가 없습니다. 계란을 삶으면 같은 계란이라도 생명이 없어지는데, 이 삶은 계란을 우리 인간은 다시 생명이 있는 계란으로 만들 수가 없습니다. 또 인간은 무에서는 쌀 한 톨, 모래 한 알도 만들어 낼 수 없습니다.

생명과 창조의 신비는 오직 하나님의 영역입니다. 존재하는 모든 것에는 반드시 원인이 있습니다. 지구 상의 모든 생명체와 우주의 만물은 반드시 그 존재하는 원인이 있습니다. 우주만물을 무에서 유로 존재케 한 그 궁극적 원인이 바로 창조주 하나님이십니다. 최근 들어 창조론은 기독교와 과학 사이의 대화를 가능케 해줍니다. 현대의 거의 모든 과학자들이 인정하는 우주 생성에 관한 빅뱅 이론은 바로 창조론과 맞닿아 있기 때문입니다.

- 태초에 하나님이 천지를 창조하셨다(창 1:1).
- 땅이 혼돈하고 공허하며, 어둠이 깊음 위에 있고, 하나님의 영은 물 위에 움직이고 계셨다(창 1:2).
- 하나님이 가라사대 우리의 형상을 따라 우리의 모양대로 우리가 사람을 만들고 그로 바다의 고기와 공중의 새와 육축과 온 땅과 땅에 기는 모든 것을 다스리게 하자 하시고(창 1:26).
- 모든 것이 그로 말미암아 생겨났으니, 그가 없이 생겨난 것은 하나도 없다(요 1:3).
- 그 아들은 보이지 않는 하나님의 형상이시요, 모든 피조물보다 먼저 나신 분이십니다. 만물이 그의 안에서 창조되었습니다. 하늘에 있는 것들과 땅에 있는 것들, 보이는 것들과 보이지 않는 것들, 왕권이나 주권이나 권력이나 권세나 할 것 없이, 모든 것이 그로 말미암아 창조되었고 그를 위하여 창조되었습니다(골 1:15-16).
- 주께서 주의 영을 불어넣으시면, 그들이 다시 창조됩니다. 주께서는 땅의 모습을 다시 새롭게 하십니다 (시 104:30).
- 주께서 내 속 내장을 창조하시고, 내 모태에서 나를 짜 맞추셨습니다.

  내가 이렇게 태어났다는 것이 오묘하고 주께서 하신 일이 놀라워, 이 모든 일로, 내가 주님께 감사를 드립니다.

내 영혼은 이 사실을 너무도 잘 압니다.

은밀한 곳에서 나를 지으셨고, 땅속 같은 곳에서 나를 조립하셨으니 내 뼈 하나하나도, 주님 앞에서는 숨길 수 없습니다.

나의 형질이 갖추어지기도 전부터, 주께서는 나를 보고 계셨으며, 나에게 정하여진 날들이 아직 시작되기도 전에 이미 주의 책에 다 기록되었습니다.

하나님, 주의 생각이 어찌 그리도 심오한지요? 그 수가 어찌 그렇게도 많은지요?

내가 세려고 하면 모래보다 더 많습니다. 깨어나 보면, 나는 여전히 주님과 함께 있습니다(시편 139:13-18).

2) 하나님의 후속적인 창조 사역

하나님이 무로부터 우주와 물질을 창조하셨다면, 후속적인 창조 활동으로 먼저 창조하신 물질들을 이용하여 새로운 생명체들을 만드셨습니다. 하나님은 흙으로 각종 들짐승과 공중의 새들을 만드셨습니다(창 2:19). 아담도 흙으로 만드셨으며(창 2:7) 하와는 아담의 몸의 일부분으로 만드셨습니다(창 2:21). 우주의 창조 후에 생산된 다양한 종의 생물들은 물질의 기원만큼이나 많은 하나님의 후속적인 창조 사역의 산물들입니다.

하나님의 후속적인 창조 사역의 산물인 모든 생물은 "생육하고 번성하라"(창 1:22, 28)는 하나님 축복의 말씀에 순응합니다. 그래서 시간이 흘러가면서 모든 생물은 번성하며 때에 따라서는 더욱 번성하기 위하여 주어진 환경에 따라 스스로 조금씩 변형하기도 합니다. 생물의 이런 환경적응 현상은 기존 종의 변형이지 전혀 새로운 종으로의 변화가 아닙니다. 이것은 마치 같은 아담의 자손이지만 환경에 의해 흑인과 백인으로 변하는 것과 같습니다. 환경에 적응하는 이런 현상을 소진화(micro-evolution)라고 부르기도 합니다. 아담의 타락 이후 황폐해진 이 지구 상에서 생물들이 살아남고, 생육하고 번성하기 위하여 환경에 적응하는 현상이 소진화인 것입니다. 소진화는 한마디로 생물의 환경적응 현상입니다.

한편 현대에 와서 이 생물들은 인간의 노력과 하나님이 만드신 법칙에 의하여 변형된 종들이 생겨나기도 합니다. 유전의 법칙에 대한 인간 지식의 개입입니다. 변형된 종의 옥수수나 콩, 변형된 장미와 같은 꽃들, 소나 개와 같은 변형된 새로운 잡종의 가축들은 이미 하나님이 만들어 놓으신 종을 하나님이 만드신 원리인 유전의 법칙을 활용해서 이를 변형시킨 인간의 노력의 결과입니다. 하나님의 형상을 닮아 지적인 능력이 있는 인간은 이외에도 수많은 하나님 창조 원리의 법칙을 발견, 기존의 물질들을 변형하여 수많은 편리한 공산품을 만들어 내기도 합니다.

그러나 완전히 새로운 종이 태어나는 것은 오로지 하나님의 영역으로 자연이나 인간의 힘으로는 생겨날 수가 없습니다. 무신론자들이나 자연주의자들은 모든 물질은 원래부터 스스로 존재하였고, 모든 생물은 저절로 생겨났으며, 생물은 스스로 진화하여 전혀 다른 수많은 식물과 동물의 새로운 종들이 생겨났다고 말합니다. 이렇게 전혀 다른 새로운 종들이 생겨난다는 주장을 대진화이론(macro-evolution theory)이라고 합니다. 그러나 이 지구 상에 대진화의 흔적은 전혀 없습니다.

진화론자들의 말처럼 만약 고양이가 진화하여 호랑이가 되고 원숭이가 진화하여 사람이 되었다면, 고양이와 호랑이 사이에, 원숭이와 사람 사이에, 수많은 또 다른 종의 동물들의 흔적이 있어야 하는데 그런 흔적은 전혀 찾아볼 수 없습니다. 또 진화론자들은 생명체가 단순성의 생명체에서 복잡성을 가진 생명체로 진화하였다고 주장을 합니다. 그러나 현대 생물학계의 유전공학자들이 밝혀낸 바에 의하면 아무리 단순한 생명체라도 그 세포 속의 염색체는 엄청나게 질서정연한 복잡성을 가지고 있다는 것을 밝혀냈습니다.

시카고 자연사 박물관의 데이빗 라우프(David M. Raup)는 다음과 같이 언급하고 있습니다.

> 이제 다윈 이후 100여 년의 시간이 흘렀고, 화석 증거에 관한 지식도 크게 늘었다. 현재까지 25만여 종의 화석 생물이 보고되었지만 상황은 별로 달라지지 않았다…진화를 통한 종간의 전이에 관한 한, 현재의 사례는 다윈 시대보다 오히

려 적어졌다.¹

대진화론은 하나의 논리나 주장이지 유전의 법칙과 같이 증명된 법칙이나 하나님의 진리가 아닙니다.

- 주 하나님이 들의 모든 짐승과 공중의 모든 새를 흙으로 빚어서 만드시고(창 2:19)
- 주 하나님이 땅의 흙으로 사람을 지으시고, 그의 코에 생명의 기운을 불어 넣으시니, 사람이 생명체가 되었다 (창 2:7).
- 주 하나님이 남자에게서 뽑아 낸 갈빗대로 여자를 만드시고, 여자를 남자에게로 데리고 오셨다(창 2:21).
- 하나님이 이것들에게 복을 베푸시면서 말씀하시기를 "생육하고 번성하여 여러 바닷물에 충만하여라. 새들도 땅 위에서 번성하여라" 하셨다(창 1:22).
- 하나님이 그들에게 복을 베푸셨다. 하나님이 그들에게 말씀하시기를 생육하고 번성하여 땅에 충만하여라 (창 1:28).

---

1 리 스트로벨, 『특종! 믿음 사건』, 106.

3) 생명체의 실제적 기원은? 창세기 날들의 길이는?

성경은 생명이 어떻게 시작되었는지 구체적으로 말해 주지는 않습니다. 단지 "하나님이 말씀하시기를 '땅은 푸른 움을 돋아나게 하여라. 씨를 맺는 식물과 씨 있는 열매를 맺는 나무가 그 종류대로 땅 위에서 돋아나게 하여라…물은 생물을 번성케 하고, 새들은 땅 위 하늘 창공으로 날아다녀라'"(창 1:11, 20)라고 말할 뿐입니다. 성경은 과학 서적이 아니며, 하나님이 생명을 창조하실 때 어떤 방법을 사용하셨는지에 관해서 말해 주지 않습니다. 설령 하나님이 자세하게 계시를 하셨다 하더라도 현대와 같은 과학적 지식이 없던 당시의 성경 기자는 하나님 계시의 말씀을 제대로 기록하기가 어려웠을 것입니다.

그러나 과학적 증거는 생명의 기원이 하나의 기적임을 분명하게 말해 주고 있습니다. 다시 말해 그것은 하나님이 초자연적으로 행하신 사건인 것입니다. 과학적인 증거는 생명의 기원이 창조주 하나님이 행하신 기적같은 창조의 결과라는 것을 성경보다 더 분명하게 말해 주고 있습니다.[2]

하나님이 생명체를 창조하신 날들의 길이에 관하여 어떤 그리스도인들은 창세기가 문자 그대로 현재의 날과 같은 6일간의 창조를 묘사하고 있다고 생각합니다. 그러나 탈봇신학교의 윌리엄 레인

---

[2] 래비 재커라이어스, 노먼 가이슬러, 『하나님을 누가 만들었을까?』, 79.

크레익 교수는 창세기 기자가 문자 그대로의 6일간의 창조를 묘사하려는 의도가 없었다는 단서가 창세기 본문 안에 있다고 말하고 있습니다. 예를 들어 일곱째 날은 24시간을 뜻한다기보다는 오늘날까지 계속되는 하나님의 안식을 상징하며, 우리는 이 일곱째 날 속에서 살고 있다고 보는 것입니다.

그리고 셋째 날에 관하여 성경은 "하나님이 말씀하시기를 '땅은 푸른 움을 돋아나게 하여라. 씨를 맺는 식물과 씨 있는 열매를 맺는 나무가 그 종류대로 땅 위에서 돋아나게 하여라' 하시니, 그대로 되었다. 땅은 푸른 움을 돋아나게 하고, 씨 있는 열매를 맺는 나무를 그 종류대로 돋아나게 하고, 씨 있는 열매를 맺는 나무를 그 종류대로 돋아나게 하였다. 하나님 보시기에 좋았다. 저녁이 되고 아침이 되니, 사흗날이 지났다"(창 1:11-13)라고 말하고 있습니다. 우리는 사과나무가 자라 꽃을 피우고 열매를 맺는데 얼마나 오랜 시간이 걸리는지를 잘 알고 있습니다. 식물이 땅에서부터 솟아오르고 순식간에 자라서 꽃을 피우고 열매를 맺는 것이 아니라면, 이 셋째 날은 24시간보다 훨씬 긴 시간이었을 수도 있습니다. 이것은 상상이 아니라 성경 본문 자체에 기초하는 생각이요 주장입니다.

현대의 많은 복음주의 신학자들은 창세기 1장에 나오는 "날"을 하루를 뜻하는 24시간이 아니라 "세대"로 생각하여야 한다고 주장합니다. 따라서 하나님의 창조 행위는 오랜 시간을 통해서 점진적으로 이루어졌다고 보는 것입니다. 즉 점진적 창조론(progressive creationism)입니다. "날"을 "세대"로 볼 경우 오늘날 현대 자연과학의 발견과 창세기 하나님의 창조와는 충돌하지 않고 조화롭게 해석될 수가 있는 것입니다. 본서의 제1장에서도 언급한 바와 같이 아인슈타인의 상대성이론은 시간은 절대적인 것이 아니라 관측자의 광속 이상의 속도나 중력의 변화에 따라 얼마든지 달라질 수가 있는 것입니다. 현대의 많은 복음주의 신학자들, 예를 들어 웨인 그루뎀, 알리스터 맥그래스, 존 스토트같은 분들은 이 이론을 지지하고 있습니다.

역사적으로도 많은 유대교인들과 그리스도인들은 창세기 1장 속의 하루가 24시간을 말하는 것이라고 해석하지 않았습니다. 레인 크레익 교수는 창세기 1장을 문자적으로 읽는 것도 하나의 정당한 해석이라는 점을 부인하지는 않습니다. 그러나 그런 해석이 본문의 유일한 해석이라고 주장할 수는 없으며, 그것이 역사적으로 유대교인들과 그리스도교인들 대다수의 이해를 대변하는 것이라고 볼 수 없다고 하였습니다.

창세기의 요점은 하나님은 이 세상 만물의 창조주이시라는 것입니다. "하나님이 그것들을 어떻게 창조하셨는가?"는 대답되지 않은 채로 남아 있는 것뿐입니다. 설령 하나님이 창조의 방법을 계시하셨다고 해도 현대와 같은 과학적인 지식이 없었던 당시에는 제대로 기록을 할 수가 없었을 것입니다. 그러므로 우리 그리스도인들은 성경적 증거가 뒷받침 되기만 한다면 하나님의 창조에 관한

어떤 견해도 받아들일 수 있는 여유가 있어야 합니다.[3]

여기서 우리는 한 가지 생각하고 넘어가야 할 일이 있습니다. 성경은 "태초에 하나님이 천지를 창조하셨다"(창 1:1)는 말로 시작하고 있습니다. 즉 우주에는 시작이 있었다는 것입니다. 하지만 그 시작이 최근의 일이었다고 가르치지는 않습니다. 우주의 시작이 최근의 일이었다고 생각하는 것은 구약에 등장하는 인물들의 나이를 합하여 계산했기 때문인데, 이는 잘못된 추정입니다. 구약의 족보는 모든 세대를 빠짐없이 기록하려는 의도로 작성된 것이 아닙니다. 또한 그런 식으로 추정하는 것이 가능하다고 하더라도 그런 계산법으로는 지구 상에 생명이 출현한 시기(창 1:2)만 알아낼 수 있을 뿐, 우주의 기원(창 1:1)은 알아낼 수는 없습니다.[4] 이것은 서로 별개의 문제일 수 있습니다.

2. 창조의 목적

1) 하나님 영광을 위하여

하나님은 당신의 영광을 나타내기 위하여 세상을 창조하셨습니다. 자연계에 나타난 하나님의 영광은 피조물들의 안녕을 촉진시

---

3 Ibid., 80-81.
4 래비 재커라이어스, 노먼 가이슬러, 『하나님을 누가 만들었을까?』, 63.

키고, 피조물들로 하여금 창조주를 찬양하도록 이끌어 주는 데 그 목적이 있습니다. 즉 피조물들은 하나님의 뜻을 실행함으로써 하나님을 영화롭게 합니다. 생명이 없는 창조물들은 물질 세계를 지배하는 자연법칙들에 기계적으로 복종하면서 하나님께 영광을 돌리고, 생명이 있는 동물이나 식물들은 내부의 충동에 반응하면서 본능적으로 하나님의 질서에 복종하면서 영광을 돌립니다. 그러나 오직 사람만이 의식을 가지고 자발적으로 하나님께 복종함으로써 하나님께 최고의 영광을 돌릴 수 있습니다. 즉 하나님의 형상을 닮은 인간은 그의 자유의지로 하나님께 순종함으로써 하나님께 가장 완전한 영광을 돌리는 것입니다.[5]

그러므로 인간이 사는 목적은 하나님을 영화롭게 함으로써 하나님을 기쁘시게 하고, 하나님을 영원히 즐거워하는 것입니다.[6]

생명이 있는 모든 피조물들은 생육하고 번성하라(창 1:22, 28)는 하나님의 뜻에 독특하게 반응합니다. 식물들은 그 종류의 특성에 따라 번성하기 위하여 그 씨앗의 보존 형태와 번식 방법이 하나님의 설계에 따라 각자의 특성에 맞게 독특합니다. 또 새들은 그들의 알을 보존하고 부화시키기 위하여, 동물은 그들의 새끼를 보호하고 키우기 위하여 자기의 생명을 버리는 것도 마다하지 않습니다. 이는 우리 인간도 마찬가지입니다. 이 모든 것은 생육하고 번성함으로써 하나님의 뜻에 순응하면서 하나님께 영광을 돌리기 위함입

---

[5] Millard Erickson, *Christian Theology* (Grand Rapids: Baker Academic, 2013), 423.
[6] 김의환 편, 『개혁주의 신앙고백집』(서울: 생명의말씀사, 2003), 257.

니다. 모든 피조물들은 하나님이 지어주신 이 자연의 혜택 속에서, 이 자연의 혜택을 누리면서, 하나님께 순종함으로써 하나님께 영광을 돌리는 것입니다.

하나님은 인간의 생존과 안녕과 번영을 위하여 인간에 앞서 미리 자연계를 창조하셨습니다. 이는 마치 우리가 금붕어를 항아리에 넣기 전에 미리 항아리 속에 모래와 자갈, 수초 등 금붕어가 잘 살 수 있도록 환경을 만들어 놓는 것과도 같습니다.

자유의지가 있는 인간의 창조는 자연의 혜택 속에서 번영과 행복을 향유하며, 자발적으로 창조주를 찬송하며, 그의 영혼 깊은 곳에서부터 창조주 하나님의 은혜에 대한 감사와 사랑이 우러나오도록 하는 데 목적이 있습니다. 그러므로 천지 창조의 목적이 사람의 행복을 위한 것이라고 하지만 궁극적으로는 창조주 하나님을 찬송하고 감사하며 사랑하게 하는 데 있는 것이므로 천지 창조의 궁극적인 목적은 결국 하나님의 영광인 것입니다.[7]

- 하늘은 하나님의 영광을 드러내고, 창공은 그의 솜씨를 알려 준다. 낮은 낮에게 그의 말씀을 전해 주고, 밤은 밤에게 그의 지식을 알려 준다. 낮은 낮에게 그의 말씀을 전해 주고, 밤은 밤에게 그의 지식을 알려 준다. 그 이야기 그 말소리, 비록 아무 소리가 들리지 않

---

7 박재호, 『쉽게 풀어쓴 기독교 신학』, 317.

아도 그 소리 온 누리에 울려 퍼지고 그 말씀 세상 끝까지 번져 간다. 해에게는, 하나님께서 하늘에 장막을 쳐주시니(시 19:1-4).

- 나의 이름을 부르는 나의 백성, 나에게 영광을 돌으라고 창조한 사람들, 내가 빚어 만든 사람들을 모두 오게 하여라 하고 말하겠다(사 43:7).
- 하나님이 당신의 형상대로 사람을 창조하셨으니 곧 하나님의 형상대로 사람을 창조하셨다. 하나님이 그들을 남자와 여자로 창조하셨다. 하나님이 그들에게 복을 베푸셨다. 하나님이 그들에게 말씀하시기를 생육하고 번성하여 땅에 충만하여라. 땅을 정복하여라. 바다의 고기와 공중의 새와 땅 위에서 살아 움직이는 모든 생물을 다스려라 하셨다. 하나님이 말씀하시기를 "내가 온 땅 위에 있는 씨 맺는 모든 채소와 씨 있는 열매를 맺는 모든 나무를 너희에게 준다. 이것들이 너희의 먹을거리가 될 것이다"(창 1:27-29).
- 이 모든 것은 이방 사람들이 구하는 것이요, 너희의 하늘 아버지께서는 이 모든 것이 너희에게 필요하다는 것을 아신다(마 6:32).
- 그러므로 여러분은 먹든지 마시든지 무슨 일을 하든지, 모든 것을 하나님의 영광을 위하여 하십시오(고전 10:31).

2) 하나님의 형상

인간은 하나님의 형상대로 지음을 받았습니다(창 1:26). 인간이 하나님의 형상을 닮았다는 것은 인간의 외적 모습이나 육적 기질이 하나님을 닮았다는 것이 아니라, 인간의 내적, 양심적, 영적 형상이 하나님과 닮았다는 것입니다. 이는 인간이 이성적이고 도덕적이며, 선한 양심 등 본성적인 인격이 하나님의 형상을 닮은, 인격적인 존재라는 것입니다.

인격적인 존재는 이성적으로 생각할 수 있는 존재입니다. 이성과 감정을 가지고 있기 때문에 기쁘고, 슬프고, 즐겁고 아픈 고통을 느낄 수 있으며, 사랑할 수 있으며, 이성과 감정으로 상대방과 의사소통이 가능합니다. 또 인격체는 자의식이 있어 자기에 대한 개념이 있으며, 자유의지로 자유롭게 행동하고 판단할 수가 있습니다. 그러므로 인격체로 지음 받은 인간은 하나님과의 인격적인 관계가 가능합니다. 동물은 이성에 의한 사고로 사는 것이 아니라 본능에 의해서 삽니다. 그러므로 동물에게는 "나는 누구이며, 왜 사는가?"라는 자의식이 없습니다.[8]

마음은 인간 영혼의 대표적인 특성입니다. 우리의 현실 세계 속에서 비시간적이고 비물질적인 특성을 지닌 실체가 바로 인간의 마음과 이성입니다. 우리의 마음은 순간적으로 전 세계를 돌아다

---

[8] 박명룡, 『김용옥의 하나님 vs 성경의 하나님』(서울: 누가, 2007), 117.

닐 수 있고 달나라에도 갔다 올 수 있습니다. 뿐만 아니라 마음은 여러 과거 속을 넘나들며 자유로운 여행도 합니다. 이러한 인간의 마음에서의 "나"(self)라는 자의식을 "영혼"이라고 합니다. 마음은 인간 영혼의 대표적인 특성입니다.[9] 마음과 생각으로 나타나는 이 영혼이 하나님의 입김으로 불어넣어진 하나님의 형상인 것입니다.

인간의 육체는 땅의 흙으로부터 지음을 받았으나, 인간의 영혼은 하나님이 직접 생기를 불어넣으심으로써 하나님의 직접적인 창조입니다(창 2:7). 그리스도인들이 하나님의 도덕법에 일치하는 양심을 가지고 있다는 것은 하나님 형상의 가장 중요한 증거라고 할 수 있습니다. 양심은 옳고 그름을 가려내는 우리 내면의 목소리이며, 우리로 하여금 정의를 추구하고 악에 반대하도록 격려합니다. 인간의 양심은 인간 내면의 상태를 가려내지 못하는 세상의 법보다 우위에 있으며, 각 나라나 지역의 문화와 관습을 초월하는 법 위의 법이라고 할 수 있습니다.

- 하나님이 말씀하시기를 우리가 우리의 형상을 따라서 우리의 모양대로 사람을 만들자. 그리고 그가 바다의 고기와 공중의 새와 땅 위에 사는 온갖 들짐승과 땅 위를 기어다니는 모든 길짐승을 다스리게 하자 하시고 (창 1:26).

---

[9] Ibid, 129.

- 사람이 무엇이기에 주께서 이렇게까지 생각하여 주시며, 사람의 아들이 무엇이기에 주께서 이렇거까지 돌보아 주십니까? 주께서는 사람을 하나님보다 조금 못하게 지으시고, 그에게 영광과 존귀와 왕관을 씌워 주셨습니다. 주께서 손수 지으신 만물을 사람이 다스리게 하시고, 모든 것을 사람의 발 아래에 두셨습니다(시 8:4-6).
- 주 하나님이 땅의 흙으로 사람을 지으시고, 그의 코에 생명의 기운을 불어넣으시니, 사람이 생명체가 되었다(창 2:7).

Does God of Creation Really Exist?

창조주 하나님, 정말로 존재하는가?

지성으로 답하는 기독교와 하나님

제 5 장 예수님은 왜 이 땅에 오셔야만 했나?

1. 인간은 모두 죄인이다

아담의 원죄로 인하여 죄성을 가진 인간으로 태어난 우리는 누구나 죄를 짓고 또 죄지을 생각을 하면서 살아갑니다. 절대선이신 하나님의 죄에 대한 기준은 이 세상의 죄에 대한 기준과는 다르고 훨씬 더 양심적입니다. 탐욕이나 부정직, 음욕이나 시기 질투, 증오나 교만 등 마음으로 품는 나쁜 생각들도 하나님의 기준으로는 엄연히 죄가 됩니다. 남에게 안 들킨 죄는 괜찮다는 이 세상의 기준이 아니라 양심의 기준, 하나님의 절대선의 무한 적용이 죄의 기준이 되는 것입니다. 이 세상의 법이라는 잣대, 사회의 질서만 지키며 살아가던 사람들에게는 참으로 선뜻 받아들이기 어려운 기준입니다. 그러나 이 세상의 법이란 사회질서를 유지하기 위한 최소한의 기준에 지나지 않습니다. 악이 존재하지 않고, 거룩하며 절대

선만이 존재하는 하나님 나라의 기준은 죄악된 이 세상의 기준과는 천지 차이처럼 다를 수밖에 없습니다.

우리기 살아가면서 저지르는 죄, 가장 궁극적인 죄는 교만입니다. 겨자씨 만한 교만이 점점 커져서 온갖 다른 악이나 죄로 이어집니다. 이 교만은 절대자 하나님께 맞서는 마음의 상태입니다. 우리를 교만하게 만드는 것은 남과의 비교의식에서부터 나옵니다. 경쟁이라는 요소가 교만의 싹을 틔웁니다. 온갖 물질문명의 혜택 속에서 살아가는 우리는 끊임없는 소유욕에 사로잡혀서 살아가고 있습니다. 한계가 있는 절대적인 소유욕이 아니라 남과 비교하는 비교적인 소유의식 속에서 살아갑니다. 한계가 없는 무한의 비교의식과 소유욕입니다.

이런 교만은 하나님 중심의 삶이 아니라, "나"라는 자아 중심의 삶을 살게 합니다. 왜냐하면 교만은 순전히 영적인 악이기 때문입니다. 교만은 다른 악들에 비해 참으로 훨씬 더 교묘하고 치명적입니다. 교만은 하나님을 떠나게 합니다. 교만이 만악의 근원이 됩니다. 우리는 가끔 교만하기 짝이 없는 사람들입니다. 자기가 하나님을 믿는다면서 아주 신앙적인 체 행세하는 사람들을 봅니다. 그들은 분명 상상 속의 하나님을 섬기고 있습니다. 자기 마음속의, 자기만의 하나님을 섬기고 있는 것입니다.

결국 죄란 하나님을 떠난, 하나님과의 분리된 상태입니다. 죄는 나쁜 행동이나 생각뿐만 아니라, 우리로 하여금 나쁜 행동이나 생각에 기울게 하는 타고난 내적 성향, 즉 죄성이 죄가 되는 것입니다. 죄는 능동적이거나 수동적이거나 간에 하나님의 기준에 미달하는 것입니다. 즉 죄는 행동의 문제뿐만 아니라 생각이나 내적 성향과 상태의 문제로 하나님 기준에 부합하는 데 실패하는 것입니다.

바로 선악과로 인하여 순수하던 아담의 형상이 죄인으로 변한 죄성이 문제인 것입니다. 이 아담의 죄성이 온 인류에게 유전이 된 것입니다. 왜냐하면 모든 인간은 조상을 거슬러 올라가면 결국은 최초의 조상인 아담으로부터 분리되어 생겨난 존재이기 때문입니다. 히브리서 7:9-10에는 "그렇게 말하면, 십 분의 일을 받는 레위까지도 아브라함을 시켜서, 십 분의 일을 바친 셈이 됩니다. 멜기세덱이 아브라함을 만났을 때에는, 레위는 아직 그의 조상 아브라함의 몸속에 있었으니 말입니다"라고 우리의 육체나 영혼은 조상으로부터 분리되고 있음을 말하고 있습니다.

노스캐럴라이나 샬럿신학대학원의 노먼 가이슬러(Norman Geisler) 교수는 "로마서 8장은 모든 피조물이 죄의 영향을 입었다고 말합니다. 거기에는 식물과 동물, 인간 모두가 포함됩니다. 유전자에 근본 변화가 나타난 것입니다. 예를 들어 타락 후 수명이 극히 짧아지기도 했습니다"[1]라고 말하고 있습니다. 그러므로 우리 인간은 모두 죄지을 생각을 하는 죄인일 수밖에 없는 것입니다.

인간은 하나님의 피조물입니다. 피조물은 자기를 있게 만든 창

---

1 리 스트로벨, 『특종! 믿음 사건』, 143.

조자에게 순종하면서 살아가야 하는 게 도리입니다. 절대자 하나님을 섬기며 사는 것은 피조물로서의 당연한 의무입니다. 현대에 와서 과학이 발달하고 편리한 물질만능주의, 자본주의 사회가 되면서 우리도 모르게 돈만 있으면 모든 게 다 해결되는 것 같은 착각 속의 사회에서 살아가고 있습니다. 각박한 현대 세상을 살아가는 인간은 당장 눈에 보이지 않는 하나님보다는 우선 필요한 물질만 추구하면서 살아가고 있습니다. 기도를 할 때도 하나님의 뜻을 구하기보다는 나의 뜻만을 구하는 기도를 하고 있습니다.

우리도 모르는 사이에 물질이, 돈이 우상처럼 되어 하나님의 자리를 대신 차지하게 된 것입니다. 우리가 아니라고 우길지도 모르나 실제 그러한 삶을 살아가고 있는 것은 부인할 수 없습니다. 또 우리가 겉으로 보기에 마약이나 알코올 중독처럼 나쁜 것만 우상이 될 수 있는 것이 아니라, 지나친 애국심이나 자식 사랑, 자선활동 등 겉으로 보기에 좋은 것 그 자체가 더 위험한 우상이 될 수도 있습니다.[2] 히틀러의 빗나간 애국심이 어떠한 결과를 초래했습니까?

이 세상은 창조자 하나님이, 하나님의 뜻이 중심이 되어야 하는 세상이지, 나의 자아의 만족을 위한 탐욕이 주인이 될 수는 없습니다. 나의 탐욕이 주인 노릇, 왕 노릇 하려다가 진짜 왕이신 하나님으로부터 분리되어 혹독한 시련 속에서 살아가고 있는 최초의 사

---

[2] 루이스 마르코스, 『C. S. 루이스가 씨름했던 것들』 (서울: 그루터기하우스, 2009), 341.

건이 선악과 사건입니다. 하나님 중심 세상의 파괴 행위였습니다. 한 세상에 두 임금이 있을 수가 없습니다. 그래서 죄인 된 인간은 하나님으로부터 분리된 시련의 세상, 죄악 속의 세상을 살아가게 된 것입니다. 그러므로 이 세상을 살아가는 모든 인간은 죄인일 수밖에 없습니다.

2. 하나님이 죄인을 구원하러 오시다

1) 인간의 몸으로 이 땅에 오신 구세주 예수님

죄인 된 인간은 스스로 죄의 문제를 해결할 수가 없습니다. 그래서 하나님이 인간의 죄의 문제를 해결해 주시기 위해서 예수님이 육신의 옷을 입고 이 땅에 오신 것입니다. 그러면 왜 예수님이 이 땅에 오셔서 꼭 십자가에서 고난을 당하고 죽으셔야만 했습니까? 하나님은 전능하신데 단지 그분의 전능하신 능력만으로 인간을 구원하실 수는 없었습니까? 성자 하나님인 예수님의 죄에 대한 속죄의 충족이 없이는 하나님은 우리의 죄를 용서하실 수는 없었습니까? 만약 어떤 중보자가 필요했다면, 왜 다른 존재는 안되고 꼭 성자 하나님(神-人, God-man)이셔야만 했습니까? 이 문제를 11세기의 유명한 신학자인 안셀무스(Anselm, 1033-1109)의 예수님의 수난 이론으로 한 번 생각해 보고자 합니다.

먼저 피조물인 우리 인간은 창조주이신 하나님의 말씀에 따라, 하나님께 영광된 삶을 살 의무가 있습니다. 그러나 인간은 죄를 지음으로써 무한히 거룩하신 하나님의 영광을 훼손하는 부채를 지게 되었습니다. 하나님은 지극히 공의로우시기 때문에 이 죄를 그냥 묵과하실 수가 없습니다. 그러므로 하나님의 영광을 보상하기 위해서는 단지 두 가지의 선택만이 있을 수밖에 없습니다. 즉 죄를 지은 인간이 형벌을 받느냐 아니면 그 죄의 빚을 갚느냐입니다. 형벌은 곧 인간 모두의 죽음과 종말을 의미했습니다.

레위기 17:11에는 "피가 생명을 지니고 있기 때문에 피가 죄를 속한다"고 하였습니다. 그래서 구약 시대에는, 죄인들은 마땅히 죽어야 하나 그 죄인들을 대신해서 동물이 피를 흘려 죽음으로써 죄의 사함을 받았던 것입니다. 생명을 생명으로 바꾸는 것입니다. 또 히브리서 9:22에는 "모든 것은 피로 깨끗해지며, 피 흘림이 없이는 죄 사함이 이루어지지 않는다"고 하였습니다.

자비로우신 하나님은 긍휼과 사랑으로써 인간의 빚을 갚아 주시는 쪽을 택하셨습니다. 그러나 인간이 하나님께 진 죄의 부채가 완전히 갚아지기 위해서는 다음의 두 가지 조건이 충족되어야만 했습니다.

첫째, 인간이 그 죄의 빚을 갚아야만 한다.

둘째, 그 갚아지는 양이 실제적인 부채의 양을 능가해야 한다.

그런데 인간이 지은 죄는 어떤 죄라도 그 죄의 부채가 무한히 큽니다. 왜냐하면 아무리 작은 죄라도 인간의 죄로 인해 손상된 하나님의 영광이 무한히, 이 우주보다도 크기 때문입니다. 죄는 하나님 자신을 제외하고는 세상의 어떤 것보다도 무겁습니다. 예를 들어 같은 잘못이라도 형제간에, 이웃에게 잘못한 것과 대통령이나 황제에게 잘못한 것은 그 잘못의 차원이나 크기가 엄청나게 달라집니다. 그런데 한낱 미약한 피조물인 인간이 우주보다도 크며 무한히 위대하신 영광의 창조주 하나님께 지은 죄는 무한히 클 수밖에 없습니다. 그 죄로 인한 하나님에 대한 부채는 우리 모든 피조물들을 다 합친 것보다도 크기 때문에 그 빚을 갚을 수 있는 존재는 피조물인 인간으로서는 그 어느 누구도 불가능하고, 오직 무한하신 하나님밖에는 없습니다.

그러나 앞에서 언급 한 바와 같이 그 부채를 갚는 자는 바로 그 빚을 진 인간 종족의 하나이어야만 했으며, 동시에 그 자신은 빚(죄)이 없는 존재여야만 했습니다. 그래서 성자 하나님이 직접 인간이 되셔야만 했던 것입니다. 즉 인간이면서도 무한하신 하나님만이 그 빚을 갚을 수 있기 때문에 성자 하나님이 인간이 되셔서 우리 죄의 빚을 대속하신 것입니다. 죄 없으신 성자 하나님, 예수님이 우리 죄를 위하여 십자가에서 피를 흘리고 돌아가신 것입니다. 생명이 생명을 대신하신 것입니다.

하나님이 우리의 죄를 사면해 주실 작정이었다면 그냥 사면해 주시면 안 될까? 무죄한 사람이 벌을 받는다는 게 가당한 일이 아니지 않은가라는 생각이 들기도 합니다. 그러나 예수님의 수난은 처벌이 아니라 우리 인간의 죄의 "빚"을 대신 갚아 주신 것입니다.[3] 이제 우리는 인성의 예수 그리스도를 힘입어서, 그분의 신성의 능력으로 하나님 앞으로 나아갈 수 있게 된 것입니다.

- 그 때에 나는 주님께서 말씀하시는 음성을 들었다. "내가 누구를 보낼까? 누가 우리를 대신하여 갈 것인가?" 내가 아뢰었다. "제가 여기에 있습니다. 저를 보내어 주십시오"(사 6:8).
- 생물의 생명이 바로 그 피 속에 있기 때문이다. 피는 너희 자신의 죄를 속하는 제물로 삼아 제단에 바치라고, 너희에게 준 것이다. 피가 바로 생명을 지니고 있기 때문에, 죄를 속하는 것이다(레 17:11).
- 율법을 따르면 거의 모든 것이 피로 깨끗해집니다. 그리고 피를 흘림이 없이는 죄를 사함이 이루어지지 않습니다(히 9:22).

---

3   C. S. 루이스, 『순전한 기독교』, 100.

● **잠깐 생각해 보겠습니다** ⑤
　― 예수님은 누구를 닮은 모습이었을까?

∗ **창조원리의 변경**

　이 세상 만물의 창조 원리는 하나님이 만드신 것이므로 하나님에 의해서는 얼마든지 바뀌고 변경될 수 있습니다. 하나님과 예수님은 자기를 나타내시고 우리 인간을 가르치시기 위해, 또 이 세상을 경영하시기 위한 경륜의 방편으로, 창조의 원리를 변경하고 초월하는 여러 가지 현상을 우리에게 많이 보여주셨습니다. 구약 시대 홍해를 가르는 일이나 만나로 광야에서 이스라엘 백성을 먹여 살리신 일, 예수님이 물 위를 걷거나 죽은 나사로를 살리신 것 같은, 우리가 성경에서 볼 수 있는 많은 표적이 바로 하나님의 능력에 의한 하나님 창조 원리의 일시적인 변경 현상이라고 볼 수 있습니다. 우리 인간에게는 기적이지만 하나님은 권능으로 충분히 하실 수 있는 일이기에 표적이라고 합니다.

　우리가 모래성을 허물었다가 다시 지을 수 있듯이, 토기장이가 진흙으로 마음대로 토기를 빚듯이, 하나님이 만드신 창조의 원리는 하나님의 능력으로 얼마든지 변경될 수가 있는 것입니다. 인간의 눈에는 분명 기적입니다. 이렇듯 하나님과 예수님은 우리에게 믿음을 심어 주시기 위해 이런 창조 원리의 변경이라는 기적을 이용하신 것입니다.

＊ 단 한 사람만을 위한 창조의 원리

　유전자 조합 방법이 아닌 별도의 단 하나밖에 없는 하나님 지혜의 원리로, 단 한 사람이 하나님의 경륜으로 이 세상에 태어났는데 이분이 바로 육신의 옷을 입고 이 땅에 오신 성자 하나님 예수님이십니다. 유전자 결합이 아닌 성령으로 잉태되어 태어나신 예수님도 우리와 같은 몸을 가지고 계셨으니 예수님의 탄생은 한 사람만을 위한 하나밖에 없는 창조의 원리인 셈입니다. 예수님은 가브리엘 천사의 고지와 함께 성령으로 마리아에게 수태, 잉태가 되셨으므로, 수태와 동시에 성자 예수님은 이미 인간으로서의 모습으로 탄생이 시작되신 것입니다. 그러므로 우리도 남녀 유전자의 결합으로 여자가 수태되어 임신을 하면 이는 바로 인간의 생명이 탄생한 것으로 보아야 합니다. 그러므로 인위적인 낙태는 커다란 죄악이라 하지 않을 수 없습니다.

　그런데 유전자 조합이 아닌 성령으로 잉태되어 태어나신 예수님은 과연 어떠한 모습이었을까요? 그래도 마리아나 요셉을 닮으셨을까? 출중한 미남이었을까? 보통 분이었을까?

　이사야 53:2에 의하면 "그는 주 안에서, 마치 연한 순과 같이, 마른 땅에서 나온 싹과 같이 자라서, 그에게는 고운 모양도 없고, 훌륭한 풍채도 없으니, 우리가 보기에 흠모할 만한 아름다운 모습이 없다"라고 하였습니다. 미남이 아니라 보통 이하의 풍채이셨던 것 같습니다. 아마도 우리 인간에게 외적으로 잘 생기고 못 생기고, 풍채가 있고 없고를 따지지 말고, 우리의 아름다움과 선함은 오직 내적으로 우리의 중심에 있는 믿음과 사랑의 아름다움만이 진정한 고운 모양이요 풍채임을 가르쳐 주시기 위함이 아니었을까요?

처녀의 몸에서 성령으로 수태되어 태어나신 예수님은 이 세상에서 단 하나뿐인, 예수님만을 위한 특별한 창조의 원리에 의하여, 특별하게 태어나신, 특별한 분임을 우리는 알 수 있습니다.

2) 구원의 길 – 복음

예수님은 우리를 구속[4]하시기 위하여 인간의 믐으로 이 땅에 오셔서 스스로 십자가를 지시고 화목제물[5]이 되셨습니다. 예수님이 우리의 죄를 대속[6]하심으로써 우리를 향하신 하나님의 진노를 소멸시키셨습니다. 하나님의 진노는 불의에 대하여 행동하시는 하나님의 의이며, 죄를 심판하시는 공의[7]를 나타냅니다. 예수님이 우리의 화목제물이 되심으로써 우리를 향하신 하나님의 공의는 시행되었습니다. 다시 말하면 예수님이 우리를 구속하시는 사랑과 진노의 심판으로 보응하시는 하나님의 공의가, 갈보리 언덕에서 손을

---

4 구속(救贖) : (예수님이 십자가에 못 박혀 죽으심으로 인류의) 죄를 대속(代贖)하여 구원함.
5 화목제물(和睦祭物) : 죄로 인하여 깨어진 피조물과 하나님과의 관계를 회복하기 위하여 바치는 제물(십자가에서 돌아가신 예수님을 말함).
6 대속(代贖) : 남의 죄를 대신하여 벌을 받거나 속죄함.
7 공의(公義) : 선악의 제재를 공평하게 하는 하느님의 품성. 즉 하나님의 공의란 그의 절대 공정하심과 정의로우심을 뜻하고, 하나님은 이것을 사랑하신다(시 37:28; 99:4; 사 61:8; 62:2).

맞잡으신 것입니다. 이제 이를 믿는 우리는 속량[8]된 것입니다.[9]

죄인 된 인간은 스스로를 구원할 능력이 없습니다. 그래서 하나님은 목자를 잃고 헤매는 양 떼와 같은 우리를 긍휼히[10] 여기셔서 우리의 구원을 위하여 성자 하나님이신 예수님을 우리에게 보내 주신 것입니다. 그러나 예수님이 십자가를 지셨다고 해서 이 땅의 모든 사람들이 저절로 구원을 받는 것은 아닙니다.

우리가 사후에 하나님과 영원히 함께하는 영생의 구원을 얻기 위하여는 다음과 같이 행해야 합니다.

첫째, 우리 스스로가 죄인임을 깨닫고 이를 회개해야 합니다. 자유의지를 가진 인간이 스스로를 죄인이라고 인정하지 않을 때는 하나님도 그 사람을 어떻게 하실 수가 없는 것입니다.

둘째, 예수님이 내 죄를 대신하여 십자가에서 고난을 받아 죽으시고, 사흘 만에 사망의 권세를 이기고 부활하셨음을 믿어야 합니다. 예수님이 내 죄를 대속하신 사실을 믿어야 하는 것입니다.

셋째, 예수님을 내 마음속에 나의 구주로 영접해야 합니다. 이는 앞으로는 하나님께 순종하면서 살겠다는, 선악과 약속을 지키겠다는, 자유의지의 표현입니다. 이로써 끊어졌던 하나님과의 관계가 회복되는 것입니다. 이제 하나님 자녀의 신분으로 관계가 회복된 것입니다. 하나님과의 관계회복이 바로 구원입니다. 이 관계회복

---

8 속량(贖良) : 몸값을 받고 노비의 신분을 풀어 주어서 양민이 되게 하는 것.
9 제임스 패커, "하나님을 아는 지식", 257.
10 긍휼(矜恤) : 불쌍하고 가엾게 여겨서 도와줌.

의 과정을 믿고 구원을 받는 것이 바로 복음, 즉 우리를 영원한 천국의 삶으로 이끄는 복된 소식인 것입니다.

믿음이란 자신이 사실이라고 생각하는 것에 대해 신뢰하고 헌신하는 것을 말합니다. 이렇게 예수님을 영접하고 나의 구주로 모실 때, 드디어 하나님과 나 사이가 순종이라는 고리르 연결이 되는 것입니다. 구원받지 못한 영혼의 특징은 자기 자신 이외의 것은 무엇이든지 거부하는 데 있습니다. 그러나 예수님이 지신 십자가가 나와 하나님, 이 세상과 천국을 연결하는 징검다리가 되는 것입니다. 복음을 받아들임으로써 하나님의 자녀가 되는 권세를 얻게 되는 것입니다.

이렇듯 우리의 구원은 오직 하나님의 사랑이요 은혜입니다. 우리는 단지 이 하나님의 사랑과 은혜, 즉 복음을 받아들이기만 하면 되는 것입니다. 영생의 구원은 이렇게도 쉬운 것입니다. 내 스스로 무슨 고난을 당할 필요가 없고 구원을 위하여 어떤 희생을 할 필요도 없습니다. 오직 예수님이 만들어 놓으신 구원의 방법을 믿는 믿음으로 구원을 얻는 것입니다.

인간은 행위(십계명을 지키고, 선행을 베풀고, 산상수훈에 따라 살고, 황금률[11]을 지키는 것 등)만으로는 절대 구원을 얻을 수 없습니다. 성경에서 말하는 구원은 인간의 힘으로 얻는 게 아니라 하나님의 선

---

11 황금률(黃金律) : 예수님이 산상수훈(山上垂訓)에서 가르치신 마 7:12의 말씀. "남에게 대접을 받고자 하는 대로 남을 대접하라"는 가르침으로, 이는 기독교의 기본 윤리관임.

물로만 주어지기 때문입니다. 예수님을 믿는 믿음으로 이 선물을 받을 수가 있는 것입니다. 지구 상에 있는 모든 사람들은 두 부류로 나누어집니다. 한쪽은 인간의 이성과 노력으로 구원을 얻으려고 애쓰는 사람들이고, 다른 한쪽은 하나님의 계시를 따라 구원을 받아들이는 사람들입니다. 즉 전자는 자신의 힘으로 의를 세우려는 사람들이고, 후자는 예수 그리스도의 대속의 공로를 의지하는 사람들입니다.

그러므로 우리가 천국 문 앞에 당도했을 때, 하나님이 "왜 내가 너를 천국 문 안으로 들여보내야 하는가?"라고 물으신다면 유일한 합격의 대답은 "예수 그리스도께서 나의 죄를 대신하여 갈보리 언덕의 십자가에서 죽으신 그 사랑의 은혜를 믿습니다"라고 증거하는 것입니다. 즉 "예수님이 저의 모든 죄를 갚아주셨습니다. 예수님, 제가 주께 왔습니다"라고 고백하는 것입니다.[12] 하나님은 우리에게 천국의 길을 열어주시기 위해 이 모든 일을 이미 갈보리 언덕에서 다 하셨습니다. 우리는 그것을 믿기만 하면 됩니다.

구원받은 그리스도인들은 절대 잘못을 저지르지 않는 사람들이 아니라, 넘어질 때마다 회개하고 다시 일어나 새롭게 시작할 수 있는 사람들입니다. 그리스도인이 아니면서 선하게 살려는 사람들은 자기 의지로, 또 남에게 인정받기 위해서 그렇게 합니다. 그러나 구원받은 그리스도인들은 자신의 선한 행동은 모두 자기 안에 있

---

12 테리 홀, 『성경 파노라마』(서울: 규장, 2008), 28–29.

는 그리스도의 능력으로부터 나온다고 생각합니다. 우리가 선하기 때문에 하나님이 우리를 사랑하시는 것이 아니라, 하나님이 먼저 우리를 사랑하셨기 때문에 우리를 선하게 만드시는 것입니다. 이는 마치 새벽 동이 틀 때 창문이 밝게 보이는 것은 창문 자체가 밝아서가 아니라, 햇빛이 먼저 창을 비추었기 때문에 창문이 밝아지는 이치와도 같습니다.[13]

- 그러므로 너희는 무엇이든지, 남에게 대접을 받고자 하는 대로, 너희도 남을 대접하여라 이것이 율법과 예언서의 본뜻이다(마 7:12).
- 한 사람이 순종하지 않음으로 말미암아 많은 사람이 죄인으로 판정을 받았는데, 이제는 한 사람이 순종함으로 말미암아 많은 사람이 의인으로 판정을 받을 것입니다(롬 5:19).
- 그러나 사람은, 그리스도 예수 안에 있는 속량을 힘입어서, 하나님의 은혜로 값없이 의롭게 하여 주심을 받았습니다. 하나님께서 이 예수를 사람에게 속죄제물로 주셨습니다. 누구든지 그 피를 믿으면 속죄함을 받습니다. 하나님께서 이렇게 하신 것은 사람들이 이지까지 지은 죄를 너그럽게 보아 주심으로 자기의 의를 나타내시려는

---

13 C. S. 루이스, 『순전한 기독교』, 111.

것입니다(롬 3:24-25).

- 그리스도 안에 있음을 인정받으려는 것입니다. 그리고 율법에서 오는 나 스스로의 의가 아니라 그리스도를 믿는 믿음으로 말미암아 오는 의, 곧 믿음에 근거하여 하나님께로부터 오는 의를 가지려는 것입니다(빌 3:9).
- 하나님께서 이 예수를 사람에게 속죄제물로 주셨습니다. 누구든지 그 피를 받으면 속죄함을 받습니다. 하나님께서 이렇게 하신 것은 사람들이 이제까지 지은 죄를 너그럽게 보아 주심으로 자기의 의를 나타내시려는 것입니다(롬 3:25).
- 입으로 예수는 주님이라 고백하고 하나님께서 그를 죽은 사람들 가운데서 살리신 것을 마음으로 믿는 사람은 구원을 얻을 것입니다. 사람은 마음으로 믿어서 의에 이르고, 입으로 고백해서 구원에 이릅니다(롬 10:9-10).
- 그러므로 우리는 믿음으로 의롭게 하여 주심을 받았으니, 우리 주 예수 그리스도로 말미암아 하나님과 더불어 평화를 누립니다(롬 5:1).
- 그러나 사람이 율법을 지키는 행위로 의롭게 되는 것이 아니라 예수 그리스도를 믿음으로 되는 것임을 알고, 우리도 그리스도 예수를 믿은 것입니다. 그것은 우리가 율법을 지키는 행위로가 아니라, 그리스도를 믿는 믿음으로 의롭게 하여주심을 받고자 하는 것이었습니다. 율법

- 을 지키는 행위로는 아무도 의롭게 될 수 없기 때문입니다(갈 2:16).
- 여러분은 다 믿음으로 그리스도 예수님 안에서 하나님의 아들이 되었습니다(갈 3:26).
- 여러분은 믿음으로 말미암아 은혜로 구원을 받았습니다. 이것은 여러분에게서 난 것이 아니요, 하나님의 선물입니다(엡 2:8).

3) 기독교를 접하지 못한 사람들의 운명은?

(1) 왜 기독교의 예수님만이 유일한 길인가?

모든 종교는 배타성을 가지고 있습니다. 기독교만이 배타성을 가지고 옳은 길이라고 주장하는 것이 아닙니다. 그러므로 기독교만이 유일한 구원의 길이라고 주장하는 것을 편협하다거나 오만하다고 할 수는 없는 것입니다. 모든 진리는 그 자체가 배타적입니다. 2 더하기 3은 5만이 진리의 정답인 것입니다. 어떤 논리나 주장이 하나의 진리로 정립이 되기 위해서는 뭔가 옳지 않은 것을 배제하지 않으면 법칙이나 진리가 될 수 없습니다. 멘델의 유전의 법칙은 배타성이 있는 진리이지만, 진화론은 법칙이나 진리가 아닌 하나의 의견 진술이요 논리에 불과한 것입니다. 즉 진리는 절대적인 것입니다.

그러나 과거의 기독교는 절대적 진리만 강조하다가 교만이나 과도한 우월감에 빠지는 많은 시행착오를 범하기도 하였음을 부인할 수 없습니다. 그 결과 일부 타종교에서는 아직도 기독교를 편협하고 폐쇄적이며, 폭력적으로 보는 원인이 되기도 합니다. 사랑이 뒷받침되지 않는 진리나 주장은 오히려 반감을 불러일으키는 역작용을 초래합니다. 폭력과 적의는 그리스도의 정신과 사랑에 어긋나는 것입니다. 사랑 없이 그리스도의 사랑을 전할 수는 없는 것입니다. 십자군 전쟁으로 인해 초래된 무슬림들의 기독교에 대한 오랜 반항적인 감정은 아직도 존재하고 있으며, 마하트마 간디는 "나는 그리스도는 좋지만 그리스도인은 싫다"[14]고 말한 것에서 우리는 기독교 국가의 식민지 통치에 대한 피지배자의 심정을 헤아리고 반성할 줄도 알아야 합니다.

기독교의 예수 그리스도께서 인간의 궁극적인 구원에 유일한 길이라는 첫 번째 이유는 예수님의 부활 때문입니다. 예수님의 부활은 그분이 성육신하신 하나님이심을 입증했을 뿐만 아니라 그분을 따르는 모든 이에게 천국의 문을 활짝 열어준 사건입니다. 예수님의 부활은 이와 비슷한 사건이라도 다른 종교에는 어디에서도 찾아볼 수 없습니다. 만약 예수님의 부활이 없었다면 이 세상에는 전혀 다른 희망이 없습니다. 부활이 실제로 있었던 역사적 사건이기에 우리는 예수님의 가르침이 하나님으로부터 온 것임을 믿고, 하

---

14 리 스트로벨, 『특종! 믿음 사건』, 169.

나님과 화목하고 하나님과 함께할 수가 있는 것입니다. 그래서 예수님의 제자들은 예수님의 부활로서 복음을 증거하였던 것입니다.

베드로는 "우리가 여러분에게 우리 주 예수 그리스도의 권능과 재림을 알려 드린 것은 교묘하게 꾸민 신화를 따라서 한 것이 아닙니다. 우리는 그의 위엄을 눈으로 본 사람들입니다"(벧후 1:16)라고 하였습니다. 예수님의 권능, 즉 죽음을 이긴 부활이 사실이고 실체임을 증언하고 있습니다. 예수님의 부활의 확실성에 대해서는 다음 장에서 자세히 알아보도록 하겠습니다.

두 번째 이유는 예수 그리스도께서 우리의 죄를 용서해 주시기 때문입니다. 그분을 믿기만 하면 그 어떤 죄라도 용서해 주신다고 했습니다. 이것은 정말 하나님이 아니면 하실 수 없는 일입니다. 아니면 예수 그리스도 자신이 미치광이이거나 정신이상자일 것입니다. 왜냐하면 용서라는 것은 해를 입은 사람이 해를 끼친 사람에게 베푸는 것입니다. 그러나 예수님은 십자가의 고난으로 우리 죄의 빚을 대신 갚아주셨습니다. 우리는 단지 그분이 우리의 빚을 대신 갚아주신 것을 믿기만 하면 된다고 하셨습니다. 이것이 바로 예수 그리스도의 은혜요, 하나님의 사랑입니다. 기독교인이 아닌 사람들조차도 복음서를 읽어보고는 예수 그리스도께서 미치광이 이거나 정신이상자라고 하지는 않습니다.

세 번째 이유는 기독교는 인간의 도덕의 기반을 관습이나 문화에 두지 않고 하나님 성품 자체 때문입니다. 기독교는 인간은 하나님의 피조물이며, 하나님의 형상대로 창조되었다고 합니다. 이 사실이 인간 도덕의 생성 출처요 기준입니다. 도덕은 인간 아래에 있는 문화적 산물이 아니라, 인간 위의 하나님으로부터 온 것입니다. 유일신 종교, 기독교가 아니고는 범신론이나 자연주의로는 도덕에 대해 도저히 합리적인 설명을 할 수가 없습니다. 어떤 이론이나 사상, 철학에도 필수 불가결한 도덕의 근거를 찾아볼 수가 없습니다. 인류 역사상 어떤 철학자도 도덕의 생성 기원은 커녕 도덕이 무엇인지조차도 제대로 정의하지 못했습니다.[15]

그러나 우리가 아무리 도덕적으로 바르고 착하게 산다고 해서 하나님의 기준과 성품에 부합할 수는 없습니다. 우리는 예수 그리스도를 통해서만이 진정한 하나님의 형상을 회복할 수가 있습니다. 예수 그리스도는 나쁜 사람을 착하게 만들려고 이 세상에 오신 것이 아닙니다. 그분은 죽은 사람들을 살리려고 이 세상에 왔습니다. 하나님 앞에서 죽어 있는 자들을 산 자가 되게 하려고 오신 것입니다. 인간이 죄로 인하여 깨어진 하나님과의 관계를 회복시키기 위해 오신 것입니다. 죄를 씻어주는 것은 시간이 아니라 그리스도의 피입니다. 우리는 이 땅에 오신 인성의 예수님의 구속사역을 믿고 그의 힘을 입을 때, 비로소 하나님의 형상을 회복하고, 하나님과의 진정한 관계회복이 가능한 것입니다.

그러므로 기독교의 예수 그리스도만이 유일한 구원의 길임을 확인할 수 있는 결정적인 이유는 예수님의 가르침이 타종교에서는

---

15 리 스트로벨, 『특종! 믿음 사건』, 176.

결코 찾아 볼 수 없는, 독특하고도 유일하기 때문입니다. 예수님은 다음과 같은 독특한 가르침과 깨우침으로 자신이 유일한 구원의 길임을 강조하셨습니다.

① 예수님은 자신만이 하나님께로 갈 수 있는 유일한 길이라고 하셨습니다(요 14:6; 3:16).

② 예수님은 자신을 하나님과 동등시하셨습니다(요 10:30; 14:7, 9; 12:44).

③ 예수님은 자신이 죄를 사해 줄 수 있는 권한을 가졌다고 하셨습니다(막 12:5, 7, 10).

④ 예수님은 세상 사람들의 죄를 위해 자신이 피 흘려 죽는다고 하셨습니다(막 10:45; 마 26:28; 롬 5:8; 요일 4:10).

⑤ 예수님은 자신이 죽은 후 3일 만에 죽음을 이기고 부활하리라고 하셨습니다(마 16:21; 17:23; 20:19; 막 9:31).

⑥ 예수님은 자신이 세상을 심판하는 권세를 가졌다고 하셨습니다(마 16:27; 마 24:30; 요 5:27).

⑦ 예수님은 자신을 믿으면 영원한 생명을 얻는다고 하셨습니다(요 3:16; 5:24; 5:40).[16]

2천 년 전, 빌라도는 진리를 눈앞에 두고도 진리를 깨닫지 못하였으며, 진리를 보고도 "진리가 무엇이냐?"고 하였습니다(요 18:38). 진리는 예수 그리스도 그 자체요, 그의 말씀입니다. 우리도 이런

---

16   박명룡. 박담회, 『기독교! 지성으로 이해하라』, 393.

우를 범하지는 말아야 하겠습니다. 우리는 날마다 진리(성경 말씀)를 옆에 두고 있으며, 진리를 보고도 깨닫지 못하는 어리석음은 없어야 하겠습니다.

(2) 안 믿은 사람들의 운명은?

기독교를 믿지 않고도 도덕적으로 참되게 살다가 죽은 사람들의 사후 운명은 어떻게 되는가?

우리가 분명하게 알아야 할 사실은 누구나를 막론하고 인간이 인간을 천국이나 지옥에 보낼 수 없고, 인간 스스로도 천국에 갈 수가 없다는 것이 성경의 확고한 가르침입니다. 궁극적인 인간의 운명은 하나님의 은혜에 대한 인간 자신의 반응에 달린 문제입니다. 인간에게는 하나님의 은혜를 받아들일 수도 있고 거부할 수도 있는 자유의지가 있습니다. 성경은 인간이 구원받기 전에는 누구도 선하지 않다고 말합니다. 자기의 의지로 은혜를 거부한 사람이 선한 사람입니까, 악한 사람입니까? 인간은 결코 스스로 선해질 수가 없습니다. 인간이 스스로 선해질 수 있다면 그것은 하나님의 구원이 필요 없고, 인간 스스로가 구원자가 되는 것입니다. 구원은 인간이 의롭게 되는 가장 중요한 첫걸음입니다. 하나님은 공의의 하나님이시며, 악과는 함께하실 수 없는 속성을 가지고 계십니다.

우리 인간의 생각으로 가장 이해하기 힘든 문제 중의 하나가 공평함의 문제입니다. 우리 주위에는 하나님은 안 믿었지만 정말 도덕적으로 참되고 선한 일을 많이 하다가 죽는 사람들도 있고, 흉악한 성폭행범이 감옥에서 예수님을 영접하고 회심하여 모범수 생활을 하다가 가석방되어서 살다가 죽는 경우도 있습니다. 또 여러 사람을 죽인 사형수가 사형 집행 며칠 전에 회심하여 예수님을 영접하고 사형당하는 경우도 있습니다. 이런 경우 우리는 공평함이란 저울에 매달려 생각이 혼란스러워집니다. 인간은 도덕적인 존재이기 때문에 누구나 공평함을 추구하기 때문입니다. 결론부터 말하자면 이 모든 일은 하나님이 공의로 판정하십니다.

사람이 사람의 마음속을 알 수가 없고, 그 사람이 처한 주변 환경이나 주어진 여러 조건들에 의하여 반응한 인간의 내면의 모습과 겉으로 드러난 행동을 복합적으로 판단할 수 있는 능력은 오직 하나님 외에는 없습니다. 어느 누구나 겉으로 보이는 그 사람의 모습과 그 사람 내면의 마음속의 상태와 모습은 우리 인간으로서는 상상을 불허합니다. 그만큼 우리가 사람을 보고 판단하는 데는 너무도 제약적이고 한계가 있는 것입니다.

나는 내가 처한 환경과 조건에서 그 사람을 내눈에 보이는 모습만 보고 판단할 수밖에 없는 것입니다. 그 사람이 처한 환경과 조건을 상상해서 판단하는 것도 힘듭니다. 그 사람의 출생이나 성장배경, 살아 온 삶의 과정을 과연 우리가 알면 얼마나 알겠습니까? 인간 개개인에게 주어진 조건과 환경은 인간의 수만큼이나 다양하며 천차만별입니다. 주어진 시간 동안 누가 어떻게 행동했는가 눈에 보이는 결과만을 절대적 기준으로 따진다면 근본적인 공평함의 개념을 놓치는 것입니다. 그건 인간의 관점에서만 공평함을 판단하는 것입니다.

　결국 각 개인이 처한 환경과 조건을 감안한 종합적인 판단은 우리 인간으로서는 불가능하다 할 수밖에 없습니다. 예수님은 렙돈 두 푼을 넣는 과부를 보시고는 "이 가난한 과부가 어느 누구보다도 더 많이 넣었다"(막 12:41-44; 눅 21:1-4)고 하셨습니다. 예수님은 바로 그 과부의 살아온 환경, 현재 그녀가 처한 형편, 그리고 그녀의 마음의 상태를 잘 아셨던 것입니다.

　우리는 상대적이라는 함정에 빠져 판단을 흐릴 수도 있습니다. 우리는 어떻게든 남과 비교해서 자신의 선함이나, 악하지 않음을 주장하려 합니다. 자신의 선은 자기보다 덜 선한 사람과 비교하고, 자신의 악함은 자기보다 훨씬 더 악한 사람과 비교하여 자신을 스스로 변호하며 판단하려 합니다. 그렇다면 흉악한 살인을 저지른 사형수도 "나는 히틀러처럼 수백만 명을 죽이지는 않았지 않소?"라고 변명할 수도 있을 것입니다. 또 하나님의 은혜를 잘못 판단하면 비교와 질투, 불만과 억울함이란 생각을 할 수도 있습니다. 마태복음 20:1-16에서 예수님은 포도원의 일꾼들에게 먼저 온 일꾼이나 나중에 온 일꾼이나 동일한 품삯을 주는 비유를 말씀하십니다. 온종일 일한 일꾼들은 오후 늦게 온 일꾼들을 보고는 억울함이나 불만을 갖게 되지요.

　그러나 하나님의 은혜를 공평함이라는 인간의 눈으로 보아서는 안 됩니다. 죄 사함과 구원은 오직 인간의 의지로 하나님을 믿는 그 믿음 때문입니다. 성경 속의 하나님의 진리는 우리는 결코 행위만으로는 천국에 들어갈 수가 없다는 것입니다. 예수 그리스도를 믿는 믿음으로 죄 사함을 받고 구원을 받아야 하는 것입니다.

우리는 하나님의 절대적 선의 기준 앞에서는 모두가 죄인입니다. 완전한 선의 무한하신 하나님께 범한 죄는 인간의 잣대로 크고 작음을 비교하는 것은 별 의미가 없다고 보아야 합니다. 막역한 친구나 이웃에게 범한 잘못도 총독이나 황제에게 범했다면 문제가 달라집니다. 그렇다면 무한하신 하나님께 범한 죄는 무한히 커질 수밖에 없습니다. 그저 우리는 하나님의 용서와 은혜가 필요할 뿐입니다.

인간의 기준이 아니라 하나님의 구원 계획 속에서는, 회심한 흉악한 살인범보다는 "이 세상에 하나님은 없어!"라든지, "내게는 하나님 따윈 필요 없어, 내 마음대로 살 거야!"라고 말하는 평범한 사람이 훨씬 더 나쁩니다. 내가 선한가 악한가, 작은 죄인이냐 큰 죄인이냐가 문제가 아닙니다. 문제는 내가 하나님의 완전하신 기준에 이르지 못하는 죄인으로서, 하나님의 용서와 은혜가 아니고서는 그분과 함께 천국에 있을 수가 없다는 것을 깨닫느냐 못 깨닫느냐가 문제입니다. 스스로를 남과 비교하여 상대적인 선함이나 덜 악함이라는 교만에 빠져 하나님이 없이도 선하게 잘살고 있다고 생각하는 것은, 흉악한 살인범도 발견하였던 궁극적인 진리를 보지 못하고 있는 것입니다.

누구나 크고 작은 죄를 짓고 사는 우리 인간은 스스로는 절대로 선해질 수가 없습니다. 겸손하게 스스로 죄인임을 인정하여야 합니다. 자기보다 더 악한 사람과의 상대적인 비교로 남보다 덜 악하다고 스스로 자위할 일이 아닙니다. 우리 스스로의 의지와 판단으로 하나님이 없이도 살 수 있다고 선택한 사람은 자기의 죄를 사함받고 구원을 얻을 수 있는 은혜를 놓친 사람입니다. 그 구원의 은혜를 거부한 사람입니다.

하나님은 겉으로 드러난 인간의 행위나 모습이 아닌, 우리 내면의 생각과 마음과 형편을 보시고 판단하십니다. 포도원에 늦게 들어올 수밖에 없었던 일꾼이나, 두 렙돈밖에 헌금을 할 수 없었던 과부의 형편을 훤히 아시고 판단하시는 하나님은 우리의 모든 것도 똑같은 공의로 판단하실 것입니다.

(3) 듣지도 보지도 못한 사람들의 운명은?

기독교나 예수 그리스도에 대해서 듣지도 보지도 못한 사람들의 사후 운명은 어떻게 되는가? 참으로 중요하고도 조심스러운 문제 중의 하나입니다. 종교다원주의가 여기서부터 비롯되었다고 해도 과언이 아닙니다. 성경은 이 문제의 핵심에 대해 침묵하기 때문에 여러 성경 구절을 참조하여 조심스럽게 추측해 볼 수 있습니다.

하나님은 무소부재하시므로 장소에 관계없이 모든 사람에게 사랑을 베푸십니다(요 3:16). 또 하나님은 모든 사람들이 진리를 깨닫고 구원을 받기를 원하십니다(딤전 2:4). 인간의 판단력과는 달리, 하나님은 언제나 모든 것을 아시고, 편견 없이 긍휼의 마음으로, 신뢰할 만한 판단을 내리실 것입니다. 하나님은 가장 이상적이시며, 전지전능하신 공의의 심판관이시니까요.

하나님은 인류의 주권적 구원 계획에 있어 각 사람의 형편에 따라 환경을 만들어 주십니다. 구원받을 만한 사람은 구원받을 수 있는 환경을 만들어 주신다는 것입니다. "그분은 인류의 모든 족속을 한 혈통으로 만드셔서 온 땅 위에 살게 하시며, 그들이 사는 시대와 거주의 경계를 정하셨습니다. 이렇게 하신 것은 사람으로 하여금 하나님을 찾게 하시려는 것입니다. 사람이 하나님을 찾기만 하면 만날 수 있을 것입니다. 사실, 하나님은 우리 각 사람에게서 멀리 떨어져 계시지 않습니다"(행 17:26-27).

이 말씀은 사람은 어느 지역, 어느 문화권이나 환경에 처해 있더라도 하나님은 그 사람 손 닿는데, 그 사람 마음이 있는 곳에 계시며, 하나님을 간절히 필요로 하고 찾기만 하면 인간의 환경이나 이해를 초월하여 하나님이 도와주신다는 것입니다. 지역이나 환경에 구애치 않고 자기 내면의 장벽을 허물고 하나님을 찾는 게 문제입니다. 하나님은 찾는 사람에게 복음을 전할 자를 보내주실 수도 있고, 혹은 그 사람을 복음을 접할 지역으로 보내실 수도 있습니다. 인간은 하나님을 알 수 있는데도, 하나님을 찾지 않고 거부한 죄 때문에 심판을 받게 되는 것입니다.

얼라이언스신학대학원에서 전도와 현대사상 학과장을 역임했던 래비 재커라이어스 박사는 한 이슬람 여성으로부터 직접 들은 이야기를 다음과 같이 전하고 있습니다.

어떤 이슬람 국가의 정부 기관에서 일하는 여성이었는데 어느 날 퇴근하면서 몹시 마음이 착잡했습니다. 길을 걷는데 "왜 이렇게 공허한지 모르겠어"라는 중얼거림이 새어나왔습니다. 그러다 여인은 난데없이 "예수여, 날 도와줄 수 있나요?"라고 말했습니다. 그리고는 길거리에 멈춰 서서 자신에게 물었습니다. "왜 내 입에서 그 이름이 나왔지?" 결국 그 여인은 그리스도인이 되었습니다.[17]

이 경우, 재커라이어스 박사는, 하나님을 찾아 갈급해 하는 그 마음을 하나님은 보시고 응답하신 것이라고 하였습니다. 그 여인은 자기 내면의 장벽을 허물었고, 하나님은 환경의 장벽을 뛰어넘으셨던 것입니다.

또 인도의 가장 위대한 회심자로서 시크교도였던 선다 싱은 꿈속에서 자기 방에 나타난 그리스도를 보고 회심하여 평생을 장로교 선교회에 헌신하는 삶을 살았습니다.[18] 이렇듯 하나님은 우리의 이해를 초월하여 당신을 계시하시는 것입니다.

하나님의 계시에 대한 이해에는 다양한 수준이 있을 수 있습니다. 천편일률적인 신앙고백의 틀만 고집할 수는 없는 것입니다. 갓 돌 지난 아이는 엄마에 대해 열여덟 살짜리 형만큼 잘 알지는 못해도 자기 엄마를 충분히 따르고 사랑할 수가 있습니다. 하나님의 계

---

17 리 스트로벨, 『특종! 믿음 사건』, 181.
18 Ibid., 182.

시를 이해하고 수용하는 데는 다양한 수준이 있을 수 있습니다. 그리스도에 관해 알아야 할 정보의 양이나 수준이 사람마다 차이가 날 수가 있습니다. 학자들에 따라서는 일반계시를 통해서 하나님을 찾고 하나님과 관계를 맺는 사람은 아랍의 여인처럼 하나님이 특별계시를 주셔서 구원을 받을 수도 있다고 봅니다. 참으로 공의로우신 하나님께 가장 중요한 것은 믿음의 외면적인 선언이 아니라, 주어진 은혜와 협력하려는 내면적인 의향입니다. 즉 하나님의 주된 관심은 마음의 순결함이지, 인식론적 정확성이나 외면적 전언이 아니라는 것입니다.

로마서에서 바울은 "이 세상 창조 때로부터, 하나님의 보이지 않는 속성, 곧 그분의 영원하신 능력과 신성은, 사람이 그 지으신 만물을 보고서 깨닫게 되어 있습니다. 그러므로 사람들은 핑계를 댈 수가 없습니다"(롬 1:20)라고 하였습니다. 하나님의 능력이신 이 세상 천지만물만 보고도 우리 마음에 하나님을 알 만한 양심을 심어 놓으셨기 때문에(롬 2:15) 핑계를 댈 수가 없습니다. 하나님의 신성과 능력으로 나타난 일반계시에 반응하여 하나님을 진실하게 찾기로 마음만 먹으면 하나님은 더 많은 것을 계시해 주십니다. 그리스도인을 통한 사랑, 환상, 혹은 꿈을 통해서라도 하나님은 우리의 이해와 상상을 초월해서 초자연적으로 개입하실 수 있습니다. 욥과 멜기세덱도 바로 그러한 경우라고 봅니다.

프랜시스 쉐퍼는 하나님은 미전도인들을 성경의 기준에 비추어 심판하시는 것이 아니라 그들이 다른 이들에게 부과하는 도덕적 기준에 의해 심판하실 것이라는 겁니다. C.S. 루이스는 전도 받지 못한 이들이 이생에서의 명백한 신앙고백과 무관하게 구원받는 것도 가능하다고 봅니다. 하지만 이는 궁극적으로 그리스도와 무관하게 이루어지는 것은 아니라고 하였습니다.[19] 즉 그러한 사람들이 구원을 받게 된다면 그 근거는 예수님의 대속적 죽음의 혜택을 그들도 입게 된다고 보는 것입니다.[20]

하나님은 이 우주와 자연의 만물을 통해서 하나님을 알 수 있도록 하셨습니다(롬 1:19-20). 하나님은 모든 사람에게 자신을 계시하시고 있습니다. 그러므로 사람은 자연을 통해서 나타난 하나님의 창조 섭리를 깨달아 이를 자기의 양심에 따라 믿고, 자기 스스로의 의지의 선택으로 창조주 하나님과 관계를 맺을 수 있습니다.

따라서 일부 학자들은 하나님의 구원하심은 하나님이 모든 인간에게 나타내신 이 일반계시에 대한 반응을 근거로 한다고 주장합니다. 일반계시를 통해서 창조주 하나님을 찾아 관계를 맺는 사람들은 구원을 받을 수도 있다는 것입니다. 성경은 그러한 가능성을 열어둔다고 J. P. 모얼랜드 교수와 윌리엄 래인 크래익 교수같은 분은 주장하는 것입니다. 그러므로 "복음을 들어본 적이 없이 죽은 사람은 그들이 갖고 있던 창조주 하나님에 대한 지식에 따라서 심판을 받는다"고 주장하는 것입니다.[21]

---

19 스콧 버슨, 제리 월즈, 『루이스와 쉐퍼의 대화』, 334, 335.
20 박명룡, 『기독교, 지성으로 이해하라』, 409.
21 Ibid., 408, 410.

이런 사람은 하나님이 특별히 그 사람에게 특별계시를 허락하셔서 구원을 받을 수도 있습니다.

사람은 먼저 보잘것없는 자존심을 버리고 자기의 능력과 한계를 깨달아, 진실하고도 겸손하게 하나님을 찾는 수용적인 마음을 가질 때 하나님은 반드시 만나 주실 것입니다. 이러한 예는 지금도 세계 도처에서 일어나고 있습니다. 하나님은 인간이 자신의 자유의지로 하나님을 찾을 수 있는 길을 열어 두시고, 오래 참으심으로 지금도 기다리고 계십니다. 하나님의 은혜는 누구에게나 열려 있습니다. 하나님의 공의는 무소부재합니다. 하나님의 공의는 오래 참으시는 것입니다. 우리 스스로가 부족한 인간임을 깨닫고 우리 스스로의 의지로 창조주 하나님을 찾는 노력이 필요한 것입니다. 그러한 갈급함의 의지에 대하여 하나님은 어떠한 형태로든 반응을 하실 것입니다.

그리스도 밖에 있는 자들의 운명을 걱정하는 사람들이 자기들은 여전히 그리스도 밖에 머물려고 하는 것이야달로 참으로 불합리한 일이라 하지 않을 수 없습니다. 그들은 "하나님은 왜 사탄이라는 적군이 점령한 이 세상을 대군을 이끌고 침공하시지 않는가?"라고 불평을 합니다. 하나님은 언젠가는 그렇게 하실 것입니다. 하나님은 미리 자진해서 우리 인간들이 하나님의 편에 들어올 수 있도록 기회를 주고 계신 것입니다. 그러나 그런 일이 일어나는 날은 바로 세상이 끝나는 날입니다. 그 때는 선택의 때가 아닙니다. 그 때는 우리가 어느 편을 선택했는지가 드러나는 떠입니다. 지금 오늘이야 말로 올바른 선택을 할 수 있는 기회의 때입니다. 하나님은 바로 이 기회를 주시려고 잠시 지체하고 계시는 것입니다.[22]

"사랑하는 여러분, 이 한 가지만은 잊지 마십시오. 주님께는 하루가 천 년 같고, 천 년이 하루 같습니다. 주님은 어떤 사람들이 생각하듯이 약속을 지키는 데 더디신 분이 아니라 여러분에게 오래 참으셔서 아무도 멸망하지 않고 모두 회개하게 되기를 바라십니다"(벧후 3:8-9).

- 하나님을 알 만한 일이 사람에게 훤히 드러나 있습니다. 이 세상 창조 때부터, 하나님의 보이지 않는 속성, 곧 그분의 영원하신 능력과 신성은, 사람이 그 지으신 만물을 보고서 깨닫게 되어 있습니다. 그러므로 사람들은 핑계를 댈 수가 없습니다(롬 1:19-20).

3. 예수님은 메시아이신가?

1) 예수님의 부활의 의미

신약복음을 요약한다면 예수님이 우리 죄를 위해 죽으시고 장사

---

22 C. S. 루이스, 『순전한 기독교』, 113-115.

되었다가, 사흘 만에 다시 살아나셨다는 것입니다(고전 15:3-4). 신약복음은 예수님의 부활이 있음으로 인해 가능합니다. 부활이 없었다면 예수님은 그저 놀라운 기적을 행한 모세나 엘리야 같은 인물과 다를 바 없습니다. 예수님의 제자들도 기적은 행했습니다. 하지만 예수님의 부활은 그분이 누구신지, 무엇을 하셨는지를 확증해 주었습니다. 부활은 예수 그리스도의 신성을 확증하며, 이 땅에서 예수님의 구속 사역의 완성을 선포하는 사건이었습니다. 십자가와 부활은 두 개의 별개의 사건이 아니라 하나로 연결된 통일된 사건입니다. 부활은 그리스도인들의 소망의 근원이며, 우리도 부활한다는 것을 예시합니다.

제자 도마는 부활하신 예수님을 만난 후 "나의 주님이시며, 나의 하나님이십니다"라고 고백하였습니다. 그러므로 제자들은 십자가와 부활로서 그리스도의 복음을 증거하였습니다.

성육신 하신 인성의 예수님은 영적인 육체를 가지고 부활하셨으며(고전 15:44-45), 잠자는 자의 첫 열매(고전 15:20)가 되시고, 죽는 자들 가운데 먼저 나신 자(골 1:18; 계 1:5)가 되셨습니다. 예수 그리스도의 부활은 신학적으로 다음의 세 가지 의미를 갖습니다.

첫째, 그리스도의 부활은 그리스도가 율법의 모든 요구에 응하셨다는 데 대한 하나님의 선포이십니다(빌 2:9).

둘째, 그리스도의 부활은 성도의 칭의와 중생과 최종 부활을 상징하는 것입니다(롬 6:4-5, 9; 고전 6:14; 15:20-22).

셋째, 그리스도의 부활은 우리의 칭의와 중생과 부활의 근원이

되는 것입니다(롬 4:25; 5:10; 엡 1:20; 빌 3:10; 벧전 1:3).[23]

- 그러므로 우리는 그분의 죽으심과 연합하는 세례(침례)를 받음으로써, 그분과 함께 묻혔습니다. 이것은 그리스도께서 죽은 사람들 가운데서 아버지의 영광으로 살리심을 받은 것과 같이, 우리도 새로운 생명 가운데서 살아가게 하려는 것입니다. 우리가 그의 죽으심과 같은 죽음으로 그와 연합하는 사람이 되었으면, 또한 분명히, 그의 부활하심과 같은 부활로 그와 연합하는 사람이 될 것입니다(롬 6:4-5).
- 우리는, 그리스도께서 죽은 사람들 가운데서 살아나셔서 다시는 죽지 않으시며, 다시는 죽음이 그를 지배하지 못한다는 것을 압니다(롬 6:9).
- 하나님께서 주님을 살리셨으니 그 권능으로 우리도 살리실 것입니다(고전 6:14).
- 그러나 이제 그리스도께서는 죽은 사람들 가운데서 살아나셔서 잠든 사람들의 첫 열매가 되셨습니다. 한 사람으로 말미암아 죽음이 들어왔으니 또 한 사람으로 말미암아 죽은 사람의 부활도 옵니다. 아담 안에서 모든 사람이 죽는 것과 같이 그리스도 안에서 모든 사람이

---

23 루이스 벌코프, 『기독교 교리 요약』(서울: 소망사, 2008), 126.

삶을 얻을 것입니다(고전 15:20-22).
- 예수는 우리의 범죄 때문에 죽임을 당하시고, 또한 우리를 의롭게 하시려고 살아나셨습니다(롬 4:25).
- 우리가 하나님의 원수로 있을 때에도 그분의 아들의 죽으심으로 하나님과 화해하게 되었다면, 하나님과 화해가 이루어진 지금에 와서 하나님의 생명으로 구원을 받으리라는 것은 더욱 확실한 일이 아니겠습니까(롬 5:10)?
- 하나님께서는 이 능력을 그리스도 안에 역사하셔서 그분을 죽은 사람 가운데서 살리시고, 하늘에서 자기의 오른쪽에 앉히셔서(엡 1:20)
- 내가 바라는 것은 그리스도를 알고 그분의 부활의 능력을 깨닫고 그분의 고난에 동참하여 그분의 죽으심을 본받는 것입니다(빌 3:10).
- 우리 주 예수 그리스도의 하나님 아버지께 찬양을 드립시다. 하나님께서는 그 크신 자비로 우리를 거듭나게 하시고, 예수 그리스도를 죽은 사람 가운데서 다시 살리심으로써, 우리에게 산 소망을 안겨 주셨습니다(벧전 1:3).

2) 예수님의 부활은 믿을 수 있는가?

예수님의 부활은 예수님이 죄와 사망을 이기시고, 예수님이 하나님이셨다는 사실을 증명해 줍니다. 사복음서에도 예수님의 부활을 모두 언급하고 있지만 고린도전서에는 사도 바울이 부활하신 예수님을 만났다는 내용이 고린도전서 9:1과 15:8 두 군데 나옵니다. 또 6절에는 500여 형제에게 일시에 보이고 그중에 태반은 고린도전서를 쓸 당시까지도 살아있었다고 하였습니다. 부활하신 예수님을 본 사람들이 열두 제자는 물론 몇백 명의 증인들이 그때까지도 살아있다고 언급한 이 서신은 예수님의 부활을 잘 증명한다고 할 수 있습니다. 그래서 역사학자들은 예수님이 우리의 죄를 대신하여 죽으심과, 3일 만에 부활하심, 그리고 제자들에게 나타나심을 언급한 고린도전서 15:3-8을 신경(creed)이라고 부릅니다. 고린도전서는 예수님이 부활하신 후 불과 20년 정도밖에 안 된 주후 56년경에 쓰여진 성경입니다.

예수님의 부활을 증거하는 정황적인 증거도 많이 있습니다. 예수님의 제자들은 요즘처럼 "사영리"[24] 같은 이론이 아니라 자기들이 눈으로 보고 확인한 "예수님의 죽으심과 부활"을 가지고 복음을 증거하였으며, 그들은 이를 끝까지 죽음(순교)으로써 증거하였습니다. "우리는 보고 들은 것을 말하지 아니할 수 없다 하니"(행 4:20). 부활은 바로 예수님이 하나님이셨다는 것을 그들은 알았기 때문입

---

[24] 제1원리: 하나님은 당신을 사랑하시며, 당신을 위해 놀라운 계획을 가지고 계십니다. 제2원리: 사람은 죄에 빠져 하나님으로부터 떠나 있습니다. 그러므로 하나님의 사랑과 계획을 알 수 없고, 또 그것을 체험할 수 없습니다. 제3원리: 예수 그리스도만이 사람의 죄를 해결할 수 있는 하나님의 유일한 길입니다. 당신은 그를 통하여 당신에 대한 하나님의 사랑과 계획을 알게 되며, 또 그것을 체험하게 됩니다. 제4원리: 우리 각 사람은 예수 그리스도를 "나의 구주, 나의 하나님"으로 영접해야 합니다. 그러면 우리 각 사람에 대한 하나님의 사랑과 계획을 알게 되며, 또 그것을 체험하게 됩니다.

니다. 또 예수님도 "온 유대와 사마리아와 땅 끝까지 이르러 내 증인"(행 1:8; 눅 24:48; 22:15)이 되라고 말씀하셨습니다. 바로 예수님의 십자가 대속의 죽음과 부활을 증언하라는 말씀이십니다.

바리새파 유대인 제사장이며 역사가인 요세푸스(Josephus; 주후 37?-100년경)는 그의 책에 기록하기를 주님의 형제 야고보는 부활하신 예수님을 직접 보고 예수님을 믿었으며, 그래서 예루살렘 교회의 지도자로 활동하다가 나중에 돌에 맞아 죽었다고 기록했습니다. 그리고 우리가 세례를 받을 때 물속에 들어가는 것은 예수님의 죽음을 기념하고, 물 밖으로 나오는 것은 예수님의 부활을 기념하는 뜻을 담고 있습니다. 또 우리가 주후 1세기의 세상을 한번 되돌아볼 때 막강한 철의 제국 로마와 아무 힘도 없고 연약하게 보이기만 했던 교회 중에 어느 쪽이 살아남아 이길 것이라고 생각됩니까? 역사는 교회의 승리를 보여주고 있지 않습니까?

한편 십여 권의 구약성경의 예언들은 진정한 메시아에게만 꼭 들어맞는 지문(예언)을 많이 남겼습니다. 예수님만이 이 많은 예언적 지문에 정확히 들어맞는데, 이는 가히 천문학적인 가능성을 달성한 것입니다. 즉 1조의 13승분의 1의 확률을 맞춘 것이라고 스트로벨 목사는 언급하면서 이는 바로 예수님의 생애와 십자가 상의 죽음과 부활을 믿을 수 없을 정도로 정확하게 확증해 주는 것이라고 하였습니다.

예수님이 죽은 자 가운데서 살아나셨다면 여전히 오늘날에도 살아계시기 때문에 우리는 지금도 개인적으로 예수님을 만날 수가 있습니다. 또 예수님이 죽음을 이기고 부활하셨다면 나의 영생의 문도 열리며, 나도 사후에 부활하는 것을 믿을 수가 있습니다. 우리 죄인된 인간은 절대로 무한히 위대하신 영광의 하나님께로 바로 갈 수가 없습니다. 오직 인성의 예수님을 영접해야만, 예수님과 연합해서, 예수님의 힘을 입어 천국의 하나님께 나아 갈 수가 있는 것입니다. 예수님의 부활을 믿고 예수님을 영접하면 하나님과 한 가족이 되는 놀라운 은혜의 시대에 우리는 살고 있으며, 또 이를 누릴 권리가 우리에게는 있는 것입니다.

국제 전도폭발 단체의 설립자인 제임스 케네디(James D. Kennedy) 목사는 예수님에 관하여 다음과 같이 언급하였습니다.

> 기독교는 인류의 축복이고…인류에 유익한 영향을 끼쳐왔다 …오늘날 의례적인 기독교 환경에서 기독교 윤리 가운데 살아가는 대다수 사람들은 우리가 나사렛 예수에게 얼마나 큰 빚을 졌는지 깨닫지 못한다…이 세상에 존재하는 선과 자비는 대부분 그에게서 온 것이다.[25]

리 스트로벨 목사는 그의 책에서 다음과 같이 밝히고 있습니다.

오늘날 가장 탁월한 철학적 무신론자 중 한 명인 앤터니 플

---

[25] 리 스트로벨, 『특종! 믿음 사건』, 217.

루(Antony Flew)와 기독교 변증학자로서 부활을 전문으로 연구한 게리 하버마스(Gary Habermas) 박사가 "예수는 부활했는가?"라는 주제로 공개 토론회에서 맞붙은 적이 있습니다. 그 결과가 『부활에 관한 무신론자와 유신론자의 대화』(Am Atheist and Theist Dialogue)라는 책으로 나왔습니다. 토론회가 끝난 후, 여러 대학에서 중립적인 입장을 가진 5명의 교수들로 구성된 독립적인 심사위원단은 하버마스 박사에게 4승 1무라는 압도적인 승리를 선언했습니다. 어느 누구도 앤터니 플루의 손을 들어 주지 않았습니다. 그리고 부활에 회의적이었던 한 심사위원은 "이제 부활을 심각하게 받아들여야겠다는 생각이 든다"라고 하였습니다.[26]

그후 플루 박사는 "지적 설계"의 영향을 받아 2004년, "이제 창조주를 믿기 때문에 무신론을 포기한다"고 발표하고, 유신론자가 되었습니다.

의사이며 화학 박사인 프랜시스 콜린스는 클린턴 대통령의 지명을 받아 인간 게놈 프로젝트를 이끌었고, 인간 DNA의 30억 개 유전자를 해독하는 데 성공했습니다. 젊은 시절 콜린스는 무신론자였고, 예수님을 신화, 동화, 옛날 이야기 속의 영웅으로 보았습니다. 그러다 그는 중병이 든 일부 환자들의 믿음을 통해 영적 문제

---

[26] 리 스트로벨, 『예수는 역사다』, 299.

들을 조사하게 되었습니다. 결국 그는 선과 악, 도덕법의 보편적인 존재를 깨달았고, "무한히 선하시고 거룩하신" 하나님을 믿게 되었습니다. 그리고 그와 반대인 자신의 결점, 이기심, 교만과 직면하게 되었습니다. 역사를 살펴본 그는 나사렛 예수의 증거에 깜짝 놀랐습니다.

사복음서는 예수님이 죽으시고 수십 년 이내에 기록되었고, 목격자들의 증언에 탄탄하게 뿌리내리고 있었습니다. 게다가 수세기에 걸쳐 대단히 충실하게 전해져 내려왔습니다. 물론 사복음서는 예수님이 죽은 자 가운데서 육체로 부활했다고 묘사하고 있습니다. 합리적인 과학자가 그런 "허튼소리"를 믿을 수 있을까? 콜린스는 그것이 "어려운 일이었다"고 시인했습니다. 그러나 결국 그는 깨달았습니다. "그리스도가 분명히 주장하는 대로 그가 정말 하나님의 아들이라면, 그분은 더 중요한 목적을 이루기 위해 필요하다면 자연법칙을 중지시킬 수도 있었다."

콜린스에게 이것은 역사적인 호기심 이상의 현안이었습니다. 그는 2006년에 쓴 베스트셀러 『하나님의 언어』(*The Language of God*)에서 이렇게 말했습니다.

> 예수님의 십자가 처형과 부활은 다른 것도 보게 했다. 하나님께 가까이 나아가고 싶은 내 마음은 교만과 죄악으로 막혀 있었다. 그리고 그 교만과 죄악의 근원에는 나의 이기적인 지배욕이 놓여 있었다.

같은 책 뒷부분에서 그의 말은 이렇게 이어집니다.

> 이제는 십자가와 부활이 하나님과 나 사이에 놓인 간격을 이어 줄 유일한 해결책으로 다가온다. 하나님과 나를 이어 줄 분이 바로 예수 그리스도였던 것이다. 이것이 진짜 예수님, 부활하신 예수님이 하시는 일이다.[27]

다음 항에서 예수님의 죽음과 부활에 대해 분야별로 그 증거들을 살펴보겠습니다.

- 내가 전해 받은 중요한 것을, 여러분에게 전해 드렸습니다. 그것은 곧 그리스도께서 성경대로 우리 죄를 위하여 죽으셨다는 것과, 무덤에 묻히셨다는 것과, 성경대로 사흘째 되는 날에 살아나셨다는 것과, 게바에게 나타나시고 다음에 열두 제자에게 나타나셨다고 하는 것입니다. 그다음에 그리스도께서는 한 번에 오백 명이 넘는 형제자매들에게 나타나셨는데, 그 가운데 더러는 세상을 떠났지만, 대다수는 지금도 살아 있습니다. 그다음에 야고보에게 나타나시고, 그다음에 모든 사도들에게 나타나셨습니다. 그런데 맨 나중에 달이 차지 못

---

27 리 스트로벨, 『리 스트로벨의 예수 그리스도』, 189-190.

하여 태어난 자와 같은 나에게도 나타나셨습니다
(고전 15:3-8).

- 우리로서는 보고 들은 것을 말하지 않을 수 없습니다
(행 4:20).

- 그러나 성령이 너희에게 내리시면 너희는 권능을 받고, 예루살렘과 온 유대와 사마리아에서 그리고 마침내 땅 끝에까지 나의 증인이 될 것이다(행 1:8).

(1) 예수님은 십자가 처형으로 죽임을 당하셨다

예수님의 부활을 논증하려면 먼저 예수님이 십자가에서 죽임을 당하셨다는 것을 확실히 해야 합니다. 사복음서 외에도 예수님의 십자가 처형을 증거하는 비기독교 사료들이 많이 있습니다. 예를 들어 로마의 역사가 타키투스(주후 56-117)는 그의 『연대기』에서 다음과 같이 예수님의 처형에 대해 언급하고 있습니다.

주후 64년에 일어난 9일간의 화재는 인간적인 어떤 노력도, 황제의 어떤 하사품도, 어떤 속죄의 제사도 화재가 네로황제의 명령에 따른 것이라는 (헛)소문을 가라앉힐 수 없었다. 이 소문을 종식시키기 위해 네로는 반종교적 성향으로 미움받던 이들을 기술적으로 고문할 것을 명령했다. 그들은 일반적으로 그리스도인들이라고 불리었다. 그 이름은 티베리우스 황제 시대에 "본티오 빌라도 총독이 처형한

그리스도"한테서 비롯되었다. 당시에 처벌되었던 그 사악한 미신은 유대만 아니라 로마(제국)에서까지 다시 파고들어와 더럽고 사악한 것을 퍼트리며 자발적인 동료들을 얻어냈다.[28]

또한 유대인 제사장이며 역사가인 요세푸스(약 주후 38-100)는 빌라도가 "그에게 십자가 처형을 선고했다"고 알려줍니다. 로마 시대 그리스의 문학작가였던 사모사타의 루키아노스(약 주후 120-180)는 십자가 처형에 대해 언급하고, 이교도였던 마리 바 세라피온은 예수님이 처형되었다고 확증해 줍니다. 유대교의 『탈무드』에도 예수님이 (십자가에) 매달리셨다는 기록이 있습니다.[29]

그러나 무엇보다도 당시 유대인들의 최고기관이었던 산헤드린 공의회 의원이었던 아리마대의 요셉이 십자가의 예수님의 시신을 빌라도에게 요청하여 이를 인수, 자기의 무덤에 안치하였습니다. 이는 공개적인 사건으로 당시의 모든 유대인들도 예수님의 죽음을 확인하였음을 의미합니다. 우리는 여기서 예수님이 십자가의 처형을 받고도 살아남을 수 있을 가능성은 전무하다고 봐도 좋습니다.

왜냐하면 로마 군인들은 늘 십자가 처형을 집행하던 사람들로 그 일을 잘해냈으며, 특히 예수님의 처형 명령은 총독 빌라도의 명령이었기 때문입니다.

---

28 인터넷 위키백과, "타키투스"; 리 스트로벨, 『예수는 역사다』, 105.
29 리 스트로벨, 『리 스트로벨의 예수 그리스도』, 138.

(2) 예수님의 무덤은 분명히 비어있었다

예수님의 무덤이 비어 있었음은 여인들과 제자들, 그리고 무덤을 지키던 경계병들과 유대 제사장들이 증거하고 있습니다. 여인들이 처음으로 빈 무덤을 발견한 사실은 사복음서 모두에 기록되어 있습니다. 누가복음 24:10에는 그들이 막달라 마리아와 요안나와 야고보의 어머니 마리아, 그리고 함께 있던 다른 여인들로 기록되어 있습니다. 그리고 이어 제자 베드로와 요한이 다시 그 빈 무덤을 확인합니다(요 20:3-8).

문제는 예수님의 적들인 무덤을 지키던 경계병들과 유대 제사장들의 언행이 또한 빈 무덤을 증거하고 있다는 사실입니다. 경계병들 중 몇 명이 시내에 들어가 대제사장들에게 무덤이 비게 된 사건의 전말을 보고하였습니다. 대제사장들은 장로들과 함께 모여 의논한 후 군인들에게 많은 돈을 주면서 "당신들은 '예수의 제자들이 밤에 와서 우리가 잠든 사이에 시체를 훔쳐 갔다'고 말하시오"(마 28:11-15)라고 하였습니다. 예수님의 적들이 빈 무덤을 증거하고 있는 것입니다.

예수님의 무덤이 비어 있었다는 사실은 예수님 부활의 직접 증거는 아니나, 예수님이 죽은 자 가운데서 살아나셨다는 제자들, 바울, 야고보의 증거나 믿음과 전적으로 합치합니다. 그리고 예수님 십자가 처형 몇 주 후에 베드로는 바로 그 예루살렘에서 군중들에게 "하나님은 이 예수님을 다시 살리셨습니다. 이 일에 대해서는 우리 모두가 다 증인입니다"라고 선포하고 있습니다. 만약 예수님의 무덤이 비어 있지 않고, 시체가 그대로 있는 무덤을 경계병들이 계속 지키고 있었더라면 로마나 유대교 당국자들이 바로 예수님의 무덤을 찾아가 시체를 확인했을 것이고, 베드로는 그 자리에서 돌에 맞아 죽거나 바로 체포되었을 것입니다.

(3) 교회의 박해에 앞장섰던 바울의 회심

바울은 교회를 박해하는데 누구보다도 앞장섰던 인물입니다. 그런 바울이 교회를 핍박하려고 다메섹으로 가던 도중에 예수님을 만나고(고전 9:1, 15:8) 회심하는 사건이 일어났습니다. 제자들의 가족이나 친구들이 회심한 것이 아니라 예수님의 적이 회심한 사건입니다. 여기에는 상당한 증거가 있게 마련입니다. 회심 후에 바울은 수많은 곳에 전도여행을 다니다가 마지막에는 순교까지 하였습니다. 거짓말쟁이는 순교자가 될 수가 없습니다. 초대 교회의 교부 터툴리안도 "순교는 그리스도인들의 무죄를 반증한다"고 하였습니다. 바울의 회심과 개종에 관한 이야기는 사도행전 9장에 자세히 언급되어 있습니다. 그리고 바울은 부활하신 예수님이 500여 명이 넘는 형제들에게 일시에 나타나셨음도 증언하고 있습니다(고전 15:8).

(4) 제자들은 예수님의 부활을 목격하였음을 증언하였다

죽은 사람은 산 사람들 앞에 나타날 수 없습니다. 예수님의 부활에 대한 논증은 두 가지만으로도 충분합니다.

첫째, 예수님은 십자가 상에서 틀림없이 죽으셨다.

둘째, 예수님은 부활하셔서 여러 사람들에게 나타나셨다.

이 두 가지만 입증할 수 있다면 예수님이 정말로 부활하셨다는 것이 증명됩니다.

예수님의 제자들은 십자가에서 죽으신 스승 예수님이 실제로 부활하셔서 자기들 앞에 나타나셨음을 증언하는 많은 기록들을 남겼습니다. 그런데 제자들이 예수님의 부활을 증언하는 사복음서나 바울의 이른 서신들은 예수님의 부활 후 불과 20~40년만에 기록되었습니다. 이 문서들은 구두 전승이 아니라 제자들이 직접 목격한 예수님의 부활을 당대에 직접 기록한 것입니다. 그리고 그들은 죽음으로 예수님의 부활과 그들의 증언을 지켰습니다.

또한 사복음서는 고대의 여타 역사적 전기나 기록물들과 비교해 볼 때 정말 신빙성을 부여할 수 있습니다. 제자들은 처음부터 예수님의 부활로써 복음을 증거하였습니다(행 2:23-24).

예수님이 부활하신 후 제자들과 여인들에게 나타나신 주요한 기록을 살펴보면 다음과 같습니다.

- 막달라 마리아에게 나타나심(요 20:10-18).
- 엠마오 도상에서 글로바와 두 제자에게 나타나심 (눅 24:13-32).
- 열한 제자를 포함한 여러 사람들 앞에 나타나심 (눅 24:33-49).

- 도마를 제외한 열 사도와 여러 사람들 앞에 나타나심
  (요 20:19-23).
- 도마와 다른 사도들에게 나타나심(요 20:26-30).
- 다른 여자들에게 나타나심(마 28:8-10).
- 제자들에게 나타나심(마 28:16-20).
- 그리고 승천하시기 전, 감람산에서 사도들과 함께 계심
  (눅 24:50-52; 행 1:4-9).

만약 제자들이 예수님의 부활을 거짓 증언을 하였다면, 그들은 이 거짓말을 지키기 위하여 비참하게 죽는 죽음을 택한 것입니다.

- 세베대의 아들 야고보: 참수형
- 빌립: 매를 맞고 투옥되어 십자가형을 당함
- 마태: 반은 도끼이고 반은 칼인 마늘창이라는 무기로 잔인하게 살해됨
- 안드레: 십자가형
- 마가: 몸이 갈기갈기 찢겨 죽음
- 바돌로매: 매를 맞고 십자가형을 당함
- 베드로: 십자가에 거꾸로 매달려 죽음
- 요한: 밧모 섬으로 유배됨[30]

---

30 J. P. 모얼랜드, 팀 뮬 호프, 『이렇게 답하라』, 104.

이렇게 많은 제자들이 거짓말을 위하여 이런 참혹한 죽임을 당한다는 것이 가능할까요? 그들이 거짓말로서 얻을 수 있는 것은 비참한 죽음뿐이었습니다.

(5) 예수님을 의심했던 친동생 야고보의 부활 증언과 회심

마가복음 6:3에 보면 예수님은 야고보, 요셉, 유다, 시몬이라는 최소한 네 명의 남동생들과 이름이 밝혀지지 않은 여동생들이 있었다고 기록되어 있습니다. 그런데 예수님 생전에는 이들이 예수님을 따르지 않았습니다. 그래서 예수님이 십자가에 못 박혔을 때 마지막에 그의 어머니를 보살피는 일을 제자 요한에게 맡겼습니다. 동생들 가운데 누구도 예수님을 따르는 신자가 없었으므로 예수님은 어머니를 영적인 형제의 손에 맡기기를 원하셨던 것입니다. 하지만 그 후에 중대한 일이 일어났습니다.

고린도전서 15:7에 부활하신 예수님이 야고보에게 나타나셨다고 기록하고 있습니다. 바울이 예수님 부활 후 3년 만에 다시 예루살렘을 방문했을 때, 그때 이미 야고보는 예루살렘교회의 지도자가 되어 있었습니다(행 15:12-21; 갈 1:19). 바울은 이때 야고보로부터 그가 부활하신 예수님을 만난 신앙고백을 직접 들었을 가능성이 큽니다. 그래서 바울은 주후 56년경에 기록한 고린도전서에 이 사실을 기록하였던 것입니다.

야고보는 부활하신 예수님을 만난 후 그분이 메시아였음을 확신하고 그리스도인이 되었습니다. 그리고는 예루살렘교회의 지도자

로 활동하다가 마지막에 돌에 맞아 죽는 순교까지 하게 된 것입니다. 이 사실은 성경뿐만이 아니라 요세푸스의 기록에도 증언되어 있습니다. 여기서 우리는 야고보의 회심이 부활하신 예수님을 확실히 증거하고 있음을 알 수 있습니다.

탈봇신학교의 모얼랜드(J. P. Moreland) 교수는 예수님의 부활 사실에 대한 정황 증거 다섯 가지를 『예수는 역사다』라는 책에서 아래와 같이 증언하고 있습니다.

> a. 제자들은 죽기까지 하면서 부활의 믿음을 지켰습니다.
> 이 세상에 거짓말을 위하여 목숨을 버릴 사람은 아무도 없습니다.
> b. 예수님을 따르지 않던 자들의 회심이 있었습니다.
> 예수님의 동생 야고보와 제자들을 핍박하던 바울도 부활하신 예수님을 만나고 나서 회심하였습니다.
> c. 당시 유대인 사회의 구조와 삶에 핵심적인 변화를 가져 왔습니다.
> 첫째, 당시까지 유대인들은 죄를 용서받고자 할 때는 동물 희생 제사를 드렸습니다. 그러나 예수님 부활 후, 그를 따르는 유대인들은 더이상 희생 제사를 드리지 않았습니다.
> 둘째, 당시 유대인들은 하나님께서 모세를 통해 주신 율법을 지켜야 하는 사회였습니다. 그러나 예수님이 부활

하신 지 얼마 지나지 않아서, 그를 따르던 유대인들은 모세의 율법을 지키는 것만으로는 자신들의 공동체 멤버가 될 수 없다고 주장하기 시작했습니다.

셋째, 유대인들은 매주 토요일은 안식일을 철저하게 지켰습니다. 그런데 예수님 부활 후 1,500년 동안 지켜져 오던 그 전통이 갑자기 바뀌었습니다. 그리스도인들은 예수님이 부활하신 일요일에 예배를 드렸습니다.

넷째, 유대인들은 유일신, 즉 한 분 하나님을 믿었습니다. 그런데 그리스도인들은 유일신론은 가르치면서도, 아버지와 아들과 성령이 하나라고 가르쳤습니다. 그리고 10년이 지나기도 전에 그들은 예수님을 하나님으로 경배하기 시작했습니다.

다섯째, 그리스도인들은 온 세상의 죄를 위하여 고통받고 죽는 메시아를 말했습니다. 반면에 유대인들은 로마 군대를 쳐부수는 메시아, 즉 정치 지도자로서의 메시아를 믿고 기다리고 있었습니다.

d. 성찬과 새로운 세례 의식을 행하였습니다.

예수님을 따르던 사람들은 그의 가르침이나 인격을 찬양하기 위해서 모이지 않았습니다. 그들이 주기적으로 모여서 성찬을 나누었던 이유는 단 한 가지, 예수님이 우리들의 죄를 위하여 많은 사람들이 보는 앞에서 끔찍하고 굴욕적인 방법으로 죽임당했음을 기억하기 위해서였습니다. 그들은 예수님이 더 큰 영광으로 나아가기 위해서는 반드시 십자가의 길을 걸으셔야만 했다고 생각했습니다. 그의 죽음은 마지막이 아니었습니다. 예수님이 우리들 모두를 위해서 죽음을 이기시고 부활하셨다는 것이 마지막입니다. 성찬과 마찬가지로 세례도 예수님의 죽음을 기념하는 의식입니다. 물속에 들어가는 것은 예수님의 죽음을 의미하고, 물 밖으로 나오는 것은 예수님의 부활을 기념하는 뜻을 담고 있습니다. 세례는 우리도 그의 길을 따른다는 의미입니다. 또 예수님 부활 이후 유대 전통과는 달리 성부와 성자와 성령의 이름으로 세례를 받았습니다.

e. 교회가 출현하였습니다.

예수님 부활 직후 생겨난 교회는 채 20년이 되기도 전에 로마 황실까지 들어갈 정도로 급속하게 성장했습니다. 당시 상황을 되돌아보면 기독교를 핍박하던 강력한 로마제국과 갓 생겨난 기독교 중 어느 쪽이 살아남아야 하겠습니까? 역사는 기독교가 로마제국 전체를 압도했음을 증명하고 있습니다. 좀 다른 이야기라고 할 수 있지만 지금 우리는 귀한 자식들에게는 베드로나 바울이라는 이름을 지어 주지만, 강아지들에게는 네로라는 이름을 붙여주고 있지 않습니까?

부활하신 예수 그리스도를 만나는 사건은 지금도 세계 곳곳에서 계속 일어나고 있습니다. 배운 사람이나 못 배운 사람, 부자나 가난한 사람, 여자나 남자 등등 세계 각국의 다양한 문화 속에 살고 있는, 다양한 배경과 다양한 개성을 가진 사람들이 부활하신 그리스도를 만나 회심하고 있습니다. 그들은 모두 자신들의 인생에서 가장 중요한 사건은 예수 그리스도께서 자신의 삶을 변화시킨 사건이라고 증언할 겁니다.

모얼랜드 교수 자신도 "대학 시절에 예수님을 영접한 이래 지금까지 30년 동안 수백 가지의 기도 응답을 받았습니다. 그리고 상식적으로는 설명할 수 없는 일들을 체험하기도 했습니다. 또 제 자신이 상상할 수 없을 정도로 변화된 삶을 살아가고 있습니다"고 하였습니다.[31]

- 그러자 온 회중은 조용해졌다. 그리고 그들은 바나바와 바울이 하나님께서 자기들을 시켜서 이방 사람들 가운데서 행하신 여러 가지 표적과 기이한 일들을 보고하는 것을 들었다. 그들의 말이 끝나자 야고보가 이렇게 말하였다. "형제 여러분, 내 말을 들으십시오. 하나님이 처음으로 이방인 중에서…"(행 15:12-13).

- 그러나 나는 주의 동생 야고보 밖에는 사도 가운데 누구

---

31 리 스트로벨,『예수는 역사다』, 340.

도 만나지 않았습니다(갈 1:19).

3) 예수님은 메시아이신가?

(1) 예수님은 하나님의 속성들을 가지고 있었는가?[32]

예수님이 성육신 하시어 이 세상에 오시기 전인 구약 시대에는 성부 하나님이 직접 이스라엘 백성이나 선지자들에게 당신의 모습이나 형상을 드러내셔서 스스로가 어떤 분이신지를 가르쳐 주셨습니다. 그래서 구약성경에는 하나님이 어떤 분이신가에 대해 특징적으로 잘 기록되어 있습니다.

구약에 의하면 유일신이신 하나님은 무소부재하셔서 우주의 어디에나 계시며, 전지전능하셔서 모르는 것이 없으시고, 모든 능력을 가지신 분이십니다. 또 영원하셔서 시간과 공간을 초월하시며, 불변하시고 변함이 없으신 분이십니다. 그리고 거룩하시고 의로우시며 지혜로우시고 공평하시며 사랑이 많으신 분이십니다. 예수님은 자기가 하나님이라고 하셨습니다. 그러면 과연 예수님은 위와 같은 하나님의 속성들을 가지고 계셨는가 질문해 볼 수 있습니다.

① 예수님의 부활과 인간의 죄를 용서해 주심

예수님은 하나님이신가에 대한 질문에 우리는 언뜻 예수님이 행

---

32 속성 : 하나님이나 사물의 특징이나 성질.

하신 수많은 기적에 주목합니다. 그러나 그런 기적은 제자들도 가끔 행하였습니다. 예수님의 신성을 증거해 주는 결정적인 증거들 중에는 우선 예수님이 죽음을 이기고 부활하셨으며, 인간의 죄를 용서해 주셨다는 것입니다. 예수님의 부활에 관해서는 전장에서 자세히 살펴보았습니다.

예수님이 죄인들의 죄를 용서해 주셨을 때(눅 5:20), 유대인들은 즉각 그 말이 여호와 하나님을 모독하는 말이라고 하면서 "하나님 외에 누가 인간의 죄를 용서할 수 있단 말인가?"(눅 5:21)라고 격렬히 반응하였습니다. 오직 하나님만이 하실 수 있는 일을 예수님이 하셨기 때문입니다. 예수님이 인간의 죄를 용서하셨다는 것은 예수님이 정말 하나님이시거나 아니면 미치광이나 정신병자 둘 중 하나일 것입니다. 그런데 예수님을 반대하는 사람들조차도 예수님 행적의 기록인 복음서를 읽을 때 전혀 우스꽝스러운 인상을 받지 않는다는 것입니다. 이것은 예수님을 위대한 도덕적 스승으로는 받아들이지만, 하나님이라는 주장은 받아들일 수 없다는 입장에 대한 반증입니다. 우리가 죄를 용서해 준다는 것은 해를 입은 사람이 해를 끼친 사람에게 베푸는 것입니다. 그런데 예수님은 그런 관계가 없는 제삼자의 죄를 용서해 주신다고 선언하시고 병도 고쳐 주셨습니다. 이건 예수님이 정말 하나님이 아니시면 하실 수가 없는 행동입니다.[33]

---

33 C. S. 루이스, 『순전한 기독교』, 92, 93.

그리고 예수님은 스스로 죄가 없는 무죄한 분이셨습니다(벧전 2:22; 요 8:46). 이 세상에 하나님 외에 과연 누가 구죄할 수가 있습니까? 또 예수님은 자신을 성부 하나님이 사용하신 말씀, 곧 "스스로 있는 자(I Am), 나다"로 표현하셨습니다(막 6:50). 여기서 "나다"라는 말씀은 출애굽기 3:14에서 하나님이 모세에게 하신 말씀 "나는 스스로 있는 나다"와 동일한 표현입니다. 즉 하나님이 모세에게 자신을 "I Am"으로 가르쳐주셨는데, 예수님도 똑같은 주장을 하시는 것입니다. 이것은 예수님 자신이 하나님의 속성을 가지신 것을 나타냅니다.

마지막으로 예수님은 자기를 믿으면 영원한 생명을 얻는다고 말씀하십니다(요 5:24; 5:39-40). 위의 모든 사례들에서 예수님은 하나님의 권능을 가지고 계심을 나타냅니다.

- 예수께서 그들의 믿음을 보시고 이 사람아, 네 죄가 용서함을 받았다 하고 말씀하셨다(눅 5:20).
- 그는 죄를 지은 일이 없고, 그의 입에서는 아무런 거짓도 찾아볼 수 없었습니다(벧전 2:22).
- 너희 가운데서 누가 나에게 죄가 있다고 단정하느냐? 내가 진리를 말하는데, 어찌하여 나를 믿지 않느냐?(요 8:46)
- 그를 보고, 모두 놀랐기 때문이다. 그러나 예수께서 곧 그들에게 말씀하셨다. "안심하라. 나다. 두려워하지 말아라"(막 6:50).

- 하나님이 모세에게 대답하였다. "나는 스스로 있는 나다. 너는 이스라엘 자손에게 이르기를 스스로 계신 분이 나를 너희에게 보내셨다 하여라"(출 3:14).
- 내가 진정으로 진정으로 너희에게 말한다. 나의 말을 듣고 또 나를 보내신 분을 믿는 사람은 영생을 얻고, 심판을 받지 않는다. 그는 죽음에서 생명으로 옮겨 갔다(요 5:24).
- 너희가 성경을 연구하는 것은 영원한 생명이 그 안에 있다고 생각하기 때문이다. 성경이 나를 증언하고 있다. 그런데 너희는 생명을 얻으러 나에게 오려고 하지 않는다(요 5:39-40).

② 스스로 신성을 제한하신 성육신의 신비

무한하시고 영원하신 분이 육신의 옷을 입고 이 땅에 오셨다는 것은 스스로 시간과 공간의 굴레 안으로 들어오신 것이며, 무한하신 분이 유한하신 존재가 되심으로써 스스로 신성의 일부를 제한하신 것입니다. 그래서 예수님은 신성과 인성을 가지시고 성육신 하신 것입니다. 성육신 속에는 예수님이라는 인성의 범위와 그리스도라는 하나님의 범위가 동시에 존재하고 계신 것입니다. 이 내용은 빌립보서 2:6-8에 잘 나타나 있습니다. "그분은 하나님의 모습을 지니셨으나, 하나님과 동등함을 당연하게 생각하지 않으시고, 오히려 자기를 비워서 종의 모습을 취하시고 사람과 같이 되셨습니다. 그는 사람의 모양으로 나타나셔서, 자기를 낮추시고 죽기까지 순종하셨으니, 곧 십자가에 죽기까지 하셨습니다." 예수님은 육신으로 이 땅에 오시면서 그분의 신성, 즉 하나님으로서의 속성의 일부를 스스로 제한하신 것입니다. 그래서 예스님은 이 세상에 계신 동안에는 두 장소에 동시에 계시지를 않으셨으며, "그 날과 그 때는 아들도 모른다"(막 13:32)고 하신 것입니다.

③ 성경이 증거하는 예수님의 하나님 속성

성경은 여러 가지 모양으로 예수님이 하나님이심을 증거하고 있습니다.

- 예수님의 신성: 시몬 베드로가 대답하였다. "선생님은 살아계신 하나님의 아들 그리스도 십니다"(마 16:16).
- 예수님의 전지하심: 이제야 우리는 선생님께서 모든 것을 알고 계심을 알았습니다. 그래서 누구도 선생님께 여쭈어 볼 필요가 없습니다. 이것으로 우리는 선생님이 하나님께로부터 오신 것을 믿습니다(요 16:30).
- 예수님의 편재하심: …내가 세상 끝 날까지 항상 너희와 함께 있을 것이다(마 28:20).
- 예수님의 편재하심: 두세 사람이 내 이름으로 모이는 자리에는, 내가 그들과 함께 있다(마 18:20).
- 예수님의 전능하심: …나는 하늘과 땅의 모든 권세를 받

았다(마 28:18).
- 예수님의 영원하심: 태초에 말씀이 계셨다. 그 말씀은 하나님과 함께 계셨다. 그 말씀은 하나님이셨다(요 1:1).
- 예수님의 불변하심: 예수 그리스도께서는 어제나 오늘이나 영원히 한결같으신 분이십니다(히 13:8).

(2) 구약의 예언과 메시아의 오심

구약성경에는 하나님이 그의 백성들을 구원하시기 위해 보내실 메시아에 관한 예언들이 많이 있습니다. 메시아는 "기름 부음 받은 자"란 뜻이며 헬라어로는 "그리스도"입니다. 지난 2천 년 동안 그리스도란 명칭은 예수님의 이름에 확고부동하게 붙어서 사용되어 왔습니다. 즉 2천 년 전에 오신 예수님이 구약성경에 예언된 메시아, 그리스도라는 뜻이지요. 그러면 과연 예수님은 자기가 태어나기 500-1,500년 전에 쓰인 이 구약의 예언들과 일치하며, 이 예언들은 예수님에 의해 성취되었는가 하는 문제를 한번 알아보고자 합니다.

성경은 어떤 구절이 메시아에 관한 구절인지 밝히고 있지 않기 때문에 학자들은 이를 판단하기 위해 성경 문맥의 앞뒤를 잘 살펴보아야 합니다. 바톤 페인은 그의 저서 『성경 예언 백과사전』(Encyclopedia of Biblical Prophecy)에서 구약성경 3,348구절

중 메시아를 예언하는 부분 127개를 찾아냈습니다.[34] 예를 들어 이사야서는 메시아의 출생 방식(처녀에게서)에 대해 밝혀주고 있고, 미가서는 출생 장소(베들레헴)를 정확하게 가르쳐 주고 있습니다. 창세기와 예레미야서는 그의 가계(아브라함과 이삭과 야곱의 후손, 유다 족속, 다윗 집안에서 출생)를 열거하고 있습니다. 시편에는 그가 배신당하며, 거짓 증인들의 고소를 받으며, 어떻게 죽을 것인지(아직 십자가 형이 생기기 전이었지만 손과 발이 뚫려서 죽을 것이라는 내용), 그리고 그의 부활(썩지 않고 승천하실 것이라는 내용)에 대해 예언하고 있으며, 그 외에도 많은 예언들이 있습니다.[35]

    이런 예언들이 예수님에 의해서 정말 이루어졌다면 그 사실은 실로 엄청난 의미를 가집니다. 왜냐하면 그것은 첫째, 성경의 예언과 실현이라는 초자연적인 성격을 말해주고 있기 때문입니다. 둘째, 이 예수님은 이스라엘과 세계의 구원자로서 하나님이 보내신 자라는 그의 정체성을 확증하기 때문입니다. 예수님 스스로도 사마리아 여인이 "메시아 곧 그리스도라 하는 이가 오실 줄을 내가 아노니"(요 4:25)라고 말했을 때 예수님은 "네게 말하는 내가 그로라"(요 4:26)라고 말씀하셨기 때문입니다.

    예수 그리스도에 대한 이런 예언과 성취에 대해 무신론자들이나 유대인들은 어떤 주장들을 하고 있습니까?

---

34   리 스트로벨, 『리 스트로벨의 예수 그리스도』, 235.
35   리 스트로벨, 『예수는 역사다』, 237.

① 우연의 일치다?

예수 그리스도에 대한 이런 많은 예언들이 우연의 일치라는 주장은 요즘은 무신론자들도 대체로 배제하고 있습니다. 왜냐하면 수학자들이 계산을 해 보니까 단지 여덟 개의 예언만 우연히 성취될 가능성도 확률적으로는 1만조 분의 1이나 된다고 합니다. 수학자 피터 스토너는 48개의 예언이 모두 우연히 성취될 확률은 1조의 12승 분의 1이라고 하였습니다.[36] 이건 10에 0이 24개나 붙는 숫자 분의 1이라는 말입니다. 이는 그 많은 예수 그리스도에 대한 예언의 성취가 모두 우연히 이루어지는 것은 결코 불가능함을 말해 주고 있습니다.

이러한 예언과 성취를 베드로는 "하나님께서는, 모든 예언자의 입을 빌어서 그리스도가 고난을 받아야만 한다고 미리 선포하신 것을, 이와 같이 이루셨습니다"(행 3:18)라고 말하고 있습니다.

② 성경의 내용이 조작되었다?

혹자는 예수님이 구약의 예언들을 성취하시지도 않았는데 신약성경의 저자들이 마치 예수님에 의해 구약의 예언들이 성취된 것처럼 기록했다고 주장합니다. 예를 들어 예수님이 은돈 30냥에 팔리신 것이나, 예수님을 처형한 로마 군병들이 예수님의 겉옷을 가지고 제비를 뽑은 일이나, 두 강도들과는 달리 예수님의 다리뼈가 꺾

---

[36] Ibid., 242.

이지 않은 것 등은 구약의 예언에 맞추기 위하여 성경의 저자들이 꾸며낸 이야기라는 겁니다.

그러나 복음서나 서신서들이 기록되고 배포될 당시에는 아직도 예수님의 행적과 처형 사건을 목격했던 많은 사람들이 살아 있었습니다. 거짓말로 쓴 복음서는 당장 유대인 지도자들로부터 공격을 받았을 겁니다. 그러나 유대인들의 그러한 기록은 어디에도 없으며, 유대인들의 탈무드에는 예수님에 대한 경멸적인 기록이 몇 군데 언급되어 있지만 복음서가 거짓말이라거나, 예언 성취가 거짓말이라는 언급은 한 군데도 없습니다. 더군다나 신약성경의 저자들은 대부분 순교를 하면서까지 예수님의 예언 성취를 증거하였습니다. 거짓말을 지키기 위하여 자기 목숨을 내놓을 사람은 이 세상에 아무도 없을 것입니다.

③ 메시아에 대한 구약 예언의 신약 성취 기록

구약의 이사야 53장은 많은 신학자들이 예수님의 메시아이심을 가장 잘 예언한 내용으로 보고 있으며 또 예수님의 고난 예언으로 제일 많이 인용되는 부분이기도 합니다. 그리고 미가 5:2에는 메시아가 예수님이 탄생하신 베들레헴에서 나올 것임을 예언하고 있습니다. 구약의 메시아에 대한 많은 예언들이 예수님에 의해 성취되었으나, 특히 예수님의 십자가 처형 전 24시간 동안에 성취된 메시아의 고난 예언이 29개나 있습니다. 여기서 우리는 이사야서 53장과 함께 예수님 처형 전 24시간 동안에 성취된 주요 고난 예언 10

개를 찾아보도록 하겠습니다. 예수님은 "내가 전에 너희와 함께 있을 때에 너희에게 말하기를, 모세의 율법과 예언자의 글과 시편에 나를 두고 기록한 모든 일이 반드시 이루어져야 한다고 하였다"(눅 24:44)고 말씀하셨는데 과연 그 예언들과 예수님의 말씀이 어떻게 성취되었는지 알아봅니다.

- 예수께서 그들에게 말씀하셨다. "내가 전에 너희와 함께 있을 때에 너희에게 말하기를, 모세의 율법과 예언자의 글과 시편에 나를 두고 기록한 모든 일이 반드시 이루어져야 한다고 하였다"(눅 24:44).

- 우리가 들은 것을 누가 믿었느냐? 주님의 능력이 누구에게 나타났느냐? 그는 주님 앞에서, 마치 연한 순과 같이, 마른 땅에서 나온 싹과 같이 자라서, 그에게는 고운 모양도 없고, 훌륭한 풍채도 없으니, 우리가 보기에 흠모할 만한 아름다운 모습이 없다.
그는 사람들에게 멸시를 받고, 버림을 받고, 고통을 많이 겪었으며, 병고를 아는 사람이다.
사람들이 그에게서 얼굴을 돌렸고, 그가 멸시를 받으니, 우리도 덩달아 그를 귀하게 여기지 않았다.
그는 실로 우리가 받아야 할 고통을 대신 받고, 우리가 겪어야 할 슬픔을 대신 겪었다.

그러나 우리는, 그가 징벌을 받아서 하나님에게 맞으며,
고난을 받는다고 생각하였다.
그러나 그가 찔린 것은 우리의 허물 때문이고,
그가 상처를 받은 것은 우리의 악함 때문이다.
그가 징계를 받음으로써 우리가 평화를 누리고,
그가 매를 맞음으로써 우리의 병이 나았다.
우리는 모두 양처럼 길을 잃고, 각기 제 갈 길로 흩어졌으나,
주님께서 우리 모두의 죄악을 그에게 지우셨다.
그는 굴욕을 당하고 고문을 당하였으나, 아무 말도 하지 않았다.
마치 도살장으로 끌려가는 어린 양처럼, 마치 털 깎는 사람 앞에서 잠잠한 암양처럼,
끌려가기만 할 뿐, 아무 말도 하지 않았다.
그가 체포되어 유죄판결을 받았지만
그 세대 사람들 가운데서 어느 누가, 그가 사람 사는 땅에서 격리된 것을 보고서,
그것이 바로 형벌을 받아야 할 내 백성의 허물 때문이라고 생각하였느냐?
그는 폭력을 휘두르지도 않았고, 거짓말도 하지 않았지만,
사람들은 그에게 악한 사람과 함께 묻힐 무덤을 주었고,
죽어서 부자와 함께 들어갈 묘실을 마련하였다.

주님께서 그를 상하게 하고자 하셨다. 주님께서 그를 병
들게 하셨다.
그가 그의 영혼을 속건제물로 여기면,
그는 자손을 볼 것이며, 오래오래 살 것이다.
주님께서 세우신 뜻을 그가 이루어 드릴 것이다.
"고난을 당하고 난 뒤에, 그는 생명의 빛을 보고 만족할 것
이다.
나의 의로운 종이 자기의 지식으로 많은 사람을 의롭게
할 것이다.
그는 다른 사람들이 받아야 할 형벌을 자기가 짊어질 것
이다.
그러므로 나는 그가 존귀한 자들과 함께 자기 몫을 차지
하게 하며,
강한 자들과 함께 전리품을 나누게 하겠다.
그는 죽는 데까지 자기의 영혼을 서슴없이 내맡기고,
남들이 죄인처럼 여기는 것도 마다하지 않았다.
그는 많은 사람의 죄를 대신 짊어졌고,
죄지은 사람들을 살리려고 중보하였다"(사 53장).

- 그러나 너 베들레헴 에브라다야, 너는 유다의 여러 족속 가운데서 작은 족속이지만, 이스라엘을 다스릴 자가 네게서 내게로 나올 것이다. 그의 기원은 아득한 옛날, 태초에까지 거슬러 올라간다(미 5:2).

예수님 십자가 수난 24시간 전에 성취된 예언 10가지는 다음과 같습니다.

- 예언: 그분은 은 삼십 개에 팔리실 것이다(슥 11:12).
  성취: 마 26:14-15

- 예언: 몸값으로 받은 돈이 토기장이에게 던져지고, 그것은 삼십 개의 은으로 주의 집에서 던져질 것이다 (슥 11:13).
  성취: 마 27:3-10

- 예언: 나는 등을 때리는 자들에게 등을 맡겼고, 내 수염을 뽑는 자들에게 뺨을 맡겼다. 내게 침을 뱉고 나를 모욕하여도 내가 그것을 피하려고 얼굴을 가리지도 않았다(사 50:6).
  성취: 마 26:67

- 예언: 그는 굴욕을 당하고 고문을 당하였으나, 아무 말도 하지 않았다. 마치 도살장으로 끌려가는 어린 양처럼, 마치 털 깎는 사람 앞에서 잠잠한 암양처럼 끌려가기만 할 뿐, 아무 말도 하지 않았다(사 53:7).
  성취: 마 27:12-14, 벧전 2:23

- 예언: 악한 일을 저지르는 무리가 나를 에워싸고 내 손과 발을 찔렀습니다(시 22:16).

  성취: 눅 23:33, 요 20:25-27

- 예언: 그는 죽는 데까지 자기의 영혼을 서슴없이 내맡기고, 남들이 죄인처럼 여기는 것도 마다하지 않았다. 그는 많은 사람의 죄를 대신 짊어졌고, 죄지은 사람들을 살리려고 중재에 나선 것이다(사 53:12).

  성취: 막 15:27-28

- 예언: 나의 겉옷을 원수들이 나누어 가지고, 나의 속옷도 제비를 뽑아서 나누어 가집니다(시 22:18).

  성취: 요 19:23-24

- 예언: 나의 하나님, 나의 하나님, 어찌하여 나를 버리십니까(시 22:1)?

  성취: 마 27:46

- 예언: 그들은 나 곧 그들이 찔러 죽인 그를 바라보고서 외아들을 잃고 슬피 울듯이 슬피 울며, 맏아들을 잃고 슬퍼하듯이 슬퍼할 것이다(슥 12:10).

  성취: 요 19:34-37

- 예언: 사람들은 그에게 악한 사람과 함께 둔힐 무덤을 주었고, 죽어서 부자와 함께 들어가게 하였다(사 53-9).
  성취: 마 27:57-60

4) 예수님의 신성과 인성

트리니티웨스턴대학의 크레이그 에반스 박사는 수십 년 동안 구약성경과 신약성경을 연구한 경험에 비추어 볼 때 그는 개인적으로 훨씬 더 현실적인 예수님의 모습을 보게 되었다고 고백했습니다. 그는 많은 그리스도인들, 심지어 보수적이고 성경을 믿는 그리스도인들조차도 예수님의 신성은 확실하게 믿지만 그분의 성육신, 즉 인성에 대해서는 안타깝게도 예수님이 얼마나 인간이셨는가에 대해 피상적으로만 이해하고 있다고 하였습니다. 그들은 실제로 인성의 예수님은 진짜가 아니었고 인간의 가면을 쓰고 인간인 척하시는 하나님으로 생각하는 듯하다고 하였습니다. "우리는 예수님의 고난의 대속을 상당 부분 놓치고 있습니다. 그분은 우리처럼 시험을 받으시고, 우리가 죽어야 할 자리에 서서 우리 대신 인간으로 고난을 받으면서 십자가에서 죽으셨습니다. 하나님은 천사를 보내시지 않았습니다"고 하였습니다.[37]

바울은 빌립보서 2:5-8에서 하나님이 그리스도 안에서 자신이

---

37 리 스트로벨, 『리 스트로벨의 예수 그리스도』, 76.

신성을 독립적으로 사용하는 것을 자발적으로, 그리고 의식적으로 제한한다고 말씀하고 있습니다.

우리는 거룩하신 예수님만 너무 강조하다가 그분의 온전하신 인성을 놓쳐 자칫 우리가 예수님의 고난으로 죄 사함을 받은 대속의 의미까지 놓치는 일은 없어야 하겠습니다. 일찍이 초대 교회는 예수님의 인성은 잘 믿었으나 그분의 신성에 대해서는 이를 확립하는데 많은 노력이 필요했습니다. 그러나 초대 교회 교부들은 성령님의 영감과 인도하심으로 진실이 무엇인지를 알았으며, 좌우의 여러 오류와 함정들을 피해 올바른 결정을 내렸던 것입니다.

복음서에도 육신의 예수님은 하나님과 유일무이한 관계이심을 보여주고 있으며, 자신이 인성과 신성을 가지신 분이었다는 것을 "부활"로서 증명하셨습니다. 부활이 없었다면 우리는 예수님을 그저 기적을 행한 모세나 엘리야 같은 인물로 보았을 것입니다. 부활은 분명 사실이었으며, 부활은 그분의 인성과 신성, 그분이 누구신지를 확증해 주었습니다.

이상에서 살펴본 여러 역사적 사실들과 기록이 예수님의 행적과 정확히 일치함을 볼 때, 또 예수님 부활의 역사적 확실성으로 미루어 보아, 예수님은 구약의 창세기부터 면면이 예언되어 온 메시아임이 분명함을 우리는 알 수 있습니다. 예수님도 마지막으로 십자가에서 구약의 모든 예언들을 "다 이루었다"(요 19:30)라고 말씀하셨습니다.

- 여러분은 이런 태도를 가지십시오. 그것은 곧 그리스도 예수께서 보여 주신 태도입니다. 그분은 하나님의 모습을 지니셨으나, 하나님과 동등함을 당연하게 생각하지 않으시고, 오히려 자기를 비워서 종의 모습을 취하시고 사람과 같이 되셨습니다. 그는 사람의 모양으로 나타나셔서, 자기를 낮추시고 죽기까지 순종하셨으니, 곧 십자가에 죽기까지 하셨습니다(빌 2:5-8).
- 예수께서 신 포도주를 받으시고서, "다 이루었다" 하고 말씀하신 뒤에, 머리를 떨어뜨리시고 숨을 거두셨다(요 19:30).

4. 기적, 믿을 수 있나?

옛날 고구려나 신라 시대 사람들이 공중에 나는 현대의 비행기를 보았다면 그들은 분명 이를 기적으로 보았을 것입니다. 불과 100년 전만 하더라도 사람이 달에 가서 달 암석을 가지고 온다고 하면 무슨 잠꼬대 같은 이야기를 하느냐고 핀잔을 들었을 것입니다. 우리 인간은 기적을 현재까지 우리의 과학의 수준과 한계를 근거로 생각합니다. 기적이란 사건이 발생한 시간과 공간 속에서 자연적 원인에 의해 발생할 수 없는 사건을 말합니다. 기독교에서의 기적의 의미는 자연의 질서와 법칙에 대한 하나님의 개입이라고 봅니다.

그러므로 기적이란 과학과 상충하는 것이라기보다는, 기적이 과학 바깥에 있다고 보는 것입니다. 예를 들어 중력의 법칙은 모든 물건은 공중에서 놓으면 땅으로 떨어집니다. 사과나무에서 사과가 떨어질 때, 그 사과가 땅에 떨어지기 전에 누가 손을 내밀어 그 사과를 잡았다면, 이는 중력의 법칙이 깨진 것이 아니라, 누군가에 의한 개입입니다. 즉 어떤 인격적인 존재가 특정한 상황에서 작용하는 자연의 원인을 앞지르는 것입니다. 하나님이 행하시는 기적의 본질은 이와 비슷 합니다.

천지만물을 무에서 창조하신 하나님, 이 우주만물 존재의 모든 원리와 법칙을 만들어 내신 하나님이 이 자연의 법칙을 특수한 경우에 초월하여 개입하시는 것은 얼마든지 가능한 일입니다. 하나님의 초자연적 행위이신 기적을 인간의 지식, 인간이 알고 있는 과학의 한계로 부정하는 것은, 신라 시대 사람들이 그들의 지식으로 비행기를 기적으로 보는 것과 다를 바 없습니다.

또 예수님의 부활을 부정한다면, 예수님의 부활 후 비어 있던 무덤, 제자들이 부활을 목격한 사실과 그 기록, 부활하신 예수님이 여러 사람들 앞에 동시에 출현한 사실, 제자들이 목숨을 걸고 부활을 증거한 사실들도 논리적으로 부정되어야 합니다. 그러나 이미 전 장에서 살펴본 바와 같이 예수님의 부활은 여러 가지 사실이나 당시의 정황으로 미루어 보아 그 증거들이 너무나 뚜렷합니다. 단순히 부활이 우리 인간의 지식으로 비과학적이라고 하여 그냥 부정만 할 일이 아닙니다.

그리고 기적은 종교적, 역사적 관계와도 살펴봐야 합니다. 셰익스피어가 죽은 후 다시 살아났다가 한 달 후 하늘로 올라갔다고 여러 사람들이 증언을 한다고 하여도 그것은 예수님의 부활과는 그 신뢰도에 있어 비교가 안 됩니다. 하나님이 왜 셰익스피어를 다시 살리셔야 했는지, 그럴 필요성이나 이유를 살펴봐야 합니다. 즉 이 사건은 종교적 역사적 맥락이 전혀 없는, 허공에 떠 있는 사건으로 간주될 뿐입니다. 그러나 예수님의 경우는 다릅니다.

예수님의 초자연적 기적은 종교적 맥락 속에서 일어났습니다. 그분은 인간의 역사 속에 간섭해 들어 오신 하나님 나라의 표징으로서 기적과 귀신을 쫓는 일을 행하셨으며, 그것들은 예수님이 전하신 메시지의 진실성을 입증하는 것이었습니다. 예수님의 독특하신 삶과 사역, 마침내는 십자가에 달려 죽으신 대속의 배후에, 신적 권위의 부활이 있는 것입니다. 그 때문에 셰익스피어의 부활은 단지 우리를 어리둥절케 할 뿐이지만, 예수님의 부활은 우리를 숙연케 합니다. 이렇듯 종교적 역사적 맥락은 기적을 이해하는 데 필수 요소입니다. 예수님의 기적은 이처럼 고도의 철학적, 신학적 의미를 담고 있습니다.

제 6 장
성경, 믿을 수 있는 책인가?

1. 성경은 어떤 책인가?

성경은 한마디로 하나님 계시의 말씀입니다. 우리의 신앙과 행위의 유일한 법칙입니다. 성경은 사람이 하나님에 대하여 어떻게 믿을 것과 하나님이 인간에게 요구하시는 의무가 무엇인지를 가르쳐줍니다. 성경은 하나님이 이 세상에 사는 사람들과 관계를 맺기 위해 손을 뻗으시는 그분의 말씀입니다. 성경에도 그렇게 기록되어 있습니다. "모든 성경은 하나님의 영감으로 된 것으로서 교훈과 책망과 바르게 함과 의로 교육하기에 유익합니다"(딤후 3:16)라고. 성경은 하나님의 마음과 우리의 마음을 잇는 직통전화선입니다.[1]

구약성경은 오실 예수 그리스도[2](메시야[3])에 대해서, 신약성경은

---

1 크리스토퍼 허드슨, 『하루만에 꿰뚫는 성경관통』(서울: 규장, 2008), 19.
2 그리스도(Xristos): 기름 부음 받은 자 (헬라어), 구세주.
3 메시야(Messiah): 기름 부음 받은 자 (히브리어).

오신 예수 그리스도 및 다시 오실(재림) 예수 그리스도에 대해서 말씀하고 있습니다. 구약성경에는 오실 메시야, 예수 그리스도와 관계된 예언이 350여 회나 언급되어 있으며, 신약성경에는 오신 예수 그리스도 이야기와 함께 다시 오실 예수 그리스도에 대한 예언이 1,518번이나 언급되어 있습니다.[4] 그래서 성경 전체는 예수 그리스도에 관한 말씀이라고 할 수 있습니다.

예수 그리스도께서는 인류를 구원하시기 위하여 이 세상에 오셨기 때문에 우리는 성경의 통일성을 구원사관 혹은 구속사관으로 볼 수 있습니다. 창세기 3:15의 "내가 너로 여자와 원수가 되게 하고 너의 자손을 여자의 자손과 원수가 되게 하겠다. 여자의 자손은 너의 머리를 상하게 하고 너는 여자의 자손의 발꿈치를 상하게 할 것이다"는 말씀은 바로 하나님 구속사의 원대한 계획이며, 구속사의 시작입니다. 그래서 이 구절의 말씀을 시초 복음 혹은 "원시 복음"(primitive gospel)이라고 합니다. 즉 성경의 주된 목적은 "하나님을 계시하고, 하나님의 구원의 길을 밝히는 것"입니다.[5]

창세기 3:15의 말씀으로 하나님이 인류 구원의 계획을 세우셨으나, 창세기 12:2-3에서 하나님은 아브라함을 선택하심으로써 그 인류 구원의 계획을 실제 상황으로 만들어 가셨습니다. 그리고 구세주이신 예수 그리스도의 오심으로 하나님의 인류 구원 계획은 완성되었습니다.

---

4 한국컴퓨터선교회(KCM) 자료
5 테리 홀, 『성경 파노라마』, 28.

- 내가 너로 큰 민족이 되게 하고 너에게 복을 주어서, 네가 크게 이름을 떨치게 하겠다. 너는 복의 근원이 될 것이다. 너를 축복하는 사람에게는 내가 복을 베풀고, 너를 저주하는 사람에게는 내가 저주를 내릴 것이다. 땅에 사는 모든 민족이 너로 말미암아 복을 받을 것이다 (창 12:2-3).

성경은 총 66권으로, 1,189개의 장과 31,173개의 구절로 구성되어 있습니다. 성경의 표현 방식도 산문, 시, 연어소설, 수수께끼, 전기, 과학, 역사 등 다양한 표현으로 쓰여있습니다.[6] 성경(Bible)이라는 말 외에 정경(Canon), 경전(Scripture)이라는 말도 성경이라는 뜻으로 함께 쓰이고 있습니다. "언약"(Covenent, Testament)이라는 말도 성경이라는 뜻으로 사용됩니다. "성경"이란 말은 "책, 두루마리"를 뜻하는 희랍어 "biblos"에서 유래되었습니다.

성경은 한 권의 책이지만 그 한 권 속에는 여러 내용의 책들로 구성되어 있으며, 또 성경은 다양한 내용들로 구성되어 있지만 완전한 일치와 조화를 이룹니다. 성경은 창세기부터 요한계시록까지 구속(redemption) 사역의 조화로운 흐름을 보여주는 점진적인 계시입니다. 성경은 그 주된 주제인 예수 그리스도의 인격과 사역에 초점을 맞추어 일관성과 조화를 지키며 그분을 묘사하고 있습니다.

---

6 테리 홀, 『성경 파노라마』, 6.

우리가 살아가는 데 지식을 얻는 방법에는 경험과 이성이 있습니다. 경험에서 얻는 지식은 대단히 제한적이며, 이성으로 얻는 지식도 한계가 있습니다. 우리가 이성으로는 "나는 누구인가? 나의 존재 목적은 무엇이며, 어디에서 와서 어디로 가고 있는가?"에 대한 궁극적인 답을 얻을 수 없습니다. 성경은 인간이 스스로는 알기 힘든 이러한 근본적인 문제에 대한 답을 주는 제3의 고차원적인 자원을 제공합니다. 그 자원이 바로 계시의 말씀입니다. 하나님이 성경을 통해 하나님 자신에 대해서, 또 당신의 섭리에 대해 인간에게 계시하셨다고 믿는 믿음이 기독교의 기본 진리입니다. 즉 성경이 기독교 진리의 원천입니다.

성경은 두 가지 형태로 계시를 말하고 있는데 이를 "일반계시"와 "특별계시"라고 합니다. 일반계시는 기독교 신자거나 아니거나 간에 모든 사람에게 주어진 계시입니다. 예를 들어 시편 19:1-6과 로마서 1:20에 따르면 하나님은 창조 세계를 통해 "그분의 보이지 아니하는 것들, 곧 그분의 영원하신 능력과 신성"에 대해 우리에게 계시하고 있습니다.

- 하늘은 하나님의 영광을 드러내고, 창공은 그의 솜씨를 알려 준다. 낮은 낮에게 그의 말씀을 전해 주고, 밤은 밤에게 그의 지식을 알려 준다. 그 이야기 그 말소리, 비록 아무 소리가 들리지 않아도 그 소리 온 누리에 울려 퍼지고 그 말씀 세상 끝까지 번져간다. 해에게는, 하나

> 님께서 하늘에 장막을 쳐 주시니, 해는 신방에서 나오
> 는 신랑처럼 기뻐하고, 제 길을 달리는 용사처럼 즐거
> 워한다. 하늘 이 끝에서 나와서 하늘 저 끝으로 돌아가
> 니, 그 뜨거움을 피할 자 없다(시 19:1-6).
>
> - 이 세상 창조 때로부터, 하나님의 보이지 않는 속성, 곧
>   그분의 영원하신 능력과 신성은, 사람이 그 지으신 만물
>   을 보고서 깨닫게 되어 있습니다. 그러므로 사람들은 핑
>   계를 댈 수가 없습니다(롬 1:20).

자연을 통해 모든 이에게 주어지는 외적인 계시 외에, 하나님은 또한 모든 사람들의 마음에 하나님의 존재하심을 알 수 있는 지식을 심어 놓으셨습니다. 하나님의 특별계시는 여러 가지 방법(꿈이나 환상, 천사들을 통해서, 또 가장 분명하게는 예수 그리스도와 성경)으로 특별한 사람들에게 좀 더 직접적인 방법으로 하나님의 뜻을 전달하는 것을 말합니다. 예수 그리스도의 인격과 삶이 하나님의 완전한 계시임은 히브리서 1:1-2이 이를 분명히 밝히고 있습니다.[7] 그래서 성경이 바로 특별계시이고, 하나님 구원의 말씀을 직접 우리에게 주신 예수님이 또 바로 특별계시입니다.

> - 하나님께서 옛날에는 예언자들을 시켜서, 여러 번에 걸

---

7 브루스 윌킨슨, 케네스 보아, 『한눈에 보는 성경』, 정인홍, 곽 사무엘 역 (서울: 도서출판 디모데, 2006), 8.

> 쳐 여러 가지 방법으로 우리 조상들에게 말씀하셨으나, 이 마지막 날에는 아들을 시켜서 우리에게 말씀하셨습니다. 하나님께서는 이 아들을 만물의 상속자로 세우시고, 그로 말미암아 온 세상을 지으셨습니다(히 1:1-2).

우리가 성경을 정독하고 묵상하면서 읽을 때 하나님은 우리에게 반드시 새로운 깨우침을 주십니다. 각 사람에 따라 그 깨우침은 다양한 성경의 구절로, 다양하게 주어집니다. 하나님은 이것을 성경에서 미리 말씀하시고 있습니다. "하나님의 말씀은 살아 있고 힘이 있어서, 어떤 양날 칼보다도 더 날카롭습니다. 그래서, 사람 속을 꿰뚫어 혼과 영을 갈라내고, 관절과 골수를 갈라 놓기까지 하며, 마음에 품은 생각과 의도를 밝혀냅니다"(히 4:12). 성경은 사람을 바꾸고, 우리의 삶을 바꿉니다. 성경은 하나님과의 단절된 삶을 하나님의 자녀의 권세로 만들어줍니다. 그리하여 성경은 우리를 지옥으로부터 영원한 천국의 삶으로 옮겨줍니다.

성경은 우리에게 구원의 길을 열어주는 진리의 책일 뿐만 아니라, 우리 인간의 모든 지식과 지혜(신학, 철학, 문학, 역사, 법률, 사회과학 등)의 원천이었습니다.

2. 성경은 언제, 어떻게 기록된 책인가?

하나님은 자신을 계시하실 때 점진적으로 당신의 인격과 사역에 대한 진리를 드러내십니다. 이것을 계시의 점진성이라고 합니다. 우리는 시간이 지나면서 점점 더 하나님에 대해 닮이 알게 되었는데, 예수 그리스도에 이르러 하나님은 완전한 계시를 하셨습니다. "신약은 구약에 감추어져 있으며, 구약은 신약에 나타나 있다"는 성경 속의 진리의 말씀이 이를 잘 나타내고 있습니다.

성경은 완전히 신적인 면이 있으며, 동시에 완전히 인간적인 면이 있습니다. 이는 온전히 하나님이시며, 온전히 인간이신 예수 그리스도가 바로 그 예입니다. 살아있는 말씀을 드러내시기 위해, 영감 받은 기록된 말씀을 완성하시기 위해, 하나님이 죄 많은 인간의 몸을 입으신 것입니다.

성경이 하나님 계시의 말씀의 확정성은 사도 베드로의 영감에서 잘 나타나 있습니다. 베드로후서 1:21에 "예언은 언제든지 사람의 뜻에서 나온 것이 아니라, 사람들이 성령에 이끌려서 하나님께로부터 오는 말씀을 받아서 한 것입니다"라고 기록되어 있습니다. 바울도 "모든 성경은 하나님의 영감으로 된 것"이라고 하였습니다"(딤후 3:16). 성경의 기자들(biblical writers)은 각 개인의 개성이나 문체, 어휘 등 기록하는 모양새가 기자들에 따라 확연히 구별되지만, 그럼에도 불구하고 그들의 기록은 하나님의 말씀입니다.

성경은 20개의 직업을 가진 40여 명의 기자들이, 1,600년에 걸쳐, 서로 다른 10개 국가에 흩어져 살면서, 총 3가지 언어로, 2,930명의 인물과 1,551개의 지명을 언급하며 기록했습니다.[8] 각 시대마다 기록자들은 다른 기록자들이나 그들의 글을 대부분 알지 못한 채, 그리고 때론 그들 자신의 글의 의미에 대해서도 잘 알지 못한 채(벧전 1:10-12) 기록해 나갔습니다.[9] 성경 전체를 통틀어 가장 먼저 기록된 성경은 모세오경으로서 주전 1,400년대에 기록되었습니다. 신약성경은 야고보서가 주후 46~49년 사이에 가장 먼저 기록되었습니다.

- 예언자들이 이 구원을 추구하고 연구하였으며, 그들은 여러분이 받을 은혜를 예언하였습니다. 그들은 누구에게, 그리고 어느 때에 이런 일이 일어날 것인지를 연구하였습니다. 그들 속에 계신 그리스도의 영이 그들에게 그리스도의 고난과 그 뒤에 올 영광을 미리 알려 주었습니다. 예언자들은 그들이 하고 있는 일들이 자기들을 위한 것이 아니라, 여러분을 위한 것임을 깨닫게 되었습니다. 이 일들은 이제 하늘로부터 보내심을 받은 성령을 힘입어 여러분에게 복음을 전한 사람들이 여러분에게 선포하였습니다. 이 일들은 천사들도 보고 싶어 합니다 (벧전 1:10-12).

---

8 테리 홀, 『성경 파노라마』, 6.
9 브루스 윌킨슨, 케네스 보아, 『한눈에 보는 성경』, 9.

또 40여 명이 넘는 성경 기자들의 개인적인 버경은 그렇게 다양할 수가 없습니다. 기자들 중에는 사사 사무엘, 양치는 목자 아모스, 제사장 에스라, 정치가 느헤미야, 그리고 많은 서기관들, 왕들, 선지자들, 시인들 음악가들, 철학자들, 농부들, 그리고 교사들이 포함되어 있습니다. 신약의 저자들에는 세리, 의사, 장막 제조인, 두 사람의 어부, 두 사람의 목수가 포함되어 있습니다. 모세나 이사야, 바울의 경우처럼 교육을 많이 받은 사람들이 있는가 하면, 어떤 사람들은 제대로 교육을 받지도 못했습니다.

성경은 세 가지 언어(히브리어, 아람어, 헬라어)로 기록되었습니다. 성경의 문학적 스타일과 주제들은 다양하지만, 그럼에도 불구하고 성경의 모든 구성은 완벽하며, 복잡한 가운데서도 하나로 통일되어 있습니다. 또 성경은 궁중과 감옥, 도시와 광야에서 기록되었으며, 전쟁과 평화시 등 다양한 환경에서 기록되었습니다.[10]

3. 성경이 가지고 있는 특별한 의미들

성경은 그 보존에 있어 참으로 유일무이한 특성이 있습니다. 온갖 박해와 비평에도 불구하고 성경은 오랜 시간을 견디며 사실상 아무런 손상도 입지 않고 지금까지 보존되어왔습니다. 신약성경의

---

[10] Ibid., 10.

사본 증거와 비슷하기라도 한 사본 증거를 가지고 있는 고전 문헌은 아무것도 없습니다.

성경은 세계에서 가장 인기 있고 많이 보급된 책입니다. 인류 역사상 전무후무한 베스트 셀러입니다. 현재 성경은 1,700여 개 언어로 번역되었으며, 다른 어떤 인쇄물보다도 훨씬 더 넓은 지역에 배포되어 읽히고 있습니다. 또 성경은 그 내용의 선포가 독특합니다. 성경의 약 4분의 1 이상이 생생한 묘사로 기록된 예언입니다.

성경은 인류 문화에 끼친 영향에 있어서도 유일무이합니다. 다른 어떤 책도 성경만큼 세계의 문화와 사상과 역사에 막대한 영향을 끼친 책은 없습니다. 서양문화의 근간이 되고 있는 "황금률"(Golden Rule)[11]은 바로 마태복음 7:12의 말씀을 기독교 국가 체제이던 유럽인들이 생활화해서 그들의 삶 속에 뿌리를 내린 것입니다. 또 성경은 서양의 미술과 음악과 도덕과 웅변과 법률과 정치와 철학과 문학의 전형이 되었습니다. 성경은 인류의 역사를 바꾸었을 뿐만 아니라 수많은 사람들의 삶을 바꾸어 놓았습니다. 그리스도의 구속 사역에 대한 성경의 증거는 그것을 받아들인 모든 사람들에게 희망과 기쁨과 삶의 목적을 가져다주었습니다.

성경은 내용의 고귀성, 교리의 출처와 유효성, 모든 영광을 하나님께 돌리려는 전체적인 목적, 인간 구원에 관한 유일한 길의 충분한 발견 등은 성경이 하나님의 말씀이라는 것을 충분히 증

---

11 황금률(Golden Rule): 서양인들이 대인관계에서 지키는 원칙으로, "남이 나에게 해주기를 원하는 것처럼 나도 남에게 해주라"는 원칙을 말함. 마 7:12의 말씀을 근거로 함.

명합니다.[12] 하나님의 사랑에 대한 기록으로서 성경은 반응을 요구합니다. 성경은 우리의 삶을 근본적으로 변화시키도록 하나님에 의해 의도되었으며, 모든 시대와 문화를 초월해 영속적으로 인간의 삶에 적절한 의미와 해답을 가져다줍니다. 지역이나 문화적인 배경에 관계없이 우리 하나님의 말씀은 영영히 서 있습니다(사 40:8). 왜냐하면 하나님의 말씀은 살아있고 운동력이 있기 때문입니다(히 4:12).[13]

성경이 없다면 우리는 캄캄한 어둠 속에서 헤맬 수밖에 없을 것입니다. 십자가가 없다면 우리는 죄책감이라는 깊은 웅덩이 속에서 용서도 소망도 구속도 없이 바둥거리고 있을 것입니다. 우리에게 임하시는 성령이 없다면 우리는 우리 속에 쌓이는 죄와 의미 없는 헛된 노력, 그리고 끊임없는 실패로 인해 절망적인 존재로 남아 있을 것입니다.[14] 즉 우리 인간은 하나님의 우리를 향한 사랑의 표시인 말씀과 십자가 그리고 성령의 내주하심이 없이는 아무 궁극적인 의미가 없는 헛된 삶이 될 수밖에 없습니다.

하나님은 그분의 말씀을 연구의 대상으로 주지 아니하시고 경험의 대상으로, 그리고 믿음과 실천의 대상으로 주셨습니다. 우리가 성경의 말씀을 믿고 실천할 때, 그 말씀은 우리의 인생의 지표가 되는 것입니다.

---

12   김의환, 『개혁주의 신앙고백집』, 125.
13   브루스 윌킨슨, 케네스 보아, 『한눈에 보는 성경』, 11-12.
14   존 스토트, 『복음주의의 기본진리』(서울: 한국기독학생회출판부, 2005), 178.

- 풀은 마르고 꽃은 시드나, 우리 하나님의 말씀은 영원히 서 있다(사 40:8).
- 하나님의 말씀은 살아 있고, 힘이 있으며, 어떤 양날 칼보다도 날카로워서, 사람 속을 꿰뚫어 혼과 영을 갈라내고, 관절과 골수를 갈라 놓기까지 하며, 마음에 품은 생각과 의향을 가려냅니다(히 4:12).
- 하나님이 세상을 이처럼 사랑하사 독생자를 주셨으니 이는 저를 믿는 자마다 멸망치 않고 영생을 얻게 하려 하심이니라(요 3:13).

많은 사람들이 성경의 여러 부분들을 일관성을 가지고 끝까지 읽는 데 어려움을 겪고 있습니다. 레위기나 신명기의 율법부분, 구약 선지서의 예언 부분에서 길을 잃기 쉽습니다. 성경의 폭넓은 개관을 이해하지 못한다면, 우리는 성경의 조화나 웅대함, 그리고 일관성 있는 중요한 의미를 놓칠 수 있습니다. 우리는 성경을 조금씩이라도 거의 매일, 정규적으로, 또 조직적으로 읽는 것이 중요합니다. 그저 단편적으로 여기, 저기 조금씩 읽는다면 성경의 신성한 계시와 일관된 가치를 충분히 깨닫지 못할 수도 있습니다.

찬란한 무지개가 모든 사람을 위로 쳐다보게 만들듯이, 성경도 사람들을 저항할 수 없는 희망으로 이끕니다. 성경이란 무지개는 가난한 사람의 눈이나 부자의 눈이나, 노예의 눈이나 왕의 눈이나 차별을 두지 않습니다. 그 무지개는 온갖 고난과 폭풍우로 얼룩진 지상을 떠나 하늘 위로 높이 솟아오른 희망의 아치입니다. 성경의 약속은 그것을 쳐다보는 모든 사람들에게 동일한 은혜를 가져다줍니다. 단, 그들이 볼 수 있는 믿음의 눈과 마음만 가졌다면 말입니다.[15]

4. 사복음서는 믿을 만한 기록물인가?

1) 고대문서의 신뢰성 기준

트리니티웨스턴대학교에서 20여 년 동안 성경연구대학원 과정을 지도했으며 사해문서 연구소를 설립한 크레이그 에반스 교수는 역사가들이 고대문서의 신뢰성을 결정하는 기준들은 다음과 같다고 하였습니다.

첫 번째 기준은 그 문서의 기록 시기라고 하였습니다. 줄리어스 시저에 관한 기록이 시저와 동시대의 인물로서 시저와 함께 생활하던 사람이 기록했다면 그 문서의 신뢰성과 정확도는 믿을 만한 것이겠지요. 사복음서가 바로 그러한 문서입니다.

두 번째 기준은 지리적인 연관성입니다. 로마인 시저에 관한 기록이 몇 세기 후 영국이나 독일에서 기록되었다면 그 문서의 신뢰

---

15 브루스 윌킨슨, 케네스 보아, 『한눈에 보는 성경』, 13.

도는 한층 떨어진다고 볼 수밖에 없습니다. 그러나 사복음서는 이 기준에도 아주 부합합니다.

세 번째 기준은 해당 문서의 문화적인 정확성입니다. 사복음서는 주후 20년대와 30년대의 팔레스타인 지방의 역사와 문화에 대해 현대 고고학의 구체적인 발견들과 놀랄 만큼 일치하는 정확성들로 가득합니다. 만약 사복음서의 내용과 현대 고고학의 발견이 서로 상이한 점이 있었다면 성경 비평가들로부터 사복음서는 혹독한 비평을 받았겠지만 아직은 그런 경우가 없습니다.[16]

마지막으로 사복음서의 신뢰성을 평가하는 최고의 기준은 다중 증언(multiple attestation)과 일관성의 기준입니다.[17]

사복음서는 예수님에 관해 독립적인 사건들을 일관성 있게 다중 증언하고 있습니다. 더욱이 공관복음은 예수님이 사역하신 지 한 세대가 지나기 전에 기록되었으며, 바울 서신의 대부분은 사복음서 보다도 먼저 기록되었습니다.

최초의 그리스도인들에게는 신약성경이 없었습니다. 그들이 가진 거라곤 구약성경과 부활을 목격한 사도들의 증언뿐이었습니다. 나중에 사도들이 사복음서를 기록할 때, 그들은 예수님의 행적이나 기적을 애매모호하게 쓰지 않고 정확한 기록을 남겼습니다. 관련된 사람의 이름을 대고, 지명을 밝히고, 정확히 어떤 기적이 일어났는지를 명시하고, 또 목격자까지 언급하였습니다.

---

16 리 스트로벨, 『리 스트로벨의 예수 그리스도』, 36.
17 Ibid, 68.

바울이 500명의 사람들이 부활하신 예수님을 보았고, 그 가운데 대부분이 아직 살아 있다고 말한 것은(고후 15:6) "예수님의 부활은 틀림없는 사실이다, 만약 내 말이 의심스러우면 목격자들의 증언으로 검증해 보아라"는 자신감에 찬 표현입니다. 제자들이 예수님의 무덤이 비어 있다고 말한 것도 얼마든지 유대인 제사장들이 쫓아가서 확인할 수 있는 일이었습니다. 이러한 증언이 거짓이었다면 사도들은 그 기록물 때문에 당장 죽임을 당하였을 것입니다.

2) 사복음서의 신뢰성에 대한 세부적인 확인

(1) 사복음서 기록의 목적

복음서의 저자들은 무슨 의도로, 왜 복음서를 기록했을까? 복음서 중에서도 누가복음은 이를 가장 명확하게 설명해 주고 있습니다.

- 우리 가운데서 일어난 여러 가지 일에 대하여 차례대로 이야기를 엮어내려고, 손을 댄 사람이 많이 있었습니다. 그들은 이 이야기를, 처음부터 그 일의 목격자요 말씀의 전파자가 된 이들이 우리에게 전해 준 대로 엮어냈습니다. 그런데 존귀하신 데오빌로님, 나도 모든 것을 처음부터 정확하게 조사하여 보았으므로, 귀하게 이 이야기를 차례대로 엮어 드리는 것이 좋겠다고 생각 하였습니

다. 이는, 이미 배우신 일들이 확실하다는 것을 귀하께
서 아시게 하려는 것입니다(눅 1:1-4).

이처럼 누가는 예수님에 대한 기록을 사명감으로 정확하게 기록하려고 노력했다는 것을 서두에 분명하게 밝히고 있습니다. 마태복음이나 마가복음도 그 내용의 관점에서 보면 누가복음과 비슷한 관점과 의도임을 알 수가 있습니다. 요한복음은 20:31에서 "그런데 여기에 이것이나마 기록한 목적은 여러분으로 하여금 예수가 그리스도요 하나님의 아들이심을 믿게 하고, 또 그렇게 믿어서 그의 이름으로 생명을 얻게 하려는 것이다"라고 그 기록 목적을 분명히 하고 있습니다.

덴버신학교 교수였으며 사복음서에 관한 한 미국에서 가장 권위 있는 학자 중의 한 사람인 크레이그 블룸버그 박사는 복음서들의 기록된 방식을 잘 살펴보면 진지하고도 책임성 있는 태도, 세부적 내용이나 그 정확도 등은 고대의 다른 인물 묘사나 기록에서 많이 보이는 과장된 미사여구나 노골적인 신화적 요소 같은 것은 찾아볼 수가 없다고 하였습니다.[18]

미국의 유명한 보수 복음주의 신학교인 댈러스신학교의 신약학 교수인 대니얼 월리스 교수는 다음과 같이 말한다.

---

18   리 스트로벨, 『예수는 역사다』, 51.

신약성경의 기자들은 자신들이 쓰고 있는 것이 성경인 줄
도 몰랐지만, 하나님의 역사가 배후에서 작용하고 있었음
은 분명합니다. 성경은 각 기자가 자신의 글임을 받아들이
면서도 궁극적으로는 배후에 또 다른 저자가 있었음을 인
정하는 집단적 작품입니다. 신약성경의 마지막 책이 다 기
록되기도 전에 베드로는 바울의 서신들을 가리켜 성경이라
는 용어를 사용하고 있습니다(벧후 3:15-16).[19]

(2) 복음서 저자들의 경험과 이른 기록 시기

유대교의 전통적 랍비들은 구약성경을 암기하여 회당에서 가르치는 것으로 유명했습니다. 당시의 문화적 수준은 종이나 인쇄의 기술이 없어 모든 기록을 파피루스라는 두루마리에 의존했는데, 이 파피루스도 굉장히 귀하고 소중한 존재였습니다. 그러므로 교육이나 예배 등 종교적 공동체에서의 가르침은 그 내용을 외워서 구두로 행해졌습니다.

예수님의 생애 불과 20~30년 후에 기록된 공관복음서의 경우에도 유대의 기억을 강조하는 구전 문화나 전승으로 본다면 제자들은 복음서의 내용보다도 훨씬 많은 양의 예수님의 생애에 있었던 사실들을 충분히 기억해서 전수할 수가 있었다고 볼 수 있습니다. 복음서 중 제일 나중인 예수님 생애 약 50년 후에 기록된 요한

---

19 리 스트로벨,『리 스트로벨의 예수 그리스도』, 89.

복음도 "예수께서 하신 일은 이 밖에도 많이 있어서 그것을 낱낱이 기록한다면 이 세상이라도 그 기록한 책들을 다 담아 두기에 부족하리라고 생각한다"고 하였습니다. 더욱이 예수님의 말씀은 운율이 있는, 균형 잡힌 대구법의 시적인 형태로 된 말씀이 80~90%나 됩니다. 그래서 제자들이 외우고 기억하는 데 큰 도움이 되었을 것입니다.[20] 특히 복음서 저자들의 정직성이나 진실성, 도덕성의 관점에서 볼 때 이들은 정말 타의 모범이 되는 훌륭한 삶을 살았음에 틀림없습니다. 왜냐하면 이들은 목숨을 걸고 자기들의 믿음과 신념을 지켰기 때문입니다.

(3) 복음서 기록의 일관성

복음서 상호 간의 내용이나 표현에 상이한 점이 있다면 복음서의 신뢰도에 문제를 제기할 수도 있습니다. 그러나 우리가 먼저 인정해야 할 것은 똑같은 한가지 사건을 묘사하는 데 있어서도 그 사건을 보는 각도에 따라 표현의 순서나 내용이 조금씩 달라질 수 있다는 것입니다. 예를 들어 동물원에서 코끼리를 처음 본 학생들이 이 코끼리를 묘사할 때도, 그 코끼리를 앞에서 본 학생이나 옆에서 본 학생 혹은 뒤에서 본 학생은 같은 코끼리지만 각각의 표현이 조금씩 달라질 수 있습니다. 그래서 어떤 한 사건에 대한 신문의 기사도 조금씩 다른 것입니다.

---

[20] 리 스트로벨, 『예수는 역사다』, 55.

역설적으로 예수님의 어떤 행적에 대해 복음서의 내용들이 단어 하나 틀림없이 모두 똑같다면 그게 오히려 더 이상하고, 혹시 저자들끼리 공모해서 이야기를 사전에 조정했다거나, 남의 책을 베꼈다는 의심을 사기에 충분했을 것입니다. 그렇게 되면 예수님의 행적들에 대한 독립된 증거로서의 능력은 상실할 수도 있습니다.

지금과 같은 시설이나 기술 문명이 없던 고대 시대의 기준으로 볼 때, 어떤 사건에 대한 부분적인 선택이나 탈락, 즉 그 사건에 대한 부연 설명이나 부분적인 생략 혹은 쉽게 바꾸어 표현하는 것 등은 그 사건의 근본적인 내용에는 차이가 없다는 것입니다. 기본적인 내용이 일치하고 세부 사항에서 조금씩 차이를 보이는 것은 오히려 그 자료나 사건의 신빙성을 더해주는 것으로 봅니다.

(4) 내용의 왜곡이나 은폐

복음서 저자들이 자기들의 감정이나 욕구, 혹은 희망적인 생각으로 사건을 왜곡한 것은 없는지, 혹은 설명하기 불편하거나 표현하기에 당황스러운 내용들을 보기 좋게 기록하거나 은폐한 것은 없는지 확인해 볼 필요가 있습니다.

공관복음의 내용들을 상호 비교해 보면 예수님 행적의 내용이 그렇게 과장되거나 왜곡된 흔적은 찾아볼 수가 없습니다. 그러나 세상에 알려지면 상당히 충격적인, 기록하기 어려운 내용들도 숨기지 않고 기록하고 있음을 볼 수 있습니다. "여자를 보고 음욕을 품는 사람은, 누구나 이미 마음으로 그 여자와 간음한 것이다"(마

5:28)라든지, "그러므로 너희의 하늘 아버지께서 완전하신 것과 같이, 너희도 완전하여라"(마 5:48)라는 예수님의 말씀은 당시 유대 사회의 관습에서는 결코 기록하기 쉬운 말은 아니었습니다.

하나님 외에는 완전한 자가 있을 수가 없다는 유대인 지배층의 사고나 행위를 강조하던 문화적 배경에서 마음속의 죄를 이야기 한다는 것은 어려운 일이었음에 틀림없습니다. 또한 "그러나 그 날과 그 때는 아무도 모른다. 하늘의 천사들도 모르고, 아들도 모르고, 오직 아버지만 아신다"(막 13:32)라는 말씀은 예수님의 전지하신 능력에 문제가 있다고 오해할 수도 있는 표현이기도 합니다. 이런 문구는 저자들이 편하게 빼버릴 수도 있지만 성령의 영감으로 올바른 가르침은 감추어지지 않고 복음서에 잘 기록되어 있음을 볼 수 있습니다. 빌립보서 2:6-8에서 인간으로 오신 예수님은 이 땅에서 신성을 자발적으로 제한하고 있음을 볼 수 있습니다.

- 그는 하나님의 모습을 지니셨으나, 하나님과 동등함을 당연하게 생각하지 않으시고, 오히려 자기를 비워서 종의 모습을 취하시고, 사람과 같이 되셨습니다. 그는 사람의 모양으로 나타나셔서, 자기를 낮추시고, 죽기까지 순종하셨으니, 곧 십자가에 죽기까지 하셨습니다 (빌 2:6-8).

3) 신약 사본 전승의 정확성

현존하는 성경에 우리는 원본을 가지고 있지를 못합니다. 모두가 전승 사본을 사용하고 있습니다. 사복음서와 같은 예수님의 전기나 신약성경의 원본들은 초기 로마의 극심한 종교 탄압과 오랜 역사 속에서 사라졌습니다. 그러면 현재 우리가 읽고 있는 성경은 오랜 세월에 걸쳐 수없이 복사한 사본들인데 과연 지금의 신약성경이 신뢰할 만한 상태로 지금까지 보존되어 왔는가 하는 문제는 신중하게 고려해 볼 만한 가치가 있습니다. 여기서 우리는 전승 사본들의 정확성에 대해서 한번 검증해 보고자 합니다.

(1) 사본의 사본들

지금 우리가 읽고 있는 성경은 원본을 몇 차례에 걸쳐서 복사한 사본의 사본의 사본들을 기초로 한 것입니다. 그러면 우리는 현대 성경의 기초가 된 이 사본들의 원본과의 신뢰성을 어떻게 검증할 수가 있을까요? 표준번역성경위원회의 위원장이었으며 프린스턴신학교에서 46년간 신약성경을 가르쳤고, 신약성경 본문에 관한 권위 있는 책의 주석에 그의 글이 많이 인용된 브루스 메쯔거 박사의 견해를 중심으로 이에 대한 검증을 해 보도록 합니다.[21]

첫째, 고대의 다른 문서들과 비교해 볼 때 신약성경은 엄청나게

---

21   리 스트로벨, 『예수는 역사다』, 75-76.

많은 사본이 존재한다는 점입니다. 많은 사본이 전해 오고 있다는 것이 중요한 것은 고문서 검증법에 의하여 사본들끼리 많은 교차 검토를 함으로써 원래의 문서가 어떤 내용이었는지를 알 수가 있습니다. 더욱이 그 사본들이 한 지역이 아니라 다양한 여러 지역과 장소에서 발견된 사본들일 때는 더욱 신뢰성 있는 원본의 내용을 추출해 낼 수가 있습니다. 현재 신약성경은 무려 24,000여 개의 사본이 전해오고 있습니다.

둘째, 성경 사본의 이른 제작 연도가 사본의 신뢰성을 높여줍니다. 다른 고문서의 경우 원본과 현존하는 사본 사이에는 5~10세기 가량의 시간 차이가 있지만, 성경의 경우는 현존하는 사본들이 이른 것은 주후 130년에서 주후 350년의 것들입니다. 원본과의 시차가 불과 80년에서 300년 정도입니다.

셋째, 성경은 다양한 지역에서 다양한 언어로 번역된 고대 사본들이 존재합니다. 희랍어로 쓰인 사본들 외에도 비교적 이른 시기에 번역된 라틴어 사본은 물론 시리아어, 콥트어, 그루지아어, 에티오피아어로 번역된 사본들도 있습니다. 메쯔거 박사는 비교적 이른 시기에 쓰인 이런 번역본으로부터 정보를 조금씩 비교해서 수집해 보면 신약성경의 내용을 사실상 재생해 낼 수가 있다고 하였습니다.

넷째, 초대 교회 교부들에 의해 주석이나 설교문, 편지 등에 인용된 성경 구절이나 다양한 인용문들로부터도 신약성경의 내용을 재생할 수가 있습니다.

2세기에서 4세기 사이의 교부들은 그들의 저서나 문서, 편지, 주석과 설교 등에서 신약성경을 36,289회나 인용했는데, 여기에는 신약성경 전체에서 7절만 제외한 신약성경의 모든 구절이 포함되어 있습니다. 이 가운데서 복음서는 19,368회, 사도행전은 1,352회, 바울서신은 14,035회, 일반서신은 870회, 요한계시록은 664회가 인용되고 있다고 노먼 가이슬러와 닉스 교수가 쓴 책 『성경의 유래』(A General Introduction)에서 밝히고 있습니다.[22]

(2) 신약성경과 다른 고대문서들 간의 신뢰도 비교

위의 내용들을 종합해서 성경과 다른 고대 문서들 간의 신뢰도를 고문서 검증법에 의해 비교해 보면 다음과 같은 결론에 이르게 됩니다.

알렉산더 대왕에 대한 가장 오래된 기록물은 그의 사후 400년이나 지나서 기록된 것입니다. 로마 시저의 갈리아 전쟁기(Gallic War)는 주전 58년에서 50년 사이에 쓰였는데 현존하는 가장 오래된 사본이 주후 900년에 복사된 것이며, 현존하는 사본의 수도 10개에 지나지 않습니다. 서구인들이 가장 좋아하는 고전 중의 하나인 주전 400년경의 아리스토텔레스는 주후 900년의 사본이 10개가 전해 오고 있으며, 원본과 사본의 시차가 1300년이나 됩니다. 희랍인들이 즐겨 외우며 가장 아끼는 고전인 주전 900년경에 있었

---

22 래비 재커라이어스, 노먼 가이슬러, 『하나님을 누가 만들었을까?』, 190.

던 호머의 『일리아드 이야기』는 주후 500년과 주후 1000년의 사본이 643개가 전해오고 있습니다. 이 역시 원본과 사본의 시차는 무려 1400년에서 1900년이나 됩니다.[23]

불교 경전의 경우, 석가모니는 주전 6세기에 활동한 사람이나 그의 가르침은 700년 이상 구전되어 오다가 주후 2세기경에 와서야 처음으로 문자로 기록되었습니다. 이슬람의 코란의 경우, 주후 632년에 사망한 이슬람의 창시자 마호멧은 문맹이었습니다. 그의 가르침은 구전되다가 그의 사후에 성문화되었습니다. 코란으로 알려진 이슬람의 경전 수라(Sura)는 그 내용의 70% 정도가 창조, 타락, 홍수, 천사, 지옥, 인간의 부활 등 성경에 있는 내용들을 다루고 있습니다. 따라서 마호멧은 그 당시 잘 알려진 유대교와 기독교의 사상들을 인용하거나 응용했다고 볼 수 있습니다. 그래서 그리스 정교회의 신학자들은 이슬람교를 새로운 이단이라고 보았습니다.[24]

그러나 신약성경의 경우는 쓰인 연도가 불과 예수님 부활 후 20~60년밖에 안 된 주후 50~90년경이며, 전해오는 가장 오래된 사본은 주후 130~350년의 것들이 있습니다. 신약성경은 다른 고대 문서들보다 원본과 필사본의 시간 간격이 엄청나게 짧을 뿐만 아니라, 필사본의 숫자도 다른 고대 문서들과는 비교가 안 될 정도로 엄청납니다. 현재 존재하는 사본의 총수는 무려 24,000여 개나

---

23 박명룡, 『기독교! 지성으로 이해하라』, 178, 184, 186.
24 박명룡, 『기독교! 지성으로 이해하라』, 177, 360.

됩니다. 전해오는 사본의 수가 이렇게나 많다는 것은 그리스도인들이 성경을 얼마나 진실되고 거룩한 책으로 여겼는지를 역설적으로 말해 준다고 할 수 있습니다. 다시 말하면 신약성경의 신뢰성이 그만큼 높다는 것을 말해 주고 있는 것입니다.

또 역사가들은 이 신약성경 사본들 간의 정확도가 99.5%임을 입증하고 있습니다. 노먼 가이슬러(Norman Geisler)와 윌리엄 닉스(William Nix)는 고대 희랍인들의 성경이라고 할 수 있는 호머의 일리아드의 사본과 신약성경의 사본들 간의 정확도를 비교하였습니다. 그 결과 15,600행으로 구성되어 있는 일리아드는 643개 사본들 간의 오차는 5%였으나, 20,000행으로 구성되어 있는 24,000여 개 신약성경 사본들 간의 오차는 0.5%에 불과하였다고 합니다.[25] 정말 놀라운 신약성경의 정확도라고 하지 않을 수 없습니다. 영국 맨체스터 대학의 유명한 성경학 학자이며 『신약성경, 믿을 만한가?』라는 책의 저자인 브루스 교수는 "세계 고대 문학 중에서 신약성경만큼이나 본문에 대한 증거를 풍부하게 확보한 책은 없다"[26]라고 하였습니다.

그러나 성경에 대해서 아무리 완벽한 증거를 들이대도 성경에 대해 개인에게 임하는 성령의 역사하심을 대체할 수는 없습니다.

---

25 박명룡. 박담회, 『기독교! 지성으로 이해하라』, 187-188.
26 리 스트로벨, 『예수는 역사다』, 81.

(3) 예수님과 신약성경 내용에 대한 역사적, 고고학적 증거

예수님에 관한 성경적 내용은 초대 교회 시대의 여러 역사가들이 쓴 책에서도 그 내용을 확인할 수가 있습니다.

주후 37년에 태어난 유대인 제사장이자 역사가인 요세푸스는 주후 97년경에 완성한 그의 야심적인 작품 『고대사』(The Antiquities)에서 다음과 같이 기록하고 있습니다.

> 대제사장 아나니아는 산헤드린 공회를 소집한 후에 당시 그리스도라고 불린 예수의 형제인 야고보와 어떤 사람들을 그들 앞에 데리고 왔습니다. 그리고 율법을 어겼다고 고소를 하고 돌로 쳐 죽이도록 그들을 넘겨주었습니다.[27]

이 구절을 요한복음 7:5과 고린도전서 15:7의 내용과 함께 비교해 보면 야고보는 분명히 부활하신 예수님을 만났음을 알 수 있습니다.

또한 그의 책 『플라비우스의 증언』(Testimonium Flavianum)에서도 예수님이 놀랄 만한 기적을 행했으며, 빌라도에 의해 십자가 처형을 당했음을 언급하고 있습니다.

> 이 무렵에 예수라는 사람이 살았는데, 만약 그를 사람이라

---

27 Ibid, 100.

고 불러야 한다면 지혜로운 사람이라고 할 수 있다. 그 이유는 놀랄 만한 기적을 행했고, 진리를 기꺼이 받아들이는 사람들의 스승이었기 때문이다. 그는 많은 유대인들과 헬라인들을 자기편으로 끌어들였다. 그는 그리스도였다. 빌라도가 우리 중에서 높은 지위에 있는 사람들이 예수를 고소하는 말을 듣고 난 후 즉시 십자가에 처형하라는 선고를 내렸을 때 처음부터 그를 사랑한 사람들은 끝까지 애정을 버리지 않았다. 죽은 지 사흘째 되는 날에 부활해서 나타났는데, 이는 하나님의 선지자들이 이미 이러한 무수히 많은 놀랄 만한 일들을 예언했기 때문이었다. 그의 이름을 따라 소위 그리스도인이라고 부르는 무리들은 오늘날까지 사라지지 않고 있다.[28]

요세푸스의 유대인 전쟁에 관한 기록이 고고학적으로 매우 정확하다고 역사가들에 의해 증명이 되었으므로 그의 예수님에 관한 기록도 정확하다고 보아야 합니다.

요세푸스와 비슷한 시기에 활약한 타키투스는 네로 황제가 주후 64년 로마를 황폐화시킨 대화재에 대한 의심을 딴 데로 돌리기 위해 빌라도에 의해 십자가에 처형된 예수를 믿는 그리스도인들을 희생양으로 삼아 박해를 하였다고 다음과 같이 기록하였습니

---

[28] Ibid, 101.

다. 이 기록은 두 가지를 증언하고 있습니다. 첫째는 십자가에 못 박혀 죽으신 예수님이 역사적인 실존 인물이시라는 것이고, 둘째로는 많은 그리스도인들이 신앙을 포기하지 않고 기꺼이 죽음을 택했다는 것입니다.

> 네로는 죄인들을 묶어 두고 혐오스러운 행위 때문에 미움을 받는 무리들, 즉 대중들이 그리스도인이라 부르는 사람들에게 격렬한 고문을 가했다. 그리스도(그리스도인이란 명칭이 이 사람의 이름을 따라서 붙여진 것인데)는 티베리우스의 통치 기간에 로마의 행정관이었던 본디오 빌라도의 손에 극단적인 형벌을 받았다. 그리고 매우 해로운 미신으로 간주되던 신앙이 당장에는 방해를 받았지만, 그 악이 발생한 최초의 장소인 유대 지방에서 다시 일어났고, 심지어 로마에서도 생겨났다…그래서 유죄를 인정한 모든 사람들에 대해 최초로 체포가 행해졌다. 그때 그들의 정보를 바탕으로 엄청난 사람들이 유죄판결을 받았는데, 도시 방화죄 때문이 아니라 인류에 대한 증오 때문이었다.[29]

주후 79년 베수비오 화산 폭발 시 죽은 로마의 유명한 백과사전 편집자인 플리니(Pliny the Elder)의 조카이며 터키 북서부 비두니아

---

29 Ibid, 105.

지방의 총독이었던 플리니(Pliny the Younger)는 그의 친구이자 황제였던 트리얀에게 주후 111년경에 보낸 서신에서 그가 체포한 그리스도인들에 관해서 다음과 같이 자세히 언급하고 있습니다.

> 나는 그들이 그리스도인인지 물어보았다. 그런데 그들이 인정하면 두 번 세 번 똑같은 질문을 반복하면서, 그들을 기다리는 것은 처벌 뿐이라고 경고한다. 그들이 끝까지 주장을 굽히지 않으면 끌어내 처형하라고 명령한다. (중략) 그들은 또한 자신들의 죄나 잘못을 다 합쳐도 이 정도밖에 안 된다고 선포했다. 즉 어떤 날을 정해서 동이 트기 전에 정기적으로 모여서 하나님께 대하듯이 그리스도를 존경하는 마음으로 교대로 찬송 구절을 노래했을 뿐이었으며, 또한 도둑질, 강도 그리고 간음을 하지 않기 위해서 맹세함으로써 자신들을 구속한 일밖에는 없다는 것이었다.[30]

여기서 그리스도인들은 예수님을 하나님으로 경배했다는 것과 신앙을 지키기 위해 기꺼이 순교했음을 볼 수 있습니다.

한편 탈루스라는 역사가는 트로이 전쟁 이후의 동부 지중해 역사를 주후 52년경에 썼는데 그의 작품은 분실되었으나, 주후 221년경 줄리우스 아프리카누스가 탈루스의 기록을 인용하고 있습니

---

[30] Ibid, 107.

다. "탈루스는 그의 역사서 세 권에서 그 어두움을 태양에 의한 일식 현상으로 설명하고 있다. 나에게는 다소 불합리하게 보이지만"이라고 아프리카누스는 인용하고 있습니다. 이 내용은 명백히 예수님의 십자가 처형 시간에 어두움이 있었고, 그것이 일식에 의해 일어났다고 탈루스는 추측하고 있습니다. 그러나 아프리카누스는 그때 일식이 일어나지 않았을 것이라고 주장하고 있는 것입니다.[31]

역사적 예수님에 관한 연구의 권위자인 게리 하버마스(Gary R. Habermas) 박사는 그의 책 『역사적 예수』(The Historical Jesus)에서 예수님의 생애에 관한 고대 자료는 총 45개가 있다고 밝힙니다. 이 45개의 고대 자료에서 예수님의 실제 생애, 인격, 가르침, 죽음, 부활, 그리고 제자들의 초기 메시지 등에 대하여 총 129가지의 역사적 사실들에 관한 자료들을 열거하고 있습니다.[32]

오하이오주 마이애미대학의 에드윈 야마우치(Edwin M. Yamauchi) 교수는 신약성경이나 다른 기독교 기록이 전혀 없다고 해도, 이상에서 열거한 고대의 비기독교인의 기록, 예를 들어 요세푸스, 플리니, 탈무드, 그리고 다른 고대 기록들만 보고서도 예수님에 관해 다음과 같은 7가지 결론을 내릴 수가 있다고 하였습니다.

---

31 Ibid., 108.
32 박명룡, 박담회, 『기독교! 지성으로 이해하라』, 199.

① 예수가 유대인의 선생이셨다.
② 많은 사람들은 그가 치유를 행하고 귀신을 쫓아내는 일을 했다고 믿고 있다.
③ 어떤 사람들은 그가 메시아라고 믿었다.
④ 그는 유대인 지도자들에게 배척을 받았다.
⑤ 디베랴 지방에서 본디오 빌라도 통치하에서 십자가에 못 박혀 죽임을 당하셨다.
⑥ 이 수치스러운 죽음에도 불구하고 그가 여전히 살아있다고 믿은 추종자들은 팔레스타인 지방을 넘어 빠른 속도로 확산되어 주후 64년경엔 로마에서도 많은 군중들이 그의 제자가 되었다.
⑦ 도시와 시골의 모든 부류의 사람들, 남자와 여자, 노예와 자유인들 모두가 그를 하나님으로 경배하였다.[33]

이상의 사실들은 정말 엄청난 양의 독립적이며 확증적인 증거라고 할 수 있습니다. 이 사실들만으로도 예수 그리스도의 생애의 윤곽을 재구성할 수 있습니다.

그러나 증거에 대한 우리의 믿음에는 역설적인 면도 있습니다. "믿음은 바라는 것들의 실상이요, 보지 못하는 것들의 증거"(히 11:1)라고 하였습니다. 또 성경은 증거를 요구하지 않는 믿음이 훌

---

[33] 리 스트로벨, 『예수는 역사다』, 112.

룡한 믿음이라고도 합니다. 예수님도 의심하는 도마에게 "너는 나를 보고서야 믿느냐, 나를 보지 않고도 믿는 사람은 복이 있다"(요 20:29)고 말씀하셨습니다. 우리는 증거가 있다고 해서 믿음을 강요할 수 없습니다. 강요만으로 믿음이 생길 수도 없습니다. 아무리 좋은 증거라도 성령님의 역사하심을 대체할 수는 없습니다. 우리에게 기도가 필요한 이유가 여기에도 있는 것입니다.

(4) 신약성경의 정경화 과정

신약성경은 왜 27권이며, 어떤 기준과 과정을 거쳐 27권이 성경으로 결정되었는가? 초대 교회 시절 신약성경 27권이 정경으로 결정되기 전 교회의 지도자들은 과연 어떤 기준과, 어떠한 과정을 거쳐 교회에서 회람되던 여러 문서들 중에서 정경 27권을 결정하게 되었는가? 신약 27권의 정경화 과정은 우리에게 성경에 대해 많은 신뢰감을 주는 과정들을 거쳤습니다. 여기서는 신약성경의 정경화에 대해서 알아보겠습니다.

먼저 신약성경의 기록자들을 살펴보면 그들은 모두 예수님으로부터 직접 가르침을 받은 제자들이거나 혹은 예수님의 행적에 대해서 제자들로부터 소상히 전해 들은 제자들과 동시대의 사람들입니다. 13권의 서신서를 쓴 바울은 다마스커스 도상에서 예수님을 만나고 직접 계시를 받은 사도입니다.

신약성경의 기록시기를 연대순으로 살펴보면 주후 40년대 후반부터 64년 사이에 야고보서와 바울의 서신서들이 먼저 기록되었습니다. 그리고 주후 64~85년 사이에 기록된 성경들로는 세 권의 공관복음서와 사도행전, 베드로전·후서, 유다서, 히브리서 등이 있습니다. 마지막으로 요한복음은 주후 80~90년 사이에, 그의 세 서신서는 90년경에, 요한계시록은 95~96경에 기록된 것으로 봅니다.

그런데 복음이 사도들에 의해서 소아시아(지금의 터키 서부) 지방과 그리스, 아프리카, 로마 등 예루살렘 밖으로 전파가 되면서 사도들의 가르침인 서신서들과 복음서들이, 당시 인쇄술이 없던 시기라, 수많은 필사본으로 만들어져 각 교회들이 서로 돌려보게 되었습니다. 신약 초기에 우리 믿음의 자녀들은 로마 당국으로부터 극심한 박해를 받아 많은 순교자가 발생하였음은 우리가 익히 알고 있습니다. 신자들이 박해를 받을 때는 순교와 함께 그들이 소중히 간직해서 읽던 사도들의 서신들도 모두 수거되어 불태워졌습니다. 지금 성경의 원본이 하나도 남아있지 못한 것은 바로 이러한 이유 때문입니다.

그러나 주목할 점은 바로 이러한 탄압의 시기에 사도들의 서신뿐만 아니라 사도들의 가르침에서 벗어나는 영지주의 서신, 사도들의 이름을 도용한 가짜 서신, 개인의 의견이나 사상으로 믿음을 변질시키는 엉터리 문서 등이 함께 돌아다니는 혼란한 시기이기도 했습니다. 이에 예루살렘이나 안디옥, 알렉산드리아 등 주요 교구의 속사도(사도들로부터 직접 가르침을 받은 사람)들이나 후대의 감독과 목회자들은 이 극심한 박해에서 과연 어떤 기록물들을 그들의 신앙과 행동의 최종적 규범으로서, 그들이 목숨을 걸고 지켜야 하는지를 결정하여야만 했습니다.

그들은 진짜 사도들의 서신이나 기록물들을 구별하고 또 이들을 잘 보관하여 후세에 이 가르침들을 전하려는 피나는 노력을 하였으며, 점차 진정한 정경의 목록을 결정, 선포할 필요성을 느끼게 되었던 것입니다. 그러므로 신약성경의 정경화 과정은 상당히 오랜 시일에 걸쳐 점진적으로 진행되었습니다. 이 과정들을 연대순으로 살펴보면 대략 다음과 같은 세 단계로 구분할 수가 있습니다.

첫 번째 단계는 사도들의 서신서들이 기록되고 약 100년까지인 주후 70년-170년 사이의 시기로서, 이때는 사도들의 모든 기록물들이 필사본으로 각 교회에 개별적으로 보급이 되고 또 수집이 된 시기입니다. 예수님을 직접 목격했던 일차적 복음 증거자, 사도들의 증언은 힘이 있었습니다. 그러나 사도들이 순교하게 되자 그들이 남긴 편지나 글들은 예수님의 말씀과 사도들의 가르침을 담은 책들로 더욱 보물과 같은 문서들로 수집, 보관되었습니다. 이들 문서들은 새 신자들에게 동일한 복음을 전달하기 위해 예배 시 구약성경들과 함께 읽혔습니다.

두 번째 단계는 주후 170~303년의 시기로서, 이시기에는 각 교회에 돌아다니던 전체 기독교 서신이나 문서들 중 정경으로 편입될 문서들이 각 교회와 교구별로 점차 구분, 확인되어 가던 시기입니다. 이시기에는 사도들의 이름을 도용한 많은 위작들이 점차 분리되어 나갔습니다. 예를 들어 바나바서신, 허마의 목양서, 열두 사도의 교훈, 바울행전, 특히 베드로의 이름을 도용한 여러 문서들이 점차 정경으로부터 분리되어 나가, 주후 300년경에 이르러서는 이들 논쟁의 책들은 더 이상 혼동을 초래하지 않게 되었습니다. 그런데 이때 각 교구와 교회들이 여러 문서들 중에서 정경으로 인정하는데 기준으로 삼았던 요인들은 다음과 같은 사항들이었습니다.

첫째, 사도들과 관련이 있고, 사도적인 권위가 있어야만 했습니다. 즉 사도들이나 혹은 사도들과 밀접한 관계에 있던 사람들이 기록한 책이어야만 했습니다.

둘째, 성령의 인도하심을 받아 기록한 증거가 있는 책인가 하는 문제였습니다. 진정한 하나님의 말씀들은 스스로를 자증하는 특징을 지니고 있습니다.

셋째, 복음의 원리와 조화를 이루며 신앙적인 자질이 있는 책이어야 했습니다.

넷째, 모든 교회에서 일반적으로 받아들여지는 책이어야 했습니다.[34]

세 번째 단계는 주후 303~397년까지의 시기로서, 이들 구별된 문서들이 각 교회와 교구의 동의하에 정경으로 확정되어 가던 시기입니다. 주후 303년에서 311년 사이 로마 황제 디오클레티안은 기독교 지도자는 물론 그들의 교회와 신앙의 근거가 되는 문서들을 철저히 파괴하려 했으므로 교회의 지도자들은 어떤 책이 정경으로서의 가치가 있는지 단호히 결정을 내려야 했고, 또 이들을 목

---

[34] 브루스 셸리, 『현대인을 위한 교회사』(경기도 고양시: 크리스챤 다이제스트, 2007), 86-87.

숨을 걸고 지키려 했습니다. 역사가 유세비우스는 그때 이미 기독교 지도자들은 지금 우리가 쓰고 있는 신약성경 27권을 다른 책들과 분리하여 그들이 정경으로 인정하였다고 기록하고 있습니다. 디오클레티안의 박해가 오히려 신약성경의 정경화 과정을 촉진시킨 것입니다.

드디어 주후 313년에 콘스탄틴 황제의 밀라노칙령에 의하여 기독교가 공인되었으며, 325년에는 콘스탄틴 황제의 주도로 니키아에서 열린 종교회의에서 예수님의 동정녀 탄생과 신성이 확립된 삼위일체의 니케아신조가 국가적 신조로 채택되었습니다. 330년에는 로마에서 콘스탄티노플로의 천도가 있었으며, 주후 392년에는 데오데시우스 1세에 의하여 마침내 기독교가 로마의 국교가 되었습니다. 주후 397년에는 어거스틴이 활약한 카르타고 종교회의에서 당시 대표적인 주요 교구였던 예루살렘, 안디옥, 알렉산드리아, 로마, 콘스탄티노플 등 5개 교구의 감독들과 교회의 대표들이 모여 신약 27권과, 주후 90년경 유대 지도자들이 얌니아공의회에서 결정한 구약 39권을 추인, 정경 66권을 확정하고, 정경 외에는 어느 것도 성경이라는 이름으로 교회에서 읽힐 수 없음을 당시 교회의 대표를 겸하고 있던 황제의 칙령으로 공포하였습니다.

그동안 각 교구별로 인정하여 보관되고 읽히던 정경들이, 드디어 신·구약 66권으로 형식을 갖추어 공식적으로 추인, 확정된 것입니다. 히브리어 구약은 원래 24권으로 되어 있었으나 주전 275년경 이집트에서 "70인경"이라는 헬라어로 번역이 되면서 지금의 구약 39권으로 분리 편집되었습니다. 예수님은 구약성경을 많이 인용하여 가르치셨으며, 사도들도 신약성경에 이 70인경 구약성경을 많이 인용하고 있습니다.

몇백 년에 걸친 교회의 핍박과 박해의 시기를 거치며, 수많은 위작이나 가짜 서신과 문서들의 홍수 속에서, 각 교구의 교회들에 의해 여러 문서들에 대한 구별이 동일한 내용의 문서들로 구별되어 오늘의 신약성경 27권이 정경화로 확정된 것은 오로지 성령님의 역사하심과 인도하심이 없이는 불가능한 일이었다고 하지 않을 수 없습니다. 그러므로 정경은 책에 대한 권위 있는 목록이라기보다는, 권위 있는 책들에 대한 목록입니다.

최초의 그리스도인들에게는 신약성경이 없었습니다. 그들이 가진 거라곤 구약성경과 예수님의 부활을 목격한 사람들의 증언뿐이었습니다. 사도 바울은 사복음서 보다도 먼저 그의 서신서들을 기록했습니다. 베드로는 오늘의 신약성경이 다 기록되기도 전에 부활을 직접 목격한 예수님의 수제자로서 그는 그의 글에서 바울의 서신서들을 가리켜 성경이라는 말을 사용하고 있습니다(벧후 3:15-16). 사도들의 말은 이렇게 권위와 힘이 있었습니다. 신약성경의 기자들은 자신들이 쓰고 있는 서신이나 기록물이 성경이 될 줄은 몰랐지만, 성령님의 역사하심이 그들에게 임하고 있었음은 분명합니다.

구약성경의 경우는 구약의 세 부분이 삼 단계를 거쳐 정경으로 인정이 되었습니다. 모세오경(토라: 율법서)은 주전 5세기 말에 정경으로 인정되었고, 선지서는 주전 200년경에, 그리고 성문서(율법서와 예언서를 제외한 문서: 역사서, 시가서)는 주후 90년 얌니아공회의에서 정경으로 채택되었습니다.[35]

- 그리고 우리 주님의 오래 참으심이 구원을 위한 것이라고 생각하십시오. 그것은 우리의 사랑하는 형제 바울이, 자기가 받은 지혜를 따라서 여러분에게 편지한 바와 같습니다. 바울은 모든 편지에서 이런 것을 두고 말하고 있는데, 그 가운데는 알기 어려운 것이 더러 있어서, 무식하거나 믿음이 굳세지 못한 사람은, 다른 성경을 잘못 해석하듯이 그것을 잘못 해석해서, 마침내 스스로 파멸에 이르고 말 것입니다(벧후 3:15-16).

● 잠깐 생각해 보겠습니다 ⑥
– 역사 기록이 우리의 모두일까?

* **역사에 대한 인식과 생각하는 갈대**

1866년 8월 19일 미국 프레스톤 소유의 상선 제너럴 셔먼호가 대동강 어구인 황주 송림리에 도착하였습니다. 이 배에는 미국인

---

[35] D. A. 카슨, 더글라스 J. 무, 『신약개론』, 834.

선장 페이지(Page)와 통역관인 토마스(Robert J. Thomas) 선교사 등 서양인 5명과 청국과 말레이시아인 선원 19명이 타고 있었습니다. 미지의 나라와 통상의 문을 열려고 하는 셔먼호는 대포와 소총으로 중무장을 하고 있었습니다. 그들은 면포와 유리그릇, 철판, 자명종시계등을 싣고 와 통상을 요청하였으나 당시 쇄국정책을 쓰던 조선은 평양감사 박규수의 명에 따라 황주 목사가 입국을 불허하였습니다. 그럼에도 셔먼호는 계속 대동강을 거슬러 올라와 8월 25일에는 평양의 신장포까지 올라와 닻을 내렸습니다.

토마스 선교사는 중군 이현익과 군관 방익진에게 자기들의 목적은 통상과 선교임을 밝히면서 그들은 당시 극심한 박해를 받던 천주교 신자가 아니라 진도(眞道)인 야소교(耶蘇敎, 예수교) 신자들이라고 설명을 하였습니다.

양식을 요구하던 그들에게 조선인들은 친절을 보였으나 선장 페이지의 무력을 배경으로 한 강압적이며 거만한 행동과 중군 이현익의 선상 억류에 조선인들은 격분하였습니다. 조선군은 활과 화승포를 쏘아댔고 이에 위협을 느낀 셔먼호에서도 소총과 대포를 조선군과 성민들에게 쏘아대기 시작하였습니다. 마침 여름의 장마로 불었던 강물이 빠지면서 셔먼호가 모래톱에 좌초하자 조선군은 상류에서 나무를 실은 조그만 배를 여러 척 묶어 불을 붙여 떠내려 보냈습니다. 총격전을 벌이던 셔먼호에도 불이 붙었습니다. 불이 붙은 배 위에서 총소리와 화살이 난무하는 와중에서도 토마스 선교사는 허리에 차고 있던 총은 한방도 쏘지를 않고 계속 "야소를 믿으시오"라고 소리치며 가지고 있던 성경책을 강변으로 던졌습니다.

　조선군은 강물에 뛰어들어 뭍으로 올라오는 선원들을 무참히 칼로 쳐 죽였습니다. 이윽고 더 이상 불타는 배에 있을 수 없어 토마스 선교사도 성경 몇 권을 가슴에 품고 강물에 뛰어들었습니다. 헤엄쳐 올라오는 토마스 선교사는 선원 두 명과 함께 군관 박춘권에게 생포되었습니다. 박춘권은 토마스 선교사에게 물었습니다. "당신은 배 위에서 차고 있던 권총은 한방도 쏘지를 않고 계속 책만 던지던데?" 그러자 토마스 선교사는 자기는 야소교 목사임을 밝혔습니다. 그러나 박춘권은 명에 의하여 당신을 처형하지 않을 수 없다고 하였습니다. 이에 토마스 선교사는 품고 있던 성경책 한 권을 박춘권에게 주면서 야소를 믿을 것을 전도하였는데 처음에는 받지를 않다가 집에 갈 때는 가지고 갔습니다. 마침내 토마스 선교사와 두 명의 선원은 처형당하였습니다. 그는 한국에서 순교한 최초의 그리고 유일한 개신교 성직자가 되었습니다.

　1890년 1월 25일, 자기의 생일날 마펫(Samuel Moffet; 1864-1939) 선교사는 인천항에 발을 디뎠습니다. 학교와 병원을 세우며 교육과 의료선교에 치중하던 언더우드나 아펜젤러와는 달리 마펫 선교사는 교회 개척과 목회자 양성에 치중하는 순수한 선교활동에 전념하였습니다. 그는 1893년 평양 장대현 교회를 세웠고, 1907년에는 평양 첫 신학교 졸업생으로 길선주, 방기창 등 5명을 배출하였습니다. 한편 평양 숭실학교 설립에도 깊이 관여하여 1918년부터 10년간 교장을 역임하기도 하였습니다.

하루는 마펫 선교사에게 한 노인이 찾아왔습니다. 그 노인은 마펫 선교사에게 조심스럽게 물었습니다. "사람을 죽여도 천당에 갈 수가 있습니까?" 이에 마펫 선교사는 예수님을 믿고 회개를 하면 천당에 갈수가 있다고 하였습니다. 그러자 그 노인은 한숨을 푸욱 쉬며 자기가 토마스 선교사를 죽인 박춘권이라고 하였습니다. 깜짝 놀란 마펫 선교사는 정말 당신이 토마스 선교사를 아는 박춘권이냐고 물었습니다.

삼위일체(Trinity)라는 용어를 처음 사용하고 "순교는 선교의 씨앗"이라고 말한 초대 교회의 교부 터툴리안(Turtulian)의 말대로 토마스 선교사의 순교는 결코 헛되지 않았던 것입니다. 토마스 선교사 순교 당시 영문주사였던 박영식은 12세 소년이 대동강 변에서 주워온 토마스 선교사의 성경책을 모두 뜯어 집안에 벽지로 발랐습니다. 그런데 그의 조카가 집에 놀러 왔다가 벽에 벽지로 발린 성경을 읽고 회심하여 예수님을 믿게 되는 일이 일어났습니다. 그 조카는 나중에 숭실전문학교를 졸업하고 미국 선교사의 조사가 되어 한국인 성경번역위원의 한사람으로 크게 활약을 하였으며, 박영식의 집은 나중에 평양 최초의 교회인 널다리골 예배당이 되었습니다. 이 교회가 바로 1907년 1월 평양대부흥운동의 진원지가 된 장대현교회의 전신입니다.

한편 토마스 선교사가 건네준 성경을 집에 들고 와 읽고 회심하여 믿음을 얻게 된 박춘권은 정주의 안주교회 장로가 되었으며, 그의 조카 이영태는 미국 남장로교 선교사 레이널즈(William

Reynolds)의 조사가 되어 성경번역에 크게 공헌을 하였습니다.

　이렇듯 27세에 순교한 토마스 선교사는 후대 수많은 선교사들의 모델이 되었으며 그의 피는 한국교회 초기의 초석이 되었던 것입니다. 어찌 토마스 선교사를 한국의 스데반이라 하지 않을 수가 있겠습니까? 한편 마펫 선교사가 세웠던 토마스 선교사 기념 예배당은 북한에 공산정권이 수립되면서 파괴되어 없어져 버렸습니다. 그러나 역사의 수레바퀴는 돌고 돌아 쓰러져 가는 종각만 비스듬하게 남아 있던 그 토마스 선교사 기념 예배당의 잡초 우거진 땅에 지금은 평양과기대의 건물이 올라가 2010년 가을에 개교를 하였습니다. 이 얼마나 은혜로운 하나님의 섭리입니까?

　위의 우리나라 개화기 미명에 있었던 서양 선교사들에 의한 기독교의 전파와 관련된 여러 이야기는 우리가 너무나 잘 알고 있는 유명한 실화들입니다. 그런데 우리는 여기서 한가지 유의해서 생각해야 할 것이 있습니다. 위의 기독교 전파와 관련된 여러 사실들은 우리나라 역사공부 책에서는 거의 찾아볼 수가 없고 교회 관련 참고서적이나 교회사 자료들에서만 찾아볼 수가 있습니다. 즉 정사에는 토마스 선교사에 관한 자세한 이야기는 쏙 빼고 제너럴 셔먼호 사건만 정치적, 경제적 사건으로 언급할 뿐입니다. 이는 역사 기록에는 정치, 경제, 사회적 사실들만 언급하고 특정 종교에 관한 사실은 가급적 회피하려는 인간의 역사기록에 대한 편향적인 의식에 큰 문제가 있는 것입니다. 이것이 바로 역사 기록의 한계성입니다.

이 같은 사실은 2000년 전 예수님이 이 땅에 오셨을 때도 마찬가지였습니다. 2000년 전 예수님의 생애와 예수님이 행하신 여러 기적과 예수님의 행적에 관한 자세한 이야기도 그 당시 정사(正史)에는 대부분 쑥 빠졌던 것입니다. 그러므로 지금 우리는 성경과 사도들 및 전래 교부들에 의한 가르침에서 예수님을 알고 믿을 수가 있는 것이지 정사에 의존해서는 예수님을 찾아 믿을 수가 없습니다. 토마스 선교사나 마펫 선교사, 박춘권 장로와 관련된 이야기는 우리가 학교에서 역사공부 시간에는 못 배워도 엄연한 사실이며, 그 증인들 중 한 사람인 마펫 선교사의 아들은 최근까지도 살아 생존해 있어 우리에게 증언을 해주지 않았습니까?

마찬가지로 예수님도 정사에는 없는 이야기라고 해서 믿지를 않는다면 이 얼마나 역사 인식과 생각에 편협한 사람이며 연약한 갈대입니까? 정사에는 없지만 예수님을 따라 다니며 예수님의 가르침을 듣고 배운 제자들이나 신약 시대 초기의 속사도와 교부들은 죽음을 무릅쓰고 예수님의 가르침을 전하다가 순교를 하였습니다. 우리는 이 같은 사실을 교부들의 전승이나 기록을 통해 잘 알고 있으며, 그들의 가르침을 지금 우리는 믿고 있습니다. 또 성경이 이 모든 것을 말해 주고 있습니다. 역시 우리는 역사에 대한 생각과 사고의 영역과 한계를 믿음의 눈과 힘으로 뛰어넘어 깊고 넓게 펼쳐나가야 더욱 강한 갈대, 귀한 갈대, 하나님 자녀 권세의 위대한 갈대가 될 수 있을 것입니다.

- 능력과 영광과 승리와 위엄은 다 주께 속하였으며 하늘과 땅에 있는 모든 것이 다 주의 것입니다. 여호와여, 만물을 다스리는 주권이 주께 있습니다. 부와 존귀가 주께로 부터 나오고 주가 만물을 다스리시며 주의 손에 능력과 권세가 있으니 사람이 위대하고 강하게 되는 것이 주의 손에 달려 있습니다(대상 29:11-12).

제 7 장

본서를 읽은 독자에게

독자 여러분 이제 긴 여정을 지나왔습니다. 우리의 삶에는 아직 더 멀고도 긴 여정이 남아 있습니다. 그러나 우리 인간의 영혼은 영원하며, 불멸할 존재들입니다. 이제 마지막 결단만이 남아 있습니다. 내가 안 믿으려고 결단하느냐, 믿으려고 결단하느냐는 여러분의 선택입니다. 믿음이란 선택이요, 나의 의지로 내딛는 걸음이며, 하나님을 인격적으로 알고자 하는 결단입니다. 내가 원하는 것이 무엇입니까? 안 믿으려는 의지를 선택하는 것이 아니라 믿으려는 의지를 선택하는 것입니다.

피조물의 행복은 독자적인 삶이 아니라 절대자 하나님을 의지하는 삶에 있습니다. 하나님이 존재하시지 않는다면 그 인생은 허무하며 그의 마지막은 반드시 비탄에 빠집니다. 성경의 하나님이 존재하신다는 것을 깨닫는 인생은 무한한 의미가 있으며, 그는 환희에 찬 마지막을 맞이할 수가 있습니다. 교만이나 이기심, 쓸모없는 세속적 자손심을 버려야 합니다.

- 내가 믿나이다. 나의 믿음 없는 것을 도와주소서
  (막 9:24).

스스로 마음의 문을 열고 겸손해지기만 하면, 파스칼의 말처럼, 우리는 잃는 것은 아무것도 없이 영원한 삶을 얻을 수가 있습니다. 여기서 "파스칼의 내기"(Pascal's Wager)를 한 번 소개하겠습니다. 파스칼은 다음과 같이 우리의 운명적인, 피할 수 없는, 선택의 삶을 설명하고 있습니다.

> 우리가 논리적 합리성으로는 하나님의 존재를 거부하기에도, 하나님의 존재를 인정하기에도 어려운 점이 있다. 양쪽 모두가 상당히 합리적인 논리를 가지고 있다. 우리가 이성으로는 어느 쪽도 선택하기가 쉽지 않다.
> 그러나 우리는 어느 쪽이든 한 쪽을 선택해야만 한다. 따라서 우리는 어느 한 쪽에 운명을 걸어야만 한다. 우리는 어느 한 쪽을 선택해야 하는 운명을 피할 수가 없다.
> "우리는 과연 어느 쪽에 운명을 걸어야 하는가?" 여기서 우리는 두 가지 가능성에 직면한다.
> 첫째, 하나님이 존재하는 쪽에 건다면, 비록 하나님이 존재하지 않을지라도 우리는 아무것도 잃을 것이 없다.
> 둘째, 그러나 우리가 하나님이 존재하지 않는다는 쪽에 운명을 걸었는데, 만약 하나님이 존재한다면, 그때는 우리는

모든 것을 잃어버리고 만다.[1]

독일의 베르톨트 브레히트는 다음과 같이 말했습니다.

> 진리를 모르는 사람은 단순한 바보이지만, 진리를 알면서도 그것을 부정하는 것은 범죄다.
> Those who don't know the Truth are Dummies, but those who knows the Truth, and call it a lie are Criminals.[2]

독자 여러분, 우리 인간에게 있어 최고의 진리는 바로 하나님을 아는 것입니다. 하나님을 제대로 알고 믿는 것이 영생을 위한 진리입니다.

우리는 억지로 믿음을 거부할 필요가 없습니다. 우리 모두의 마음속에는 예수 그리스도만이 채워 줄 수 있는 빈 공간을 하나님이 만들어 두셨습니다. 우리는 나 자신이 세상적인 방법으로 그곳에 무엇인가를 채우기 위해 끊임없이 노력하고 있습니다. 그것은 물질이나, 자식의 성공, 아니면 허황된 꿈인지도 모릅니다. 우리가 채우는 것은 좋은 것이기도 하고 때로는 불만스러운 것도 있습니다. 그러나 그 마음속의 빈공간이 아무리 좋은 것으로 채워져도 그것은 잠깐이요 영구적인 것이 되지를 못합니다. 그곳에 있어야 할

---

1 백성열, "Christian Apologetics Syllabus", (Grace Mission University, 2011), 32.
2 Bertolt Brecht, "Truth as Weapon", http://existentialistcowboy.com.

존재, 바로 기독교 세계관과 예수 그리스도로 그 공간이 채워지기 전까지 우리의 영원한 갈증은 해소될 수가 없습니다. "주님, 나의 마음은 당신 안에서 안식을 얻기 전까지는 진정한 안식을 누릴 수가 없습니다"라고 고백하는 솔직함이 필요합니다.[3]

우리가 하나님을 경배하는 것은 만물의 창조주이시며, 우리를 구원해 주시는 하나님에 대한 자연스러운 반응입니다. 하나님에 대한 경배나 예배는 지리적 장소나 시간이 중요하지 않습니다. 외적인 관습도 중요하지 않습니다. 마음속으로 늘 하나님께 감사하며, 하나님을 사모하는 마음가짐을 가지는 것이 중요합니다. 하나님에 관한 경건한 책이나 기독교적 지성을 위한 독서도 개인적 예배가 될 수 있습니다.[4] 기독교 신앙의 목표는 우리의 믿는 바를 생활화하는 것입니다. 즉 올바로 믿고 제대로 사는 것입니다. 넓게는 이것이 바로 기독교 세계관입니다.

우리가 신앙을 가지기로 마음먹는다면, 우리는 자신의 신앙에 대한 지적인 확신을 가져야 합니다. 믿음의 자녀로서 기독교가 어떤 종교인지 또 나의 진정한 신앙의 이해와 깊이에 대해 지성적으로 확신을 갖게 되면, 우리의 믿음은 흔들림 없이 전적으로 하나님께 의지하는 삶이 가능합니다. 신앙의 연륜이 길어질수록 우리의 믿음은 더욱 지성적으로 확고히 서 있어야 합니다. 더구나 오늘날의 사회는 옛날과는 다른 지적인 삶을 사는 지성적인 사회입니다.

---

3 루이스 마르코스, 『C. S. 루이스가 씨름했던 것들』, 109.
4 J. P. 모얼랜드, 『그리스도를 향하는 지성』(서울: 죠이선교회, 2010), 221.

성경은 다음과 같이 권면의 말씀을 우리에게 전합니다.

- 생각하는 데는 아이가 되지 마십시오. 악에는 아이가 되고 생각하는 데는 어른이 되십시오(고전 14:20).

마지막으로 어떤 사람들은 내가 하나님을 안 믿어도 믿는 사람들보다 더 선하게 살고 있으며, 믿는 사람들도 나쁜 짓 하는 사람들이 많다고 하며 자기가 안 믿는 것을 정당화하려고 합니다. 세상에는 깊은 사랑이 없어도 법적인 부부관계를 유지하며 사는 것과 법적인 관계가 없이 동거로 사는 것과는 천지 차이가 있습니다.

하나님을 믿고 의지하며 사는 삶과 하나님을 완전히 도외시하며 세상 중심, 자기 중심으로 사는 삶은 천지 차이가 있는 삶입니다. 자기 잘못을 뉘우치고 회개하며 사는 삶과 남들도 나 같은 잘못을 저지른다고 뉘우침과 회개 없이 사는 삶도 천지 차이가 있습니다. 남에게 안 들키고 법에 안 걸린 잘못도 죄라고 생각하는 삶과 남에게 안 들키고 법에 안 걸린 잘못은 죄가 아니라고 생각하는 삶도 천지 차이가 있습니다. 전지전능하시며 무소부재하신 공의의 하나님은 모든 것을 한 치의 차별도 없는 공의로 심판하실 것입니다.

독자 여러분!
이제 저는 여러분을 기독교 세계관으로 초청합니다. 불멸할 여러분의 영혼을 천국에서의 영원한 복된 삶으로 초청합니다. 혼자서 고독하게 고민하실 필요가 없습니다. 나 혼자서는 해결할 수 없는 문제를 그저 하나님께 의지하면 됩니다. 하나님께 의지하고 하나님을 믿기만 하면 예수 그리스도 대속[5]의 공로로 여러분의 모든 잘못과 죄는 면제받습니다. 믿기만 하면 여러분의 죄는 2000년 전에 이미 예수님이 십자가에서 감당하신 고난의 대속으로 사함을 받습니다. 믿는 순간 여러분은 천국행 비자를 받는 것입니다. 굳이 안 믿으려고 발버둥치실 필요가 없습니다. 다시 한 번 여러분을 사후의 복된 삶뿐만 아니라 이 세상에서의 평강과 만족의 삶으로 초청합니다.

하나님은 여러분을 사랑하십니다. 하나님은 여러분을 기다리고 계십니다. 예수 그리스도 대속의 은혜를, 천국행 비자를, 믿는 믿음으로 거저 받으시기 바랍니다. 독자 여러분들을 축복합니다. 감사합니다.

- 진리를 알지니 진리가 너희를 자유케 하리라(요 8:32).

---

[5] 대속(代贖): 남의 죄를 대신하여 받음

참고문헌
Bibliography

Alyea, Hubert. "원자탄에 대한 고찰" *Theology Today*, 1952. Oct.

D.A. 카슨, 더글라스 J. 무.『신약개론』서울: 은성, 2006.

Elwell, Walter A. *Evangelical Dictionary of Theology*. Grand Rapids: Baker Academic, 2007.

J. P. 모얼랜드, 팀 뮬호프.『이렇게 답하라』서울: 새물결플러스, 2009.

간하배.『현대 신학 해설』서울: 개혁주의 신행협회, 2008.

강병도, 편찬.『톰슨 II 주석성경』서울: 기독지혜사, 2001.

그루뎀, 웨인.『웨인 그루뎀의 조직신학 (상)』서울: 은성, 2009.

─────.『웨인 그루뎀의 조직신학 (중)』서울: 은성, 2009.

─────.『웨인 그루뎀의 조직신학 (하)』서울: 은성, 2009.

김의환 편.『개혁주의 신앙고백집』서울: 생명의말씀사, 2003.

래비 재커라이스, 노먼 가이슬러.『하나님을 누가 만들었을까?』박세혁 역. 서울: 사랑플러스, 2008.

램, 버나드.『성경 해석학』서울: 생명의 말씀사, 2007

루이스, C. S.『고통의 문제』서울: 홍성사, 2011.

참고문헌

――――. 『순전한 기독교』 서울: 홍성사, 2011.

――――. 『스크루테이프의 편지』 서울: 홍성사, 2011.

――――. 『영광의 무게』 서울: 홍성사, 2010.

마르코스, 루이스. 『C. S. 루이스가 씨름했던 것들』 서울: 그루터기하우스, 2009.

마이클 웰커, 존 폴킹혼, 『종말론에 관한 과학과 신학의 대화』 신준호 역. 서울: 대한기독교서회, 2002.

맥그래스, 앨리스터. 『고난이 묻다, 신학이 답하다』 서울: 국제제자훈련원, 2010.

――――. 『신학의 역사』 서울: 지(知)와 사랑, 2010.

모얼랜드, J. P. 『그리스도를 향하는 지성』 서울: 죠이선교회, 2010.

박명룡. 『김용옥의 하나님 vs 성경의 하나님』 서울: 누가, 2007.

박명룡, 박담회. 『기독교! 지성으로 이해하라』 서울: 누가, 2006.

박재호. 『쉽게 풀어쓴 기독교 신학』 서울: 비전북, 2001.

벌콥, 루이스. 『기독교 교리 요약』 서울: 소망사, 2008.

베히, 마이클.『다윈의 블랙박스』서울: 풀빛, 2001.

브라이슨, 빌.『거의 모든 것의 역사』서울: 까치글방, 2003.

브루스 윌킨슨, 케네스 보아『한눈에 보는 성경』정인홍, 곽 사무엘 역. 서울: 도서출판 디모데, 2006.

브루스, 셸리.『현대인을 위한 교회사』경기도 고양시: 크리스챤다이제스트, 2007.

빅터 헤밀턴.『역사서 개론』강성열 역. 경기도 고양시: 크리스챤다이제스트, 2003.

사이어, 제임스.『기독교 세계관과 현대사상』서울: 한국기독학생회출판부, 2010.

송인규.『새로 쓴 기독교, 세계관』서울: 한국기독학생회출판부, 2010.

쉐퍼, 프란시스.『기독교 교회관』경기도 고양시: 크리스챤다이제스트, 2007.

――――――.『기독교 문화관』경기도 고양시: 크리스챤다이제스트, 2009.

참고문헌

──────. 『기독교 서구관』 경기도 고양시: 크리스챤다이제스트, 2007.

──────. 『기독교 성경관』 경기도 고양시: 크리스챤다이제스트, 2010.

──────. 『기독교 영성관』 경기도 고양시: 크리스챤다이제스트, 2009.

스콧 버슨, 제리 윌즈. 『루이스와 쉐퍼의 대화』 서울: 한국기독학생회출판부, 2009.

스토트, 존. 『복음주의의 기본진리』 서울: 한국기독학생회출판부, 2005.

스트로벨, 리. 『리 스트로벨의 예수 그리스도』 서울: 두란노, 2009.

──────. 『예수는 역사다』 서울: 두란노, 2007.

──────. 『창조설계의 비밀』 서울: 두란노, 2008.

──────. 『특종! 믿음 사건』 서울: 두란노, 2009.

에릭슨, 밀라드. 『복음주의 조직신학(상, 중, 하)』 경기도 고양시: 크리스챤다이제스트, 2007.

Bibliography

월터스, 알버트.『창조 타락 구속』서울: 한국기독학생회출판부, 2011.

이범배.『조직신학』서울: 새한기획 출판부, 2001.

전성용.『성령론적 조직신학』서울: 세복, 2008.

정훈성, 박기원.『최신 성경낱말사전』서울: 영문, 2003.

제임스 패커,『하나님을 아는 지식』서문강 역. 서울: 기독교문서선교회,
    1996.

편찬위원회, 디럭스 바이블.『디럭스 바이블』서울: 디럭스바이블, 2005.

편찬위원회, 헤세트 종합자료 씨리즈.『헤세트』인천시: 임마누엘, 1991.

허드슨, 크리스토퍼.『하루만에 꿰뚫는 성경관통』서울: 규장, 2008.

홀, 테리.『성경 파노라마』서울: 규장, 2008.

창조주 하나님, 정말로 존재하는가?
Does God of Creation Really Exist?

2015년 2월 28일 초판 발행

지은이 | 이창수

편　　집 | 전희정, 윤지현
디 자 인 | 박희경
펴 낸 곳 | 밀알서원
등　　록 | 제21-44호(1988. 8. 12)
주　　소 | 서울시 서초구 방배로 68
전　　화 | 02) 586-8761~3(본사) 031) 942-8761(영업부)
팩　　스 | 02) 523-0131(본사) 031) 942-8763(영업부)
홈페이지 | www.clcbook.com
이 메 일 | clckor@gmail.com
온 라 인 | 기업은행 073-003562-02-046 예금주: 박영호(밀알서원)

ISBN 978-89-7135-047-8(03230)

* 낙장·파본은 교환해 드립니다.

총 판 처 | 사)기독교문서선교회

이 도서의 국립중앙도서관 출판시 도서목록(CIP)은 서지정보유통지원시스템 홈페이지(http://seoji.nl.go.kr)와 국가자료공동목록시스템(http://www.nl.go.kr/kolisnet)에서 이용하실 수 있습니다.(CIP제어번호: CIP2015002695)